ENQUÊTE SUR
L'ENTENDEMENT HUMAIN

DU MÊME TRADUCTEUR
À LA MÊME LIBRAIRIE

Dialogues sur la religion naturelle, édition bilingue, introduction, traduction et commentaire M. Malherbe, 384 p., 2005

L'histoire naturelle de la religion et autres essais sur la religion, introduction, traduction et notes M. Malherbe, 138 p., 1989

Essais et Traités sur plusieurs sujets (édition de 1777), introduction, traduction et notes M. Malherbe :

– Tome I : *Essais moraux, politiques et littéraires* (Première partie), 320 p., 1999

– Tome II : *Essais moraux, politiques et littéraires* (Deuxième partie), à paraître

– Tome III : *Enquête sur l'entendement humain, Dissertation sur les passions*, 224 p., 2004

– Tome IV : *Enquête sur les principes de la morale, L'histoire naturelle de la religion*, 256 p., 2002

MALHERBE (M.), *Kant ou Hume, ou la raison et le sensible*, 334 p., 1980

–, *La philosophie empiriste de David Hume*, 384 p., édition poche 2001

–, *Qu'est-ce que la causalité ? Hume et Kant*, 128 p., 1994

BIBLIOTHÈQUE DES TEXTES PHILOSOPHIQUES

Fondateur H. GOUHIER   Directeur J.-F. COURTINE

DAVID HUME

ENQUÊTE SUR L'ENTENDEMENT HUMAIN

Introduction, texte, traduction et notes
par
Michel MALHERBE

PARIS

LIBRAIRIE PHILOSOPHIQUE J. VRIN

6, Place de la Sorbonne, V ^{e}

2008

© *Librairie Philosophique J. VRIN,* 2008

Imprimé en France

ISBN 978-2-7116-1990-0

www.vrin.fr

INTRODUCTION

Hume, malgré son désir, n'a pas été un professeur. Ceux qui s'opposèrent à son élection dans la chaire d'éthique et de philosophie pneumatique, en 1745, à l'Université d'Edimbourg, eurent peut-être raison, les motifs invoqués et rappelés par le philosophe n'étant pas si déplacés : « on account of scepticism, heterodoxy and other hard names which confound the ignorants »[1]. Grand écrivain, eût-il été bon pédagogue ? Du professeur, il n'a pas les qualités : il est trop sceptique pour ne pas troubler de jeunes esprits ; il est trop hétérodoxe *philosophiquement* pour ne pas décevoir le besoin de certitude qui anime ceux qui s'engagent dans la philosophie ; quand il est positif, il dit des choses trop simples ; et ce n'est pas un docteur, puisqu'il préfère la gloire publique de l'auteur à la vanité du maître respecté de ses élèves. Au demeurant, il ne resta pas toute sa vie sous le harnais philosophique. Certes, très jeune, il se jeta dans la philosophie avec une telle intempérance qu'il mit en danger sa santé, mais avec une telle réussite qu'il publia à vingt-huit ans le *Traité de la nature humaine* (1739-1740), rapidement suivi des *Essais moraux et politiques* (1741 et 1742). Certes, après quelque repos, tout en exerçant diverses fonctions qui n'étaient point trop considérables, il eut cette autre

1. Lettre à Matthew Sharpe of Hoddam, 25 avril 1745, in *The Letters of David Hume*, edited by J.Y.T. Greig, Oxford, 1932 (désormais : *Lettres*), I, 59. Voir aussi I, 57.

période extraordinairement féconde, donnant l'*Enquête sur l'entendement humain* (1748), l'*Enquête sur les principes de la morale* (1751), les *Discours politiques* (1752) et plus tardivement, mais élaborées à cette époque, les *Quatre dissertations* (1757) et même les *Dialogues sur la religion naturelle*, travaillés et retravaillés beaucoup plus tard (publication posthume, en 1779). Il eut le temps d'être malheureux en amour, de prendre cette rondeur corporelle qui fut loin de nuire à sa réputation de philosophe et de gagner sa place dans le monde des Lettres et de la *conversation*. Dans la décennie qui suivit, il consacra ses forces intellectuelles à la rédaction de l'*Histoire d'Angleterre*, goûta, malgré certaines humiliations, les plaisirs d'une célébrité grandissante et porta beaucoup de soin à nourrir sa gloire littéraire, tout en veillant aux différentes rééditions de ses œuvres. Philosophe excessif dans sa jeunesse, il fut, la maturité venue, un auteur pondéré, sociable, mesurant ses forces à la hauteur des objets qu'il étudiait, en même temps qu'un écrivain soucieux d'une perfection qui fût au service de sa réputation.

En 1746, Hume abandonne sa fonction de tuteur auprès du marquis d'Annandale pour devenir le secrétaire du Général Saint Clair; une expédition anglaise était projetée contre le Canada; mais ce fut contre la Bretagne. L'expédition, mal préparée, fut un fiasco. Après son retour, il séjourne à Londres, puis en Ecosse dans sa famille, où il achève la rédaction des *Philosophical Essays* (premier titre de l'*Enquête*) et en soumet tout ou parties à des amis. Il dépose une copie chez l'un d'entre eux, James Oswald of Dunnikier, déclarant son intention d'en assurer la publication, malgré les réticences de Henry Home, le futur Lord Kames, qui en avait eu connaissance [1]. Fin 1747, il est de nouveau invité par Saint-Clair, toujours dans la fonction de secrétaire, pour une ambassade militaire secrète à Vienne et à Turin. Juste avant son départ, il porte le manuscrit chez son libraire, Andrew Millar, avec la troisième édition des *Essais moraux et politiques* [2].

---

1. Lettre à James Oswald of Dunnikier du 2 octobre 1747, *Lettres*, 1, 106.
2. Lettre à Henry Home du 9 février 1748, *Lettres*, I, 111.

Il part à la mi-février vers le Continent. L'ouvrage parut à Londres pendant son absence et connut un succès grandissant, le dixième essai sur les miracles ayant suscité un grand nombre de réponses et de réfutations.

Il est probable que le dessein des *Essais philosophiques* fut formé vers 1745 et que l'échec de Hume dans sa candidature à l'Université d'Edimbourg n'y fut pas étranger[1]. La voie professorale lui étant fermée, il lui restait à s'adresser au public. Mais pour s'adresser au public, il devait revenir sur l'échec de ses ambitions de gloire littéraire, cruellement déçues lors de la publication du *Traité de la nature humaine*[2]. « J'avais toujours nourri l'idée que mon manque de succès à la publication du *Traité de la nature humaine* était dû plus à la manière qu'à la matière et que je m'étais rendu coupable d'une imprudence très ordinaire en le faisant imprimer trop tôt. C'est pourquoi, j'en refondis la première partie dans l'*Enquête sur l'entendement humain*, qui fut publiée tandis que j'étais à Turin »[3]. Il faut toutefois corriger l'idée d'une carrière littéraire qui débuterait à nouveaux frais (et dont la nouveauté resterait à apprécier), puisque, entre-temps, Hume avait publié en 1741 et 1742 ses deux séries d'*Essais moraux et politiques*[4] qui relevaient de la période du *Traité* et auxquelles trois nouveaux essais furent ajoutés en 1748.

---

1. L'un des adversaires à sa candidature, le Révérend William Wishart, principal de l'université d'Edimbourg, avait fait circuler une sorte d'abrégé des livres I et III du *Traité*, pour nuire à son auteur. Hume répondit à cette attaque dans la *Lettre d'un gentilhomme à son ami d'Edimbourg* (voir les détails dans l'introduction que donne D. Deleule à la traduction de cette lettre (Besançon, 1977).

2. Hume exagéra dans *Ma vie* l'ampleur de cet échec (voir notre traduction dans Hume, *Essais et traités*, vol. I, p. 57). L'ouvrage fut remarqué et recensé, dans des revues anglaises et françaises. *Cf.* l'analyse historique de David F. Norton et Mary Norton dans l'édition critique qu'ils viennent de donner du *Treatise*, (Oxford, Clarendon Press, 2007) vol. II, p. 494 *sq.*

3. *Ma vie*, p. 57.

4. Voir notre volume I.

La manière et la matière

L'ouvrage parut d'abord sous le titre *Philosophical Essays concerning Human Understanding*, avant d'être incorporé dans la collection des *Essays and Treatises on several Subjects* en 1756 et de recevoir, dans une nouvelle édition de cette collection parue en 1758, le titre *an Enquiry concerning Human Understanding*. Le premier titre exprime bien la forme retenue et déjà abondamment pratiquée dans les *Essais moraux et politiques*, celle de l'essai ; forme qui même sous le titre définitif n'a pas varié[1]. Il est aisé de la caractériser : chaque essai (chaque section), malgré la continuité qu'il a avec les autres, est formellement rédigé pour lui-même : les introductions sont souvent attrayantes, parfois générales, en tout cas faites pour accrocher l'attention du lecteur (Hume excelle dans cet exercice) ; la structure organique propre à ce type d'écrit est le plus souvent bien marquée ; d'un essai à l'autre, Hume se permet des répétitions et des résumés, qui n'auraient pas de raison dans un texte continu et didactique ; quand le raisonnement se fait plus serré, il ne dure pas ou il est rejeté en note ; enfin le ton de l'écriture est libre, assez souvent

---

1. La forme de l'essai donne à l'auteur beaucoup de liberté. Ainsi, la section III qui présente brièvement les principes de liaison de l'imagination, comportait-elle un long morceau, assez cavalièrement introduit, sur la question de l'unité d'action dans les « compositions de génie » (drame, épopée, histoire). Le raccourcissement de cette section dans l'édition de 1777, entraînant une réorganisation de la note finale, se comprend aisément. Quoique le développement consacré à ce traditionnel sujet littéraire et à la comparaison de l'histoire et de la poésie épique servît à l'illustration de l'influence des trois principes d'association, tout le passage avait une incontestable autonomie, comme Hume finit par l'avouer lui-même. Cette « faute de construction » suffisait à motiver le retrait. On peut ajouter que certains éléments introduits se retrouvent dans la *Dissertation sur les passions.* Que Hume ait tardé à opérer cette suppression, peut s'expliquer par le fait que la section est alors réduite à peu de choses, quoiqu'il soit tout à fait indispensable à la suite de l'*Enquête* que les principes de l'association des idées soient introduits. Qu'il n'ait pas jugé bon d'étoffer le texte restant, est tout à fait caractéristique de sa méthode de correction.

personnalisé, comme dans une conversation instruite avec le lecteur ; et il est difficile de n'être pas sensible au tour dialogique tacitement employé en plusieurs occasions (adresse, discussion, réponse aux objections où l'on insiste sur le point, fût-ce au risque du rabâchage) et qui fait que le dialogue de la section XI n'est pas tout à fait une surprise. Incontestablement, Hume cherche à plaire.

Le détail du texte confirme l'abandon de la forme systématique du traité. Certes, Hume n'a pas rédigé la suite des essais (ou des sections) sans en penser la continuité ; mais il est tout aussi évident qu'il s'est accordé une grande souplesse d'écriture. Qu'on prenne en exemple la section V, consacrée à la solution sceptique des doutes élevés à propos de la causalité. Elle débute par une considération d'intérêt général, quelque peu bavarde, mais assez typique de la méthode de l'essai, portant sur les mérites de la philosophie académique ou sceptique, alors qu'on aurait pu imaginer une liaison plus directe entre la section IV (les doutes) et la section V (la solution à ces doutes). Toutefois, cette introduction est plus intéressante qu'il n'y paraît : d'une part, elle prépare le lecteur au type de solution apportée ; ensuite, elle annonce la section XII où la différence entre le scepticisme pyrrhonien et le scepticisme académique joue un rôle capital ; enfin, l'auteur prend le temps de rappeler, à mi-parcours, comment il faut concevoir la recherche philosophique (où la nature maintient toujours ses droits), avant de recueillir le bénéfice attendu. En bref, cette introduction donne le ton philosophique de la section. Et c'est bien là la nouveauté de la forme : dire dans quelle attitude il faut prendre les propositions énoncées.

Le même essai (ou section) poursuit en employant un procédé souvent usité par le philosophe écossais, celui de la supposition. La double supposition qui est ici faite ne donne rien qui n'ait été établi dans l'essai précédent. Mais outre que c'est un rappel élégant de ce qui précède, c'est aussi une façon figurée d'introduire la solution : le principe de l'habitude, par ailleurs assez vite exposé. Quant au complément exigé de l'argument, à savoir l'examen de la nature de la croyance, il est présenté au seuil de la deuxième partie de la section comme l'objet d'une curiosité qu'on pourra pardonner au philosophe

– curiosité risquée, puisque la croyance est un indéfinissable qu'on ne peut présenter que dans des illustrations ou par des analogies.

On pourrait multiplier les remarques de cette sorte, ce serait autant de preuves d'un art philosophique consommé, sûr de ses intentions et de ses moyens.

Mais voir là un habillage habile au service d'une même matière déjà élaborée dans le *Treatise* serait une faute. Il est vrai que le cœur de la doctrine est tiré de la troisième partie du premier livre de cet ouvrage et que ce qui est ajouté n'est pas totalement nouveau, puisque l'on sait en particulier que la section X sur les miracles reprend un développement qui avait été retranché du *Traité*, avant sa parution[1]. Mais tant les réflexions explicites de Hume sur l'écriture philosophique que la comparaison des contenus des deux ouvrages permettent d'écarter une telle appréciation. D'aucune façon, l'*Enquête* ne doit être comprise comme la popularisation du *Traité*.

Hume définit, dans la première section, la *manière* qui sera celle de son ouvrage, en usant d'une distinction, celle de la philosophie facile et de la philosophie abstraite, la première méritant autant que la seconde le nom de *philosophie*[2]. *The easy and obvious philosophy* considère l'homme comme étant né pour l'action et comme étant influencé, dans son appréciation des choses, par le goût et le sentiment. Les hommes se déterminent alors selon la valeur des choses telles qu'ils se les représentent, sans se montrer aveugles pour autant : le sens qui est commun à tous les hommes sait juger de ce qui se présente à lui. Et la philosophie facile use des moyens adaptés à cette puissance de jugement. Pour s'adresser au sentiment, elle emploie les ressources de l'évidence : elle donne à voir, sous le jour voulu, elle emprunte les secours de la poésie et de l'éloquence qui puisent leurs enseignements dans la vie courante – moyens légitimes dès lors qu'ils

1. Lettre à Henry Home du 2 décembre 1737, *Lettres*, I, 24.

2. Pour un traitement plus ample de cette importante distinction, voir notre article « Philosophie facile et philosophie abstraite au XVIIIe siècle », in *Popularité de la philosophie*, P. Beck et D. Thouard (éd.), Fontenay/Saint-Cloud, 1995, p. 65-86.

s'accordent au sujet étudié et apparaissent conformes à la fin poursuivie. Hume n'a point de mépris pour cette sorte de philosophie qui peut se réclamer de Hutcheson, de Cicéron et de bien d'autres. C'est une philosophie de moraliste ou d'humaniste, dont la formule emblématique est bien connue : « Soyez philosophe ; mais au milieu de toute votre philosophie, soyez encore un homme »[1]. Quant à la seconde sorte de philosophie, l'*accurate and abstruse philosophy*, elle considère l'homme comme un être raisonnable plutôt que comme un être actif ; elle tente de former son entendement plutôt que de réformer ses mœurs ; elle traite la nature humaine, non comme un principe susceptible d'être influencé, mais comme un objet de spéculation, propre à servir de fondement à toutes les autres sciences. Sa méthode consiste dans le raisonnement ; et la fin qu'elle poursuit est de s'élever progressivement dans les principes les plus généraux de l'objet étudié, ici la nature humaine.

La distinction entre les deux sortes de philosophie est fort claire et elle a le mérite de définir une double légitimité. Mais elle a l'inconvénient de séparer deux mondes, celui de la conversation ou de l'honnête homme et celui des savants, et de désunir deux fins, celle de la sagesse et celle de la science. Très conscient de ce risque, Hume met la philosophie abstraite au service de la philosophie facile : le sentiment et le goût, s'ils sont instruits ou éduqués par la raison, gagnent en finesse et en sûreté de jugement. Il en fait aussi une arme de combat contre la bigoterie qui, elle, réussit la synthèse du pratique et du spéculatif, mais pour dominer les esprits et les actions des hommes. Mais il tente de faire davantage encore : « Heureux si [dans le présent ouvrage] nous pouvons nous tenir au point de réunions des différentes espèces de philosophie, en réconciliant la profondeur, la clarté, la vérité et la nouveauté ! »[2].

1. Page 41. Une faute de lecture, souvent commise, transforme cette expression célèbre, et trop facile quand elle est extrapolée, en une critique de la philosophie abstraite. Il est aisé de voir que Hume, bien au contraire, s'attache à défendre cette dernière.

2. Page 56.

Hume y parvient-il ?

Dans la recension qu'il donne de la traduction de l'ouvrage, traduction assurée par Mérian et corrigée par Formey[1], Grimm reprend assez caustiquement une note de Formey qui changeait en une autocritique l'aveu que Hume fait à la fin de la section VII, s'excusant de la longueur de son propos ; et il déclare tout nettement : « Vous serez médiocrement content des huit premiers Essais qui composent le premier volume. M. Hume y est diffus ; il retourne la même idée dans tous les sens imaginables »[2]. Et, en un sens, même si on ne dirait pas que Hume soit diffus quand il répète, Grimm a raison : le texte est trop analytique pour le lecteur de la philosophie facile, il est trop évident pour le lecteur de la philosophie abstraite. Et l'on s'ennuie un peu : dans sa partie positive, la doctrine de la causalité se réduit à peu de choses (certes fondamentales) ; et, dans sa partie critique, si elle retient l'attention du philosophe abstrait, elle intéresse moins l'honnête homme, une fois passé l'effet de surprise.

Un manque de réussite, peut-être, dans l'accord de la manière et de la matière et dans l'effort de réconciliation des deux sortes de philosophie[3]. Mais la comparaison des contenus du *Traité* et de l'*Enquête* empêche de se hâter vers une telle conclusion.

Ce n'est pas le lieu d'entrer dans une comparaison détaillée des deux ouvrages[4]. Mais il est établi que, à la différence de la *Dissertation sur les Passions*, Hume a réécrit la partie centrale de

1. Correspondance littéraire, 15 janvier 1759, (édition Tourneux), IV, 69-72.

2. Il recommande chaudement ensuite les essais IX à XII, mais c'est ne pas voir que la critique des miracles et de la providence est portée par la critique radicale de toute conception métaphysique ou réaliste de la causalité.

3. Il en fut sans doute conscient, puisque c'est l'autre enquête, l'*Enquête sur les principes de la morale*, qu'il considère à juste titre comme son œuvre la plus achevée.

4. Dans son édition de 1894 (troisième édition, révisée par P. H. Nidditch, Oxford, 1974, Clarendon Press, L. A Selby-Bigge avait fourni quelques éléments de comparaison et une table comparative générale (Table I).

l'ouvrage, partie qui est consacrée à la causalité : peu de passages de plus d'une phrase ont été empruntés littéralement au *Traité* et la correspondance n'est guère sensible que dans les sections V et VIII[1]. Pourquoi une telle réécriture ? Il n'est pas douteux que le philosophe recherche une meilleure lisibilité et une facture plus adéquate que celle qu'on trouvait dans le *Traité*. Mais son dessein a évolué : il s'agit non seulement d'exposer à nouveau une théorie nouvelle de l'entendement, mais de l'implanter assez dans l'esprit du lecteur afin d'en tirer certaines conséquences méthodiques. Et, comme à son habitude, Hume ajoute et retranche.

Et tout d'abord, *addo dum minuo*[2]. Prenons un exemple. On sait que la quatrième partie du Ier livre du *Traité* est peu représentée dans l'*Enquête* et que, en particulier, la question de l'identité personnelle disparaît complètement. Mais prenons le cas plus instructif de la question de la croyance en l'existence des objets extérieurs. La section XII de *l'Enquête*, où elle est évoquée, est nouvelle dans son intention, à défaut de l'être entièrement dans ses contenus : il s'agit d'examiner les diverses sortes de scepticisme. Mais la première partie de cette section reprend ce qu'avait longuement développé le *Traité*, I, 4, 2, et en fait une illustration de ce scepticisme auquel l'esprit est conduit après l'étude et la science, c'est-à-dire, par l'activité philosophique, elle-même. Le dispositif général touchant le rapport de la philosophie au vulgaire, de la doctrine de la représentation à la croyance naturelle, est conservé : Hume ne dit rien de nouveau. Mais ce qui faisait dans le

---

1. T. L. Beauchamp en donne une présentation exhaustive dans sa récente édition critique de l'*Enquête* (The Clarendon Edition of the Works of David Hume), p. LX- LXXIV. Beauchamp compare le texte au *Traité*, à l'*Abstract* et à la *Lettre d'un gentleman*.

2. « Je crois que les *Essais philosophiques* renferment toute chose d'importance sur l'entendement, que vous trouveriez dans le *Traité* et je vous conseille de ne pas lire ce dernier. En abrégeant et en simplifiant les questions, je les rend vraiment plus complètes. *Addo dum minuo*. Les principes philosophiques sont les mêmes dans les deux ouvrages… » (Lettre à Elliot of Minto, mars ou avril 1751, *Lettres*, I, 158).

Traité la trame de l'exposé devient l'objet même de l'exposé, au détriment de ce qui était l'objet du premier texte, à savoir, la *génération* par l'imagination de la croyance naturelle, puis de la croyance philosophique. Tout le discours positif sur la construction de l'identité de l'objet (de la continuité et de l'indépendance de l'existence extérieure) est effacé. La perte est importante et la portée du scepticisme s'en trouve considérablement réduite. Ne reste plus que le conflit simple entre la nature et la raison, conflit qui peut être tempéré par le moyen du scepticisme mitigé qui est ensuite présenté. Ainsi, par omission, en bornant l'investigation philosophique, mais sans nouveauté doctrinale discernable, Hume introduit-il, sinon une nouvelle conception, du moins une nouvelle fonction du scepticisme.

Passons aux ajouts. Ils sont importants : les sections I, X, XI et XII, sont pour l'essentiel nouvelles. X et XI auraient pu appartenir au *Traité*, I et XII sont une réflexion *a posteriori* sur le *Traité* ainsi qu'une évaluation générale de l'écriture et de la méthode en philosophie. Mais, pour rendre la chose plus évidente encore, considérons la section VIII consacrée à la liberté et à la nécessité. Elle puise manifestement dans les deux premières sections de la troisième partie du second livre du *Traité*, certains paragraphes étant repris quasi à l'identique. Fait plus remarquable, l'ordre des idées est le même jusqu'à un certain détail : des deux côtés, Hume établit que ce que l'on accorde à propos des actions des corps (uniformité de la liaison des phénomènes et, sur la base de la conjonction constante, pratique de l'inférence) vaut également pour les actions de l'âme (conjonction constante des motifs et des actions et, sur cette base, les nombreuses inférences de la vie commune et de la vie sociale) ; on retrouve aussi la comparaison de l'évidence naturelle et de l'évidence morale, le traitement de la probabilité, la recherche des causes de l'illusion qui nous fait croire que nos actions ne sont pas nécessaires, et la réfutation de l'argument qu'une telle doctrine serait néfaste à la morale et à la religion. Or, malgré ce même progrès des idées, l'intention des deux développements est tout à fait différente. Dans le *Traité*, il s'agit, à la faveur de l'examen de cette question de la liberté et de la nécessité, de bien entendre ce qu'est la volonté, et cela dans un développement qui est consacré aux effets

immédiats du plaisir et de la douleur que sont la volonté et les passions directes. Dans l'*Enquête*, il s'agit d'en finir avec une dispute de mots. L'introduction de la section VIII n'est donc pas un habillage : cet ajout liminaire, si limité qu'il soit en apparence, change entièrement la valeur de l'argumentation. Et replacé dans l'ensemble de l'*Enquête*, il prend toute sa signification : la nouvelle doctrine de la causalité développée dans les sections précédentes permet de prouver que toutes les disputes métaphysiques sur la liberté et la nécessité se réduisent à une bataille de mots, En un mot, cette section, comme celles qui suivent, est développée pour prouver sur un sujet important la fécondité philosophique de la doctrine de la causalité présentée, fécondité qui s'exprime dans une méthodologie critique.

LE PLAN DE L'*ENQUÊTE*

Il est très évident, si on considère l'ordre des matières ; il est plus délicat à apprécier, si l'on veut en préciser l'intention générale. Il convient pour cela de le prendre à la lumière de la section I et de la section XII qui en constituent l'introduction et la conclusion et qui sont la réflexion du philosophe sur sa propre entreprise.

La première section sur les différentes sortes de philosophie est, à bien des égards, une réponse de Hume aux recenseurs et aux critiques qui tous, favorables ou non, assez peu nombreux il est vrai, mais plutôt lucides, avaient relevé la subtilité des arguments de l'auteur, et en attribuaient les effets (les paradoxes sceptiques) à une intempérance juvénile et à un goût immodéré pour l'analyse. L'excellence philosophique de Hume n'était pas contestée, mais elle était retournée contre lui. Le projet même d'une science de la nature humaine, fort banal au demeurant, n'était pas discuté, ni non plus le choix tout aussi commun de la méthode expérimentale. Mais Hume n'aurait pas montré cette modération à laquelle, précisément, cette méthode invite : étudier le donné d'expérience, en inférer des principes ou des propositions générales, sans vouloir, au prix de l'évidence initiale des phénomènes, examiner ces principes eux-mêmes qui sont assez

justifiés par les effets dont on les infère. Faute de comportement, plus que de raisonnement. Et l'on retrouve ainsi un mode très traditionnel de critique du scepticisme.

A cette accusation *morale*, l'*Enquête* tente de répondre. D'une triple façon : 1) sur le mode discret d'une incontestable autocensure, par les retraits que nous avons évoqués, du *Traité* à l'*Enquête* ; 2) sur le mode explicite de la justification : une science de la nature humaine est possible, qui doit être poursuivie par le moyen de l'analyse critique (sceptique) ; 3) enfin, par la définition d'une règle de bonne conduite, celle du *scepticisme mitigé*.

Les sections IV à VII constituent le cœur de l'ouvrage.

Les deux sections qui les précèdent, manifestement réduites au minimum, présentent très brièvement les éléments indispensables au traitement critique qui suit. Il faut d'abord poser la division des perceptions de l'esprit en deux classes, celle des impressions primitives qui sont autant d'existences différentes, et des idées qui en sont les copies, ainsi que le principe de la réduction analytique des idées complexes aux idées simples ; sur quoi l'on peut faire reposer le principe général de l'expérience : toute idée, si complexe qu'elle soit, toute connaissance, quel que soit son degré de profondeur, doit pouvoir être réduite à des idées simples et donc référées à des impressions simples. Il faut ensuite établir que les idées sont liées entre elles dans l'imagination, et cela par les trois principes d'association que sont la contiguïté, la ressemblance et la causalité.

Les sections IV et V sont étroitement solidaires. Elles reposent sur un unique ressort problématique, celui déjà employé dans le *Traité*, il est vrai sur un mode qui était plus emphatique. Comme toujours chez Hume, le raisonnement est simple dans son principe : après qu'on a écarté – bien rapidement ! – les relations d'idées, c'est-à-dire principalement la connaissance mathématique où la relation entre les idées est perçue par la seule inspection de ces idées par la pensée, l'on se tourne vers toutes les connaissances de fait et notamment tous les raisonnements qui nous permettent d'inférer l'existence d'objets qui sont au-delà du cercle étroit de l'évidence de nos sens et de notre mémoire. Et l'on pose la question philosophique par excellence, celle de

l'entendement lui-même : sur quoi fonder ces connaissances et ces raisonnements ?

Certainement, sur la relation de causalité. Mais qu'est-ce qui autorise à tenir ensemble les phénomènes qui sont ainsi reliés et à les traiter l'un comme la cause, l'autre comme l'effet ? La connaissance de la relation ne s'obtient pas par des raisonnements *a priori*, puisque l'effet, tout nécessaire qu'il soit, aurait pu ne pas suivre, le contraire d'un fait étant toujours possible ; et la simple inspection du premier terme ne peut conduire par elle seule à la position du second. La causalité n'est pas un pouvoir, elle n'est pas une propriété attachée à telle chose ou à tel événement et qui renfermerait la production nécessaire de l'effet. Il faut donc que ce soit l'expérience qui nous instruise de la relation. Mais nous n'avons pas plus de succès de ce côté, puisque, dans l'expérience que nous avons des opérations de causalité, les conclusions que nous tirons de cette expérience ne sont point fondées sur le raisonnement ni sur aucun acte de l'entendement. Dans l'expérience de la causalité, l'esprit se porte au delà de l'expérience présente ou passée, mais sans que ce progrès puisse être justifié en raison, à partir de cette expérience présente ou passée. On ne peut ériger la répétition régulière d'une même conjonction de phénomènes en un principe d'uniformité validant une inférence portant sur une existence future. Bref, toute notre expérience se ramène à la conjonction constante des deux termes ou des deux séries de phénomènes dans l'entendement. Il est difficile d'imaginer une caractérisation moins ontologique et moins logiquement instructive que la relation de causalité, ainsi comprise.

Et cependant, nous ne cessons de pratiquer des inférences causales dans notre vie ordinaire ou dans nos recherches sur la réalité des choses. Le *Traité* marquait de manière assez tranchée le déplacement opéré dans la réponse fournie : nous ne saurions fonder nos inférences causales, mais nous en faisons sans cesse : voici un fait commun qu'il faut et que l'on peut expliquer. Car, tel est le grand scandale philosophique : expliquer n'est pas fonder ; une cause n'est pas une raison ; jamais on ne trouvera dans aucune inférence causale le moindre fondement métaphysique, et pouvons-nous

ajouter : transcendantal ou logique. L'*Enquête*, de son côté, présente la chose plus banalement : la nature pousse l'entendement à faire des inférences causales et, cédant à son influence, le philosophe peut bien chercher la cause de ces inférences causales et la trouver immédiatement dans l'habitude, c'est-à-dire dans la détermination de l'imagination à passer d'un terme à l'autre, lorsqu'ils sont en elle constamment joints ensemble. A défaut de pouvoir justifier les opérations de l'entendement, on se propose d'en expliquer la nature.

Autant l'analyse sceptique est raffinée par son maillage serré qui ferme successivement toutes les portes à une solution philosophique, autant la doctrine positive de l'habitude est simple, pour ne pas dire élémentaire : le sens commun n'a aucun mal à l'accepter, si du moins il abandonne son réalisme ordinaire, un réalisme qui lui fait dire que l'effet est produit par un pouvoir inscrit dans la nature de la cause. Sans doute, Hume complète-t-il la solution qu'il présente, en tentant de décrire la croyance qui accompagne les inférences causales (section V, deuxième partie), en traitant ces inférences comme des raisonnements de probabilité (section VI), en expliquant comment naît l'idée de nécessité qui les accompagne (section VII). Mais on ne peut se départir d'un sentiment de déception ; car, qu'est-ce que cette habitude, dont Hume se borne à évoquer les effets très ordinaires ? Qu'est-ce que cette probabilité où se distribuent des degrés contraires de croyance, comme des forces agissant dans un système mécanique complexe ? Et le même désappointement teinte la lecture de la section VII : on admire les raffinements de la critique de l'idée de pouvoir, on trouve bien maigre l'explication en vertu de laquelle, l'imagination étant portée par habitude à attendre, à l'apparition d'un premier événement, l'autre événement qui lui est joint, l'esprit sent cette transition coutumière de telle manière que ce *feeling* (*feeling* très singulier quand on le rapporte à la doctrine des éléments, puisque ce n'est pas l'impression d'un objet) est l'impression dont l'idée de nécessité est la copie.

A cet apparent mélange de force et de faiblesse, à cette association étonnante de critique sceptique et de description naturaliste, on peut donner une première justification. La réponse apportée aux doutes

sceptiques n'annule pas ces doutes, elle s'en nourrit ; ce qui permet de dire qu'il ne faut certes pas renoncer à la science expérimentale, laquelle repose sur l'inférence causale, mais qu'il faut la déclarer sceptique dans son fond et positive dans ses achèvements. Quant à la simplicité de l'explication psychologique, Hume la relève lui-même au début de la section VII : dans les sciences morales, les phénomènes donnés par la réflexion sont moins aisément déterminables que dans les sciences mathématiques, mais, une fois qu'on a corrigé l'obscurité des idées et l'ambiguïté des mots, l'explication y est plus facile.

La seconde justification qu'on invoquera, tient à la remarquable fécondité méthodique de la solution apportée ; en effet, l'explication naturaliste prête par sa positivité déceptive à une autre positivité, une positivité critique dont la vigueur s'exprime dans les toutes dernières lignes, bien connues, de l'*Enquête*. Et l'on peut comprendre le progrès de l'ouvrage comme le passage d'une définition à l'autre de la raison : de la raison fondatrice, impuissante, à la raison corrective, triomphante. Hume en donne quatre illustrations.

La première est la plus immédiate : toute explication véritable est un acte de détermination double, à la fois des causes et des effets, lorsque ces derniers ne sont pas donnés avec assez de clarté. L'explication par l'habitude de nos raisonnements de causalité permet d'établir que les idées de pouvoir, de force ou d'énergie, que nous prétendons tirer de notre expérience du monde ou de nous-mêmes, sont totalement confuses, et de prouver que la querelle métaphysique de la liberté et de la nécessité (section VIII) ne repose que sur cette ambiguïté des mots qui accompagnent habituellement de telles idées confuses : il suffit de penser exactement l'idée de nécessité, selon la solution apportée, pour voir que tout le monde admet qu'il y a autant de nécessité dans les opérations des âmes que dans les actions des corps. Et non seulement on peut lever l'ambiguïté, mais on peut faire la genèse de l'illusion qui l'accompagne.

La seconde illustration, relative à la question souvent agitée de la raison des animaux, développe un autre trait de l'inférence causale, telle qu'elle a été analysée : tous les raisonnements sur des questions de faits reposent sur une sorte d'analogie qui nous conduit à attendre,

d'une cause, des événements semblables à ceux que nous avons déjà observés à partir de causes semblables. Cette similitude est d'un degré plus ou moins parfait, ce qui fait que chaque inférence est une analogie plus ou moins forte. L'application aux animaux est aisée. Et pour se détourner des querelles métaphysiques concernant leur nature ou l'essence de leur âme (en ont-ils une ?), il suffit d'examiner s'ils apprennent par l'expérience et si, une fois qu'ils ont acquis quelque familiarité avec leur environnement, ils sont capables d'anticipation. Manière de confirmer que, à la différence près, la coutume agit autant dans l'homme que dans l'animal.

La section X sur les miracles fait un pas de plus dans la constitution de la raison corrective. Dans les deux illustrations précédentes, il suffisait de bien représenter la nature de l'inférence causale pour, en quelque sorte, dissiper des problèmes qui étaient aussi vains qu'anciens. La section X commence par mettre en place une *règle*, celle de l'expérience, ce qui serait bien banal, si dans cette règle on ne trouvait en concentré tout l'exposé sur la causalité. L'expérience, si elle est la source de nos inférences, ne saurait en être la raison suffisante ; elle est donc un guide par nature faillible : régularité ne fait pas nécessité, quoique nous nourrissions une telle idée de nécessité. Il nous faut donc être assez rationnels pour vouloir fonder nos inférences, assez sceptiques pour reconnaître que cela est impossible, et assez naturels pour continuer de faire des inférences avec quelque assurance. Au fur et à mesure que s'accroît notre connaissance, notre expérience gagne en contrariété en même temps qu'en étendue ; notre analyse en subtilité en même temps qu'en acribie critique ; nos croyances en mesure ou en prudence en même temps qu'en assurance. Ce schéma dynamique, qui n'est pas sans rappeler la règle de certitude et de liberté énoncée par Francis Bacon au début du second livre du *Novum Organum*, débouche ici sur la règle de proportion : non seulement il nous faut reconnaître les contrariétés de l'expérience, mais il nous faut aussi les rapporter les unes aux autres, pondérer entre elles nos inférences, entrer dans des conclusions qui ne sont que probables. Et Hume applique ici cette règle à une question exemplaire, celle de la fiabilité ou non des témoignages et des récits

qui rapportent un miracle. Cette question est doublement exemplaire : d'abord, elle porte sur la question critique de la validité du témoignage considéré relativement à son contenu, c'est-à-dire de la validité de certaines attitudes épistémiques relativement aux faits ou aux événements ; ensuite, elle offre un cas d'école puisque l'on commence par opposer l'assurance "absolue" que l'on aurait de la validité du témoignage (assurance purement hypothétique, qui n'est plus que relative dans la seconde partie de la section) et l'assurance toute aussi "absolue" de l'impossibilité naturelle de l'événement. Avant d'être par son contenu un objet de débat et de scandale, la section X est un superbe exercice de raison critique.

La section XI, non moins brillante, ne doit pas être restreinte au seul combat affiché contre la superstition. Dénoncer les excès des bigots ou des prêcheurs, leur intolérance morale et religieuse fondée sur de mauvais raisonnements, est une chose ; découvrir une faute de raisonnement, touchant les attributs de Dieu, chez des philosophes-théologiens respectés et respectables, comme Joseph Butler, auteur de l'*Analogie de la religion*, en est une autre. De nouveau, il faut considérer une inférence causale, celle qui porte de l'ordre de la nature, réputé être un objet d'expérience, à son Auteur. En se laissant porter par l'analogie (elle sera discutée dans les *Dialogues sur la religion naturelle*), l'entendement ou l'imagination, qui ne fait pas ici autre chose que ce qu'elle fait en toute inférence, peut bien inférer les prédicats naturels de la Divinité. Et, de l'effet à la cause, il faut certainement céder à l'inférence, naturelle ; mais, de la cause à l'effet, doit s'appliquer la règle de proportion : sachant que la cause n'est pas connue par elle-même, il faut que soit posée la cause qui suffit à la production de l'effet, et pas davantage. On ne peut ajouter aux prédicats naturels de Dieu, qui ont été inférés, ses prédicats moraux (la Providence), qui ne l'ont pas été ; et cela avant de redescendre à l'effet lui-même, à savoir, l'état du monde qui se signale autant par son chaos moral que par son ordre naturel.

La section XII dresse la table des différentes espèces de scepticisme, sorte de nomenclature qui ne semble pas préjuger au premier abord du statut de la philosophie humienne elle-même. Dans

les deux premières parties de la section, le pyrrhonisme règne souve-rainement. Le pyrrhonisme est une pratique philosophique que d'aucuns trouvent perverse et qui, examinant les pouvoirs de l'esprit humain en vue de les valider, exulte de n'y point parvenir; entreprise assurément vaine où la raison triomphe contre elle-même: mal incurable si l'on en fait la condition de l'accès à des vérités évidentes; mal sans conséquence lorsque le raisonnement est appliqué à la croyance naturelle en l'existence des corps extérieurs, puisque est ici révélée la contrariété entre la nature et la raison et puisque la nature l'emporte, quoi qu'il en soit; mal plus sévère quand la raison étudie le fondement des sciences, abstraites et expérimentales, qui sont ses propres œuvres, mais mal guérissable si la raison accepte de recon-naître le pouvoir de la nature. La troisième partie de la section ne suspend pas un tel radicalisme, mais elle s'intéresse à ses effets sur l'esprit, effets qui peuvent être changés en règles de bonne conduite: d'abord, une sorte d'éthique de la discussion qu'il convient d'opposer à l'intolérance dogmatique; ensuite, la conscience des bornes étroites de la connaissance humaine et le devoir de s'y tenir, en laissant aux orateurs et aux poètes le sublime de l'imagination; enfin, quand il faut décider sans raison suffisante, et le moindre de nos raisonnements est à cet égard une décision, accepter la naturalité de la philosophie, « les décisions philosophiques n'étant rien que les réflexions de la vie commune, rendues méthodiques et corrigées »[1].

Analyse des *effets* du scepticisme sous ses différentes formes et réflexion sur l'utilité de la méthode, rationnelle dans ses procédures, naturelle dans ses effets, la section XII peut terminer l'ouvrage, en écho de la première section. Car, en vérité, la critique sceptique de la raison menée par elle-même, soit artificiellement (le doute cartésien) soit par examen des opérations naturelles de l'esprit, ne réussit que trop bien. Mais dans les deux cas, elle est philosophique. Et il est douteux qu'il suffise de réfuter Butler pour empêcher l'inférence si naturelle sur la Providence, et la croyance qui l'accompagne. Quelle

---

1. Section XII, p. 407.

doit être l'incidence de la philosophie sur les opérations théoriques ou pratiques de l'esprit humain ? Si l'on renferme le scepticisme dans le seul domaine de la spéculation, ce n'est plus qu'un jeu philosophique ; si on pouvait lui conférer une efficace sur la vie humaine telle que la raison (ou la philosophie) devienne la règle de la nature humaine, l'on tomberait dans le pyrrhonisme le plus fatal et le plus désespéré. Il faut donc que le scepticisme ait quelque effet, quoique l'on admette que la « nature est plus forte que les principes ». Le scepticisme est plus qu'un jeu et moins qu'une sagesse.

A cet égard, le traitement des objections sceptiques portant sur l'évidence morale des raisonnements de fait est tout à fait exemplaire. Hume résume à titre d'argument sceptique sa propre analyse de la causalité, développée dans les sections précédentes. Il suggère que, prise sur le mode pyrrhonien, elle serait destructrice des inférences les plus nécessaires à la vie ordinaire de l'esprit. Dans le champ purement spéculatif des raisons, son efficacité théorique est totale ; mais, ceci étant acquis, quand on passe des raisons aux inférences, c'est-à-dire aux opérations de l'esprit qui, naturelles, ne cessent de se faire, un nouvel usage se découvre, celui de la méthode, celui précisément dont des échantillons remarquables viennent d'être fournis.

Ainsi, se trouve écartée la vieille objection faite au scepticisme, selon laquelle, détruisant la vérité de tout énoncé, il détruirait par là même son propre principe. Portant sur la légitimation rationnelle des opérations de l'esprit, beaucoup plus que sur des énoncés, le scepticisme rencontre sa limite, quoiqu'il ne perde rien de sa force spéculative. Assurément, dans la vie commune, la nature l'emporte toujours sur la critique. Semblablement, dans les sciences expérimentales, les inférences scientifiques ne différant pas dans leur nature des inférences communes. La philosophie *avoue* le pouvoir de la nature, mais cet aveu est à composer avec une puissance d'analyse et d'examen qui n'est pas diminuée pour autant. La nature et la raison sceptique se composent dans le scepticisme mitigé, scepticisme qui s'exprime dans la méthode rigoureuse d'une raison corrective.

Principes de la présente traduction

Conformément au vœu de Hume, la vieille édition de T.H. Green et T.H. Grose, *The philosophical Works of David Hume* (London, 1874-75) donnait dans le volume IV l'*Enquête sur l'entendement humain*, suivi de la *Dissertation sur les Passions*, avant l'*Enquête sur les principes de la morale* et l'*Histoire naturelle de la religion*. Mais l'édition de la première *Enquête* la plus usitée a été pendant longtemps, et jusqu'à récemment, celle de L.A. Selby-Bigge (Oxford, 1894, 3ᵉ édition revue et corrigée par P.H. Nidditch, Oxford 1975, Clarendon Press; jointe à l'*Enquête sur les principes de la morale*). Elle est aujourd'hui remplacée par la nouvelle édition assurée par T.L. Beauchamp (Oxford 2000, Clarendon Press) au sein de la «Clarendon Edition of the Works of David Hume» actuellement en cours de réalisation. Cette dernière édition donne toutes les variantes. Alors que les éditions de Green et Grose et de Selby-Bigge suivaient le texte des *Essays and Treatises on several Subjects*, préparé par Hume et paru en 1777 un an après sa mort, celle de Beauchamp adopte le texte de la dernière édition parue du vivant de Hume, en 1772. La raison invoquée de ce choix est que l'édition de 1777, étant posthume, n'a pu être contrôlée par le philosophe lui-même. Hume, on le sait, corrigea soigneusement les différentes éditions qui parurent de son vivant. Toutefois, la comparaison des variantes données par Beauchamp montre que le plus grand nombre de ces corrections concernent la lettre du texte (orthographe, nombre des noms, accords, redoublements littéraires, etc.), corrections qui sont insensibles dans une traduction, et que Green and Grose avaient donné pour l'essentiel les plus significatives (la plus importante étant la suppression des deux tiers de la section III). Nous les reproduisons pour la plupart, en note, en fin de volume, que les plus importantes. Il ne nous a donc pas paru utile de revenir sur notre principe général de nous référer à l'édition de 1777.

Nous avons modernisé quelque peu la ponctuation (en éliminant notamment les deux points «;» de juxtaposition en usage au XVIIIᵉ siècle). Nous offrons ainsi un texte anglais «normal», utile, nous

l'espérons, au lecteur mais qui ne saurait avoir la valeur d'une édition critique du texte. Suivant aussi un usage désormais bien établi, nous avons numéroté les paragraphes, en conformité avec l'édition de référence de Beauchamp.

Il y a deux façons de traduire, l'une qui se veut exacte au prix du style, l'autre qui cherche l'accord de la pensée et du mot, et cela dans une autre langue que celle de l'auteur. La première prétend à plus d'acribie et elle a cours aujourd'hui ; elle est animée, pour chaque ouvrage, par la recherche d'un texte philosophiquement idéal, sorte d'invariant qu'on s'efforce d'atteindre, au prix du génie des langues s'il le faut. Il n'est pas sûr qu'elle parvienne à ses fins. Elle a de plus l'inconvénient, concernant le présent ouvrage, de contrevenir à l'intention déclarée de l'auteur : réunir dans une même œuvre l'esprit de l'homme d'étude et le goût de l'homme de lettres. La seconde, moins paresseuse et plus risquée, défend l'intention plutôt que le mot et une autre sorte de justesse, à l'imitation de son original. Nous nous y sommes essayé.

Hume fut autant célébré pour son écriture que pour ses idées. Disons-le avec force : la philosophie de Hume n'est pas conceptuelle ; un sceptique ne *pense* pas, il *argumente* ; un philosophe positif ou « naturaliste » ne pense pas davantage, il *dit* ; un auteur ne pense pas, il *écrit*.

Toutes ces raisons font que nous sommes resté plus proche, en esprit, des traductions données au XVIIIᵉ siècle que des traductions contemporaines. L'*Enquête* parut pour la première fois en 1758, sous le titre *Essais philosophiques sur l'entendement humain*, comme volume I et II des *Œuvres philosophiques de Mr. D. Hume* (Amsterdam, 1758-1760). Cette traduction fort élégante et souvent très sûre[1], est faite à partir de la seconde édition anglaise (1750)[1], par

---

1. Elle a été reprise, après corrections, par F. Pillon, et jointe au premier livre du *Traité* traduit pour la première fois par C. Renouvier et F. Pillon, sous le titre *Psychologie de Hume*, Paris, 1978.

Jean-Bernard Mérian, sans doute à l'initiative de Maupertuis et sous le contrôle de Jean Henri Samuel Formey, dans l'environnement de l'Académie de Prusse, à Berlin.

De tous les ouvrages qui composent les *Essays and Treatises*, la première *Enquête* est certainement celui qui demande le plus de régularité terminologique de la part du traducteur. Toutefois, il est difficile d'y satisfaire complètement. Le meilleur exemple est fourni par le mot *feeling*. *To feel* signifie *toucher*, *sentir*. Traduire *feeling* par *sensation* a l'inconvénient de perturber l'emploi assez constant du mot anglais *sensation*. Mais il est difficile de ne pas traduire *feeling of cold* par *sensation du froid*. La traduction par *sentiment* bute sur l'expression répétée plusieurs fois par Hume *feeling or sentiment*. Il ne reste plus alors que le mot *impression*, lequel en toute rigueur devrait être réservé aux impressions de sensation ou de réflexion, sachant que la croyance n'est rien de tel. En conséquence, nous traduirons selon les cas de la manière qui nous paraît la plus évidente. Hume dit lui-même, à propos du terme *croyance* (que le mot *feeling* a pour charge précisément de qualifier), qu'il ne sert à rien de disputer sur les mots quand on s'entend sur la chose. Le conseil est sage et nous le suivons.

On sait que le mot anglais *evidence* n'a pas exactement le même sens que son équivalent français, *évidence*, puisqu'il signifie à la fois la preuve et son résultat. Hormis le terme de *preuve* qui vient facilement dans quelques occurrences, les substituts qui ont pu être retenus font autant de difficulté que le mot *évidence* lui-même. Nous avons donc conservé ce dernier, en nous fiant à l'intelligence du lecteur.

Hume dit à plusieurs reprises que les mots *force*, *power* et *energy* ont le même sens ; en vérité, un sens indéterminé, puisque, à l'examen, il apparaît que nous n'avons l'expérience, ni donc l'idée, d'aucune force ni d'aucun pouvoir dans la nature ou dans l'esprit : en rigueur,

---

1. Comme le prouve la dernière note de la section VII : Hume n'a inséré cette note que dans la seconde édition et la version du second paragraphe qui en est donnée est bien celle de cette édition.

ces mots n'expriment rien que la relation de causalité. Hume emploie plus fréquemment *power*, mais n'hésite pas à jouer des trois termes pour éviter des répétitions. Toute acribie conceptuelle irait ici contre l'argument même du philosophe et embarrasserait la langue. Nous avons donc suivi l'usage français qui emploie plutôt *force* à propos des phénomènes de la nature et *pouvoir* quand il s'agit de l'activité de l'esprit.

La traduction de *mind* est une autre difficulté. Si nous parlions encore la langue du XVIIIᵉ siècle, il faudrait le plus souvent dire *âme* en français. L'emploi du mot *soul* est beaucoup moins fréquent. Et il a un sens spécialisé : c'est l'âme comme substance ou comme principe moral. Toutefois, on trouve dans les textes de Hume plusieurs exemples où *soul* et *mind* sont exactement synonymes dans un même passage (par exemple, dans la *Dissertation sur les Passions*, I, § 9 ; III, § 3, où Hume emploie *soul* pour éviter le redoublement de *mind*). Fort de cette autorisation, nous avons essayé de suivre, dans l'emploi des mots *esprit* et *âme*, l'usage plus libéral de la langue française.

Les notes de Hume sont appelées par des lettres ; nos propres notes par des chiffres arabes et les variantes rejetées à la fin du volume par des astérisques. Tout ce qui est entre crochets est de notre fait[1].

---

1. Pour une présentation plus complète du texte, voir la précédente édition de notre traduction que nous reprenons ici, dans D. Hume, *Essais et traités sur plusieurs sujets*, vol. III, Paris, Vrin, 2004.

David Hume

AN ENQUIRY CONCERNING HUMAN UNDERSTANDING

Dᴀᴠɪᴅ Hᴜᴍᴇ

ENQUÊTE SUR L'ENTENDEMENT HUMAIN

OF THE DIFFERENT SPECIES OF PHILOSOPHY

1. Moral philosophy, or the science of human nature, may be treated after two different manners; each of which has its peculiar merit, and may contribute to the entertainment, instruction, and reformation of mankind. The one considers man chiefly as born for action; and as influenced in his measures by taste and sentiment; pursuing one object, and avoiding another, according to the value which these objects seem to possess, and according to the light in which they present themselves. As virtue, of all objects, is allowed to be the most valuable, this species of philosophers paint her in the most amiable colours; borrowing all helps from poetry and eloquence, and treating their subject in an easy and obvious manner, and such as is best fitted to please the imagination, and engage the affections. They select the most striking observations and instances from common life; place opposite characters in a proper contrast; and alluring us into the paths of virtue by the views of glory and happiness, direct our steps in these paths by the soundest precepts and most illustrious examples. They make us *feel* the difference between vice and virtue; they excite and regulate our sentiments; and so they

DES DIFFÉRENTES ESPÈCES DE PHILOSOPHIE

1. La philosophie morale, je veux dire : la science de la nature humaine, peut être traitée de deux manières différentes ; chacune a son mérite propre, chacune autant que l'autre peut servir au divertissement, à l'instruction et à l'amendement des hommes. La première voit dans l'homme un être surtout fait pour l'action, guidé dans les mesures qu'il prend par le goût et par le sentiment, et poursuivant ou évitant les objets selon la valeur qu'ils paraissent posséder et le jour où ils se présentent. Comme aucun objet n'est connu qui soit plus estimable que la vertu elle-même, les philosophes de cette première sorte la peignent sous les plus aimables couleurs et, usant de toutes les ressources de la poésie et de l'éloquence, ils traitent leur sujet d'une manière facile et claire, celle qui est la plus propre à séduire l'imagination et à toucher le cœur. Ils recueillent de la vie commune les observations et les exemples les plus frappants, ils placent les caractères opposés dans un juste contraste et, après nous avoir engagés sur les sentiers de la vertu par des perspectives de gloire et de bonheur, ils y dirigent nos pas par les préceptes les plus sains et les plus illustres exemples. Ils nous font *sentir* la différence entre le vice et la vertu ; ils éveillent et règlent nos sentiments ; et, pourvu qu'ils

can but bend our hearts to the love of probity and true honour, they think, that they have fully attained the end of all their labours.

2. The other species of philosophers consider man in the light of a reasonable rather than an active being, and endeavour to form his understanding more than cultivate his manners. They regard human nature as a subject of speculation; and with a narrow scrutiny examine it, in order to find those principles, which regulate our understanding, excite our sentiments, and make us approve or blame any particular object, action, or behaviour. They think it a reproach to all literature, that philosophy should not yet have fixed, beyond controversy, the foundation of morals, reasoning, and criticism; and should for ever talk of truth and falsehood, vice and virtue, beauty and deformity, without being able to determine the source of these distinctions. While they attempt this arduous task, they are deterred by no difficulties; but proceeding from particular instances to general principles, they still push on their enquiries to principles more general, and rest not satisfied till they arrive at those original principles, by which, in every science, all human curiosity must be bounded. Though their speculations seem abstract, and even unintelligible to common readers, they aim at the approbation of the learned and the wise; and think themselves sufficiently compensated for the labour of their whole lives, if they can discover some hidden truths, which may contribute to the instruction of posterity.

3. It is certain that the easy and obvious philosophy will always, with the generality of mankind, have the preference above the accurate and abstruse; and by many will be recommended, not only as more agreeable, but more useful than the other. It enters more into common life; moulds the

réussissent à graver dans nos cœurs l'amour de la probité et du véritable honneur, ils sont convaincus d'avoir pleinement atteint le but de tous leurs efforts.

2. Les philosophes de l'autre espèce considèrent l'homme en être raisonnable plutôt qu'actif et, plus qu'à cultiver ses mœurs, ils s'appliquent à former son entendement. Ils prennent la nature humaine comme un sujet de spéculation et la soumettent à un examen minutieux, afin de découvrir les principes qui règlent notre entendement, éveillent nos sentiments et nous font approuver ou blâmer un objet, une action, une conduite particulière. C'est un grave reproche à faire aux Lettres, pensent-ils, que la philosophie ne soit pas encore parvenue à établir par delà toute controverse les fondements de la morale, du raisonnement et de la critique, et qu'elle soit condamnée à parler à jamais de la vérité et de la fausseté, du vice et de la vertu, de la beauté et de la laideur, sans être capable de déterminer la source de ces distinctions. Dans une entreprise aussi ardue, ils ne reculent devant aucune difficulté ; mais, progressant des cas particuliers aux principes généraux, ils poussent leurs recherches vers des principes plus généraux encore et ne se tiennent pour satisfaits qu'ils ne parviennent enfin à ces principes primitifs qui marquent en toute science les limites de la curiosité des hommes. Bien que leurs spéculations paraissent abstraites, et même inintelligibles au lecteur ordinaire, ils recherchent l'approbation des sages et des savants et, pourvu qu'ils découvrent quelques vérités cachées qui puissent servir à l'instruction de la postérité, ils s'estiment suffisamment payés du travail d'une vie entière.

3. Il est certain que la philosophie facile et claire l'emportera toujours dans l'esprit du plus grand nombre sur la philosophie précise et abstruse ; et beaucoup la recommanderont comme étant plus agréable mais aussi plus utile que l'autre. Elle entre davantage dans la vie commune ; elle façonne

heart and affections; and, by touching those principles which actuate men, reforms their conduct, and brings them nearer to that model of perfection which it describes. On the contrary, the abstruse philosophy, being founded on a turn of mind, which cannot enter into business and action, vanishes when the philosopher leaves the shade, and comes into open day; nor can its principles easily retain any influence over our conduct and behaviour. The feelings of our heart, the agitation of our passions, the vehemence of our affections, dissipate all its conclusions, and reduce the profound philosopher to a mere plebeian.

4. This also must be confessed, that the most durable, as well as justest fame, has been acquired by the easy philosophy, and that abstract reasoners seem hitherto to have enjoyed only a momentary reputation, from the caprice or ignorance of their own age, but have not been able to support their renown with more equitable posterity. It is easy for a profound philosopher to commit a mistake in his subtile reasonings; and one mistake is the necessary parent of another, while he pushes on his consequences, and is not deterred from embracing any conclusion, by its unusual appearance, or its contradiction to popular opinion. But a philosopher, who purposes only to represent the common sense of mankind in more beautiful and more engaging colours, if by accident he falls into error, goes no farther; but renewing his appeal to common sense, and the natural sentiments of the mind, returns into the right path, and secures himself from any dangerous illusions. The fame of Cicero flourishes at present; but that of Aristotle is utterly decayed. La Bruyere passes the seas, and still maintains his reputation: But the glory of Malebranche is

le cœur et ses affections ; et en touchant les principes qui font agir les hommes elle réforme leur conduite et les rapproche du modèle de perfection qu'elle-même décrit. Au contraire, la philosophie abstruse, étant fondée sur un tour d'esprit particulier qui n'entre pour rien dans l'action et les affaires de la vie, s'évanouit dès que le philosophe sort de l'ombre et se produit au grand jour ; et c'est bien difficilement que ses principes conservent leur influence sur notre conduite et notre comportement. Les impressions de notre cœur, le mouvement de nos passions, la véhémence de nos affections dissipent toutes ses conclusions ; et voici le profond philosophe réduit au populaire.

4. Il faut aussi dire que la philosophie facile s'est acquis la renommée la plus durable en même temps que la plus juste, tandis que les raisonneurs abstraits paraissent jusqu'ici n'avoir joui que de réputations passagères, fruits du caprice ou de l'ignorance de leur temps, sans avoir su soutenir leur renom devant une postérité plus équitable. Il est facile à un philosophe profond de commettre une erreur dans ses raisonnements subtils, erreur qui en engendre nécessairement une autre quand il développe plus avant ses conséquences ; et il ne se détournera pas d'embrasser une conclusion sous le prétexte qu'elle est inhabituelle ou contraire à l'opinion populaire. Mais un philosophe dont le dessein n'est que de représenter le sens commun des hommes sous des couleurs plus belles et plus engageantes, s'il lui arrive de tomber dans l'erreur, s'arrête aussitôt ; il consulte à nouveau le sens commun ainsi que les sentiments naturels de l'esprit ; il retrouve le droit chemin et se garde à l'avenir des illusions dangereuses. La renommée de Cicéron reste éclatante aujourd'hui ; mais celle d'Aristote est complètement tombée. La Bruyère franchit les mers et soutient encore sa réputation ; mais la gloire de Malebranche

confined to his own nation, and to his own age. And Addison, perhaps, will be read with pleasure, when Locke shall be entirely forgotten.

5. The mere philosopher is a character, which is commonly but little acceptable in the world, as being supposed to contribute nothing either to the advantage or pleasure of society; while he lives remote from communication with mankind, and is wrapped up in principles and notions equally remote from their comprehension. On the other hand, the mere ignorant is still more despised; nor is any thing deemed a surer sign of an illiberal genius in an age and nation where the sciences flourish, than to be entirely destitute of all relish for those noble entertainments. The most perfect character is supposed to lie between those extremes; retaining an equal ability and taste for books, company, and business; preserving in conversation that discernment and delicacy which arise from polite letters; and in business, that probity and accuracy which are the natural result of a just philosophy. In order to diffuse and cultivate so accomplished a character, nothing can be more useful than compositions of the easy style and manner, which draw not too much from life, require no deep application or retreat to be comprehended, and send back the student among mankind full of noble sentiments and wise precepts, applicable to every exigence of human life. By means of such compositions, virtue becomes amiable, science agreeable, company instructive, and retirement entertaining.

6. Man is a reasonable being; and as such, receives from science his proper food and nourishment: But so narrow are the bounds of human understanding, that little satisfaction can be hoped for in this particular, either from the extent of security or his acquisitions. Man is a sociable, no less than a reasonable being: But neither can he always enjoy

n'a pas dépassé sa nation et son époque. Et peut-être lira-t-on Addison avec plaisir, quand on aura entièrement oublié Locke.

5. Le pur philosophe est un personnage qu'on n'accepte jamais volontiers dans le monde, car on l'estime incapable de contribuer à l'avantage ou au plaisir de la société, vivant à l'écart, sans commerce avec le reste des hommes, et tout absorbé dans des principes et des notions qui sont également éloignés de la compréhension commune. D'un autre côté, le pur ignorant est davantage méprisé encore ; et il n'est pas, juge-t-on, de marque plus sûre d'un petit esprit en un temps et chez une nation où les sciences fleurissent, que de ne manifester aucun goût pour ces nobles occupations. C'est entre ces deux extrêmes qu'on place le caractère le plus parfait, celui d'un homme montrant une égale aptitude et un goût pareil pour les livres, la société et les affaires, conservant aussi dans la conversation ce discernement et cette délicatesse qu'on doit à la culture des lettres, et dans les affaires cette probité et cette exactitude qui sont le fruit naturel d'une juste philosophie. Pour favoriser et cultiver un caractère aussi accompli, rien n'est plus utile que les compositions du style et du genre facile qui, n'étant point trop détachées de la vie, n'exigent pour être comprises ni une application soutenue ni une sévère retraite et qui renvoient ensuite parmi les hommes celui qui les étudie, rempli de nobles sentiments et de sages préceptes, applicables aux besoins de la vie humaine. Grâce à de telles compositions, la vertu devient aimable, la science agréable, la compagnie instructive et la retraite pleine de charme.

6. L'homme est un être raisonnable ; sous ce rapport, il trouve dans la science l'aliment qui le nourrit. Mais si étroites sont les limites de son entendement qu'il ne peut guère espérer dans ce domaine retirer beaucoup de satisfaction de l'étendue et de la solidité de ses acquisitions. L'homme est un être socia-ble autant que raisonnable. Mais il ne peut avoir toujours le

company agreeable and amusing, or preserve the proper relish for them. Man is also an active being; and from that disposition, as well as from the various necessities of human life, must submit to business and occupation: But the mind requires some relaxation, and cannot always support its bent to care and industry. It seems, then, that nature has pointed out a mixed kind of life as most suitable to the human race, and secretly admonished them to allow none of these biasses to *draw* too much, so as to incapacitate them for other occupations and entertainments. Indulge your passion for science, says she, but let your science be human, and such as may have a direct reference to action and society. Abstruse thought and profound researches I prohibit, and will severely punish, by the pensive melancholy which they introduce, by the endless uncertainty in which they involve you, and by the cold reception which your pretended discoveries shall meet with, when communicated. Be a philosopher; but, amidst all your philosophy, be still a man.

7. Were the generality of mankind contented to prefer the easy philosophy to the abstract and profound, without throwing any blame or contempt on the latter, it might not be improper, perhaps, to comply with this general opinion, and allow every man to enjoy, without opposition, his own taste and sentiment. But as the matter is often carried farther, even to the absolute rejecting of all profound reasonings, or what is commonly called *metaphysics*, we shall now proceed to consider what can reasonably be pleaded in their behalf.

8. We may begin with observing, that one considerable advantage, which results from the accurate and abstract philosophy, is, its subserviency to the easy and humane; which,

bonheur d'une compagnie agréable et divertissante, ni conserver toujours son goût pour la société. L'homme est aussi un être actif; et cette disposition, jointe aux multiples nécessités de la vie humaine, le force à s'employer aux affaires et aux occupations de l'existence. Mais l'esprit a besoin de relâchement, il ne peut toujours se soutenir au milieu de ses soins et de ses entreprises. La nature paraît donc avoir tracé aux hommes un genre de vie mixte comme étant celui qui leur convient le mieux; elle paraît les avoir secrètement prévenus de ne permettre qu'aucun de ces ressorts *tire* trop à lui, de peur qu'il ne les rende incapables de s'occuper et se divertir autrement. Livrez-vous, dit-elle, à votre passion pour la science, mais que votre science reste humaine et telle qu'elle se rapporte directement à l'action et à la société. J'interdis la pensée abstruse et ses recherches profondes, et je la punirai sévèrement par la pensive mélancolie dont elle est la source, par l'incertitude profonde où vous serez plongés, par le froid accueil que vous rencontrerez quand vous communiquerez vos prétendues découvertes. Soyez philosophe; mais au milieu de toute votre philosophie, soyez encore un homme.

7. Si, pour leur plus grande part, les hommes se contentaient de préférer la philosophie facile à la philosophie abstraite et profonde, sans jeter sur celle-ci ni blâme ni mépris, on aurait sans doute mauvaise grâce à ne pas partager cette opinion générale et à refuser que chacun se livre librement à ses goûts et à ses sentiments personnels. Mais comme les choses vont souvent plus loin, et même jusqu'au rejet complet de tous les raisonnements profonds et de tout ce qu'on appelle communément *métaphysique*, je me propose d'examiner ce qui peut être plaidé en leur faveur.

8. Notons d'abord un immense avantage qui résulte de la philosophie exacte et abstraite: c'est le service qu'elle rend à la philosophie facile et aimable, laquelle, sans son

without the former, can never attain a sufficient degree of exactness in its sentiments, precepts, or reasonings. All polite letters are nothing but pictures of human life in various attitudes and situations; and inspire us with different sentiments, of praise or blame, admiration or ridicule, according to the qualities of the object, which they set before us. An artist must be better qualified to succeed in this undertaking, who, besides a delicate taste and a quick apprehension, possesses an accurate knowledge of the internal fabric, the operations of the understanding, the workings of the passions, and the various species of sentiment which discriminate vice and virtue. How painful soever this inward search or enquiry may appear, it becomes, in some measure, requisite to those, who would describe with success the obvious and outward appearances of life and manners. The anatomist presents to the eye the most hideous and disagreeable objects; but his science is useful to the painter in delineating even a Venus or an Helen. While the latter employs all the richest colours of his art, and gives his figures the most graceful and engaging airs; he must still carry his attention to the inward structure of the human body, the position of the muscles, the fabric of the bones, and the use and figure of every part or organ. Accuracy is, in every case, advantageous to beauty, and just reasoning to delicate sentiment. In vain would we exalt the one by depreciating the other.

9. Besides, we may observe, in every art or profession, even those which most concern life or action, that a spirit of accuracy, however acquired, carries all of them nearer their perfection, and renders them more subservient to the interests of society. And though a philosopher may live remote from business, the genius of philosophy, if care fully cultivated by several, must gradually diffuse itself

secours, n'atteindrait jamais un degré suffisant d'exactitude dans ses sentiments, dans ses préceptes ou ses raisonnements. Toutes les belles-lettres ne sont rien que des tableaux de la vie humaine sous ses diverses faces et dans des situations variées; et elles nous inspirent des sentiments différents d'éloge ou de blâme, d'admiration ou de dérision, selon les qualités de l'objet qu'elles placent devant nous. Un artiste aura meilleure qualité pour réussir dans cette entreprise, s'il joint à un goût délicat et à une imagination vive la connaissance précise de la structure interne de l'homme, des opérations de l'entendement, du jeu des passions et des diverses espèces de sentiment qui distinguent le vice et la vertu. Si pénible que puisse paraître cette recherche et cette étude intérieure, elle devient en quelque mesure indispensable à celui qui voudrait décrire avec succès les dehors manifestes sous lesquels la vie et les mœurs paraissent. L'anatomiste offre à l'œil les objets les plus hideux et les spectacles les plus déplaisants; mais sa science est utile au peintre, même pour dessiner une Vénus ou une Hélène. Il ne suffit pas au peintre d'employer les plus riches couleurs de son art et de donner aux formes humaines l'expression la plus gracieuse et la plus séduisante, il lui faut encore porter son attention sur la structure interne du corps, la position des muscles, la place des os, la forme et l'usage de chaque partie ou de chaque organe. Partout l'exactitude profite à la beauté, la justesse du raisonnement au sentiment le plus délicat. Il serait vain d'exalter l'un en rabaissant l'autre.

9. Il y a aussi cette observation que nous pouvons faire sur les professions et les arts, même ceux qui intéressent le plus la vie et l'action : plus on y met d'esprit d'exactitude et plus on les approche de leur perfection, plus on les rend profitables aux intérêts de la société. Et quoique un philosophe puisse vivre à l'écart des affaires humaines, le génie de la philosophie, s'il est soigneusement cultivé par plusieurs, ne manque pas de se

throughout the whole society, and bestow a similar correctness on every art and calling. The politician will acquire greater foresight and subtility, in the subdividing and balancing of power; the lawyer more method and finer principles in his reasonings; and the general more regularity in his discipline, and more caution in his plans and operations. The stability of modern governments above the ancient, and the accuracy of modern philosophy, have improved, and probably will still improve, by similar gradations.

10. Were there no advantage to be reaped from these studies, beyond the gratification of an innocent curiosity, yet ought not even this to be despised; as being one accession to those few safe and harmless pleasures, which are bestowed on human race. The sweetest and most inoffensive path of life leads through the avenues of science and learning; and whoever can either remove any obstructions in this way, or open up any new prospect, ought so far to be esteemed a bene-factor to mankind. And though these researches may appear painful and fatiguing, it is with some minds as with some bodies, which being endowed with vigorous and florid health, require severe exercise, and reap a pleasure from what, to the generality of mankind, may seem burdensome and laborious. Obscurity, indeed, is painful to the mind as well as to the eye; but to bring light from obscurity, by whatever labour, must needs be delightful and rejoicing.

11. But this obscurity in the profound and abstract philo-sophy, is objected to, not only as painful and fatiguing, but as the inevitable source of uncertainty and error. Here indeed lies the justest and most plausible objection against a considerable part of metaphysics, that they are not properly a science; but arise either from the fruitless efforts of human vanity, which

répandre et de progresser dans toute la société, apportant une égale précision aux métiers et aux arts. L'homme d'État montrera plus de clairvoyance et de subtilité dans la division et l'équilibre des pouvoirs ; l'homme de loi aura plus de méthode et des principes plus fins dans ses raisonnements ; le général mettra plus de régularité dans la discipline militaire et de circonspection dans ses plans et ses opérations. Comparés aux anciens, les gouvernements modernes ont gagné en stabilité, en même temps que la philosophie moderne gagnait en exactitude ; et ce progrès ira sans doute encore par les mêmes degrés.

10. N'y eût-il d'autre avantage à recueillir de ces études que la satisfaction d'une honnête curiosité, encore ne devrions-nous pas avoir de mépris pour pareil surcroît à la petite somme des plaisirs sûrs et innocents qui sont accordés à l'espèce humaine. Le chemin de la vie le plus doux et le plus inoffensif passe par les avenues de la science et de la connaissance ; et quiconque réussit à lever un obstacle sur cette voie ou à dégager une perspective nouvelle, doit être tenu pour un bienfaiteur du genre humain. Et pour pénibles et rebutantes que ces recherches puissent paraître, il en est de certains esprits comme de ces corps qui, dotés d'une santé vigoureuse et florissante, demandent des exercices violents et prennent plaisir à des efforts qui paraissent accablants et fastidieux au reste des hommes. L'esprit, pas plus que l'œil, n'aime l'obscurité. Et tirer la lumière de l'obscurité est une chose pleine de charme et d'agrément, malgré toute la peine qu'il en coûte.

11. Mais, dira-t-on, cette obscurité qui entoure la philosophie profonde et abstraite, n'est pas que pénible et rebutante ; elle est aussi une source inévitable d'incertitude et d'erreur. C'est ici, en effet, l'objection la plus juste et la plus plausible qu'on puisse élever contre une part considérable de la métaphysique : ce n'est pas proprement une science, dira-t-on, mais seulement le fruit stérile des efforts de la vanité humaine qui

would penetrate into subjects utterly inaccessible to the understanding, or from the craft of popular superstitions, which, being unable to defend themselves on fair ground, raise these intangling brambles to cover and protect their weakness. Chaced from the open country, these robbers fly into the forest, and lie in wait to break in upon every unguarded avenue of the mind, and overwhelm it with religious fears and prejudices. The stoutest antagonist, if he remit his watch a moment, is oppressed. And many, through cowardice and folly, open the gates to the enemies, and willingly receive them with reverence and submission, as their legal sovereigns.

12. But is this a sufficient reason, why philosophers should desist from such researches, and leave superstition still in possession of her retreat? Is it not proper to draw an opposite conclusion, and perceive the necessity of carrying the war into the most secret recesses of the enemy? In vain do we hope, that men, from frequent disappointment, will at last abandon such airy sciences, and discover the proper province of human reason. For, besides, that many persons find too sensible an interest in perpetually recalling such topics; besides this, I say, the motive of blind despair can never reasonably have place in the sciences; since, however unsuccessful former attempts may have proved, there is still room to hope, that the industry, good fortune, or improved sagacity of succeeding generations may reach discoveries unknown to former ages. Each adventurous genius will still leap at the arduous prize, and find himself stimulated, rather that discouraged, by the failures of his predecessors; while he hopes that the glory of achieving so hard an adventure is reserved for him alone. The only method of freeing learning, at once,

voudrait pénétrer dans des sujets totalement inaccessibles à l'entendement ; c'est l'artificieux produit des superstitions populaires qui, étant incapables de se défendre en terrain dégagé, répandent ces buissons épineux pour protéger et couvrir leur faiblesse. Chassés des lieux découverts, ces voleurs fuient dans l'épaisseur des forêts, attendant de se jeter en force dans les avenues les moins bien gardées de notre esprit, pour mieux l'accabler de préjugés et de terreurs religieuses. Le combattant le plus vigoureux, s'il baisse un instant la garde, est immédiatement assailli. Et beaucoup, par lâcheté et folie, ouvrent les portes à l'ennemi et l'accueillent, avec honneur et soumission, comme leur souverain légitime.

12. Mais est-ce une raison suffisante pour détourner les philosophes de telles recherches et laisser la superstition jouir tranquillement de sa retraite ? Ne convient-il pas de tirer la conclusion opposée et de bien apercevoir qu'il faut porter la guerre jusque dans les retranchements les plus secrets de l'ennemi ? Il est vain d'espérer que les hommes, instruits par leurs déboires, abandonnent enfin des sciences aussi creuses et découvrent le véritable domaine de la raison humaine. Car, outre que beaucoup ont un intérêt trop évident à agiter perpétuellement de tels sujets – outre cela, dis-je, il n'apparaîtra jamais raisonnable qu'un désespoir aveugle s'installe dans le cours des sciences ; car, si malheureuses qu'aient pu être les tentatives antérieures, il y a toujours lieu d'espérer que l'industrie, la bonne fortune ou l'intelligence croissante des générations qui se succèdent, suscitent un jour des découvertes restées inconnues aux âges passés. Chaque génie qui paraît, s'il a de l'audace, brûlera encore de remporter ce prix ingrat et se sentira plus stimulé que découragé par l'échec de ses prédécesseurs, espérant qu'à lui seul a été réservée la gloire de réussir dans une entreprise aussi difficile. La seule façon de délivrer d'un seul coup la connaissance

from these abstruse questions, is to enquire seriously into the nature of human understanding, and show, from an exact analysis of its powers and capacity, that it is by no means fitted for such remote and abstruse subjects. We must submit to this fatigue, in order to live at ease ever after: And must cultivate true metaphysics with some care, in order to destroy the false and adulterate. Indolence, which, to some persons, affords a safeguard against this deceitful philosophy, is, with others, overbalanced by curiosity; and despair, which, at some moments, prevails, may give place afterwards to sanguine hopes and expectations. Accurate and just reasoning is the only catholic remedy, fitted for all persons and all dispositions; and is alone able to subvert that abstruse philosophy and metaphysical jargon, which, being mixed up with popular superstition, renders it in a manner impenetrable to careless reasoners, and gives it the air of science and wisdom.

13. Besides this advantage of rejecting, after deliberate enquiry, the most uncertain and disagreeable part of learning, there are many positive advantages, which result from an accurate scrutiny into the powers and faculties of human nature. It is remarkable concerning the operations of the mind, that, though most intimately present to us, yet, whenever they become the object of reflection, they seem involved in obscurity; nor can the eye readily find those lines and boundaries, which discriminate and distinguish them. The objects are too fine to remain long in the same aspect or situation; and must be apprehended in an instant, by a superior penetration, derived from nature, and improved by habit and reflection. It becomes, therefore, no inconsiderable part of science barely to know the different operations of the mind, to separate them from each other, to class them under their

humaine de ces questions abstruses, c'est d'étudier sérieusement la nature de l'entendement humain et de montrer, par
une analyse exacte de ses pouvoirs et de sa capacité, qu'il n'est
aucunement fait pour traiter des sujets aussi éloignés et abstrus.
C'est un travail dont il faut essuyer la fatigue, pour vivre
ensuite et à jamais en repos; et il faut cultiver la vraie métaphysique avec assez de soin pour détruire la fausse et ses corrup-
tions. L'indolence suffit à protéger certains de cette trompeuse
philosophie, mais chez d'autres la curiosité l'emporte; et le
désespoir d'un moment peut faire place aux attentes et aux
espoirs les plus fous. La justesse et l'exactitude du raisonnement sont le seul remède universel qui convienne à toutes
les personnes et à toutes les dispositions, le seul capable de
renverser cette philosophie abstruse et ce jargon métaphysique
qui, mêlés à la superstition populaire, la rendent en quelque
sorte impénétrable à ceux qui raisonnent sans soin et lui
donnent des airs de science et de sagesse.

13. Il y a déjà cet avantage de pouvoir rejeter après mûr
examen la partie la plus incertaine et la plus fâcheuse de nos
connaissances; mais il en est de nombreux autres, plus positifs,
qui se tirent de l'étude exacte et rigoureuse des pouvoirs et des
facultés de la nature humaine. C'est une chose remarquable
que les opérations de notre esprit, si intimement présentes
qu'elles nous soient, semblent s'envelopper de ténèbres quand
elles deviennent un objet de réflexion, et que l'œil a peine à
tracer les lignes et les frontières qui les séparent et les distinguent. Ce sont des objets trop subtils pour garder longtemps le
même aspect ou rester dans la même situation; il faut les saisir
en un instant et pour cela user d'une pénétration supérieure,
don qu'on tient de la nature mais qui est cultivé par l'habitude
et la réflexion. Cela devient donc une partie non négligeable
de la science que déjà connaître les différentes opérations de
l'esprit: les séparer les unes des autres, les classer sous leurs

proper heads, and to correct all that seeming disorder, in which they lie involved, when made the object of reflection and enquiry. This talk of ordering and distinguishing, which has no merit, when performed with regard to external bodies, the objects of our senses, rises in its value, when directed towards the operations of the mind, in proportion to the difficulty and labour, which we meet with in performing it. And if we can go no farther than this mental geography, or delineation of the distinct parts and powers of the mind, it is at least a satisfaction to go so far; and the more obvious this science may appear (and it is by no means obvious) the more contemptible still must the ignorance of it be esteemed, in all pretenders to learning and philosophy.

14. Nor can there remain any suspicion, that this science is uncertain and chimerical; unless we should entertain such a scepticism as is entirely subversive of all speculation, and even action. It cannot be doubted, that the mind is endowed with several powers and faculties, that these powers are distinct from each other, that what is really distinct to the immediate perception may be distinguished by reflection; and consequently, that there is a truth and falsehood in all propositions on this subject, and a truth and falsehood, which lie not beyond the compass of human understanding. There are many obvious distinctions of this kind, such as those between the will and understanding, the imagination and passions, which fall within the comprehension of every human creature; and the finer and more philosophical distinctions are no less real and certain, though more difficult to be comprehended. Some instances, especially late ones, of success in these enquiries, may give us a juster notion of the certainty and solidity of this branch of learning. And shall we esteem it worthy the labour of a philosopher to give us a true system of the planets, and adjust

titres respectifs et corriger tout ce désordre apparent où elles sont enveloppées, aussitôt qu'on en fait un objet de réflexion et d'examen. Ce travail de mise en ordre et de distinction, qui n'a pas de mérite quand il est mené pour les corps extérieurs, objets de nos sens, gagne en valeur quand il porte sur les opérations de l'esprit, en proportion de la difficulté et de la peine qu'on a à l'accomplir. Et si nous ne pouvons pas aller plus loin que cette géographie mentale et cette délimitation des différentes parties et des divers pouvoirs de l'esprit, du moins avons-nous la satisfaction d'aller jusque là. Et plus cette science paraîtra facile (et elle n'est nullement facile), plus l'on tiendra pour une chose méprisable de l'ignorer, quand on a des prétentions à la connaissance et à la philosophie.

14. Et il n'y a aucune raison de soupçonner cette science d'être incertaine ou chimérique, à moins de nourrir un scepticisme qui détruirait entièrement toute forme de spéculation et même d'action. L'esprit, on n'en saurait douter, est doté de plusieurs pouvoirs et facultés ; ces pouvoirs sont distincts les uns des autres ; et ce qui est réellement distinct pour la perception immédiate, peut être distingué par la réflexion ; donc, il y a du vrai et du faux dans toutes les propositions qui les concernent, un vrai et un faux qui ne sont pas hors de la portée de l'entendement humain. Il y a de nombreuses distinctions de cette sorte, très évidentes, comme celle entre la volonté et l'entendement, celle entre l'imagination et les passions, qui tombent dans la compréhension de tout être humain ; les autres, qui sont plus fines et plus philosophiques, ne sont pas moins réelles et certaines, quoique plus difficiles à saisir. Quelques exemples de succès dans ces recherches, et spécialement les plus récents, peuvent nous donner une plus juste notion de la certitude et de la solidité propres à cette branche de la connaissance. Et faudrait-il que nous accordions du prix aux travaux d'un philosophe qui nous donne le vrai système des planètes et fixe la

the position and order of those remote bodies; while we affect to overlook those, who, with so much success, delineate the parts of the mind, in which we are so intimately concerned?

15. But may we not hope, that philosophy, if cultivated with care, and encouraged by the attention of the public, may carry its researches still farther, and discover, at least in some degree, the secret springs and principles, by which the human mind is actuated in its operations? Astronomers had long contented themselves with proving, from the phænomena, the true motions, order, and magnitude of the heavenly bodies: Till a philosopher, at last, arose, who seems, from the happiest reasoning, to have also determined the laws and forces, by which the revolutions of the planets are governed and directed. The like has been performed with regard to other parts of nature. And there is no reason to despair of equal success in our enquiries concerning the mental powers and economy, if prosecuted with equal capacity and caution. It is probable, that one operation and principle of the mind depends on another; which, again, may be resolved into one more general and universal: And how far these researches may possibly be carried, it will be difficult for us, before, or even after, a careful trial, exactly to determine. This is certain, that attempts of this kind are every day made even by those who philosophize the most negligently: And nothing can be more requisite than to enter upon the enterprize with thorough care and attention; that, if it lie within the compass of human understanding, it may at last be happily achieved; if not, it may, however, be rejected with some confidence and security. This last conclusion, surely, is not desirable; nor

position et l'ordre de ces corps lointains, tandis que nous affec-
terions de dédaigner ceux qui réussissent si bien à marquer les
différentes parties de l'esprit, chose qui nous touche de très
près*?

15. Mais ne pouvons-nous espérer que la philosophie,
cultivée avec soin et encouragée par la faveur du public, puisse,
en portant ses recherches encore plus loin, découvrir ou, du
moins, commencer de découvrir les principes et les ressorts
cachés qui meuvent l'esprit humain dans ses opérations? Les
astronomes s'étaient longtemps contentés de prouver par les
phénomènes le vrai mouvement, l'ordre et la grandeur des
corps célestes, jusqu'à ce qu'un philosophe se lève enfin qui,
par le plus heureux raisonnement, semble avoir aussi déterminé les lois et les forces qui régissent et dirigent les révolutions des planètes. Des progrès semblables ont été accomplis
pour d'autres parties de la nature. Et il n'y a pas de raison de ne
pas espérer un égal succès dans nos recherches sur les pouvoirs
de l'esprit et sur son économie, pourvu qu'on y apporte la
même capacité et la même prudence. Il est probable que
chaque opération, chaque principe de l'esprit, dépend d'une
autre opération, d'un autre principe, lequel à son tour peut être
ramené à un autre plus général et universel. Et jusqu'où ces
recherches peuvent être conduites, il nous sera difficile de le
déterminer exactement, avant, et même peut-être après, nous y
être sérieusement essayés. C'est un fait certain que des tentatives de ce genre sont menées chaque jour, même par ceux qui
ne mettent pas beaucoup de soin à philosopher; et ce qu'il faut
exiger plus que tout de ceux qui se lancent dans l'entreprise,
c'est une application et une attention extrêmes, de manière
que, si elle est à la portée de l'entendement humain, elle soit
heureusement menée à terme et, si elle ne l'est pas, elle soit
abandonnée avec assez de confiance et d'assurance. Cette
dernière conclusion n'est assurément pas à souhaiter, et il faut

ought it to be embraced too rashly. For how much must we diminish from the beauty and value of this species of philosophy, upon such a supposition? Moralists have hitherto been accustomed, when they considered the vast multitude and diversity of those actions that excite our approbation or dislike, to search for some common principle, on which this variety of sentiments might depend. And though they have sometimes carried the matter too far, by their passion for some one general principle; it must, however, be confessed, that they are excusable in expecting to find some general principles, into which all the vices and virtues were justly to be resolved. The like has been the endeavour of critics, logicians, and even politicians: Nor have their attempts been wholly unsuccessful; though perhaps longer time, greater accuracy, and more ardent application may bring these sciences still nearer their perfection. To throw up at once all pretensions of this kind may justly be deemed more rash, precipitate, and dogmatical, than even the boldest and most affirmative philosophy, that has ever attempted to impose its crude dictates and principles on mankind.

16. What though these reasonings concerning human nature seem abstract, and of difficult comprehension? This affords no presumption of their falsehood. On the contrary, it seems impossible, that what has hitherto escaped so many wise and profound philosophers can be very obvious and easy. And whatever pains these researches may cost us, we may think ourselves sufficiently rewarded, not only in point of profit but of pleasure, if, by that means, we can make any addition to our stock of knowledge, in subjects of such unspeakable importance.

17. But as, after all, the abstractedness of these speculations is no recommendation, but rather a disadvantage

se garder de l'embrasser à la légère. Car, dans une telle supposition, combien ne faudrait-il pas rabattre de la beauté et de la valeur de cette espèce de philosophie? Les moralistes, après avoir considéré la vaste multitude et la grande diversité des actions qui suscitent notre approbation ou notre dégoût, n'ont pas cessé jusqu'ici de rechercher un principe commun dont cette variété de sentiments pourrait dépendre. Et bien qu'ils aient parfois poussé les choses trop loin, s'étant pris de passion pour tel ou tel principe général, il faut cependant reconnaître qu'ils étaient excusables d'espérer découvrir des principes généraux auxquels tous les vices et toutes les vertus seraient à bon droit réduits. Les efforts des critiques, des logiciens et même des politiques n'ont pas été en reste, ni leurs tentatives totalement dépourvues de succès, bien que, peut-être, avec le temps, par davantage d'exactitude et d'ardente application, ces sciences puissent être portées plus près de leur perfection. Et il est loisible de penser qu'il y aurait plus d'imprudence, de précipitation et de dogmatisme, à rejeter d'emblée de telles prétentions qu'à épouser la philosophie la plus téméraire et la plus positive qui ait jamais tenté d'assujettir le genre humain à ses principes et à ses décrets grossiers.

16. Mais ces raisonnements sur la nature humaine paraissent abstraits et de compréhension difficile? Il est vrai, mais cela ne présume pas de leur fausseté. Bien au contraire, il semble impossible que ce qui a échappé jusqu'à maintenant à tant de sages et profonds philosophes, soit très clair et très facile à saisir. Et quelque peine qui puisse nous en coûter, nous nous estimerons suffisamment récompensés de ces recherches, en plaisir comme en utilité, si par ce moyen nous sommes capables d'ajouter à la somme de nos connaissances, dans des sujets d'une importance si considérable.

17. Mais, je l'avoue, le tour abstrait de ces spéculations ne fait rien pour les recommander; c'est plutôt un désavantage

to them, and as this difficulty may perhaps be surmounted by care and art, and the avoiding of all unnecessary detail, we have, in the following enquiry, attempted to throw some light upon subjects, from which uncertainty has hitherto deterred the wise, and obscurity the ignorant. Happy, if we can unite the boundaries of the different species of philosophy, by reconciling profound enquiry with clearness, and truth with novelty! And still more happy, if, reasoning in this easy manner, we can undermine the foundations of an abstruse philosophy, which seems to have hitherto served only as a shelter to superstition, and a cover to absurdity and error!

qu'il n'est peut-être pas impossible de surmonter, à force de soin et d'art et en évitant tout le détail qui ne s'impose pas. Dans cet esprit, j'ai tenté par la présente étude de jeter quelque lumière en des sujets dont l'incertitude a jusqu'ici découragé les sages et l'obscurité rebuté les ignorants. Heureux si nous pouvons nous tenir au point de réunion des différentes espèces de philosophie, en réconciliant la profondeur et la clarté, la vérité et la nouveauté ! Bien plus heureux encore si, donnant à nos raisonnements ce tour facile, nous pouvons saper les fondements d'une philosophie abstruse qui semble n'avoir encore servi que d'abri à la superstition et de refuge à l'absurdité et l'erreur !

OF THE ORIGIN OF IDEAS

1. Every one will readily allow, that there is a considerable difference between the perceptions of the mind, when a man feels the pain of excessive heat, or the pleasure of moderate warmth, and when he afterwards recalls to his memory this sensation, or anticipates it by his imagination. These faculties may mimic or copy the perceptions of the senses; but they never can entirely reach the force and vivacity of the original sentiment. The utmost we say of them, even when they operate with greatest vigour, is, that they represent their object in so lively a manner, that we could *almost* say we feel or see it : But, except the mind be disordered by disease or madness, they never can arrive at such a pitch of vivacity, as to render these perceptions altogether undistinguishable. All the colours of poetry, however splendid, can never paint natural objects in such a manner as to make the description be taken for a real landskip. The most lively thought is still inferior to the dullest sensation.

2. We may observe a like distinction to run through all the other perceptions of the mind. A man in a fit of anger, is actuated in a very different manner from one who only thinks

DE L'ORIGINE DE NOS IDÉES

1. Tout le monde tombera d'accord qu'il y a une différence considérable entre les perceptions de l'esprit, quand on sent l'incommodité d'une chaleur excessive, ou le plaisir d'une température modérée, et quand on rappelle après coup cette sensation à sa mémoire ou qu'on l'anticipe par son imagination. Ces facultés peuvent imiter ou copier les perceptions des sens ; jamais elles n'atteindront la pleine force et la vivacité du sentiment originel. Le plus que nous en puissions dire, même quand elles agissent avec la plus grande vigueur, c'est qu'elles représentent leur objet d'une manière si vive que nous croirions *presque* le toucher ou le voir. Mais à moins d'un désordre de l'esprit causé par la maladie ou la folie, jamais elles n'auront assez de vivacité pour nous faire confondre ces deux sortes de perceptions. Toutes les couleurs de la poésie, si brillantes qu'elles soient, si propres à peindre les objets naturels, ne nous feront jamais prendre la description pour le paysage lui-même. La pensée la plus vive reste inférieure à la sensation la plus terne.

2. Une pareille distinction s'observe dans toutes les autres perceptions de l'esprit. Un homme saisi de colère et un homme qui songe seulement à cette émotion sont animés de manière

of that emotion. If you tell me, that any person is in love, I easily understand your meaning, and form a just conception of his situation; but never can mistake that conception for the real disorders and agitations of the passion. When we reflect on our past sentiments and affections, our thought is a faithful mirror, and copies its objects truly; but the colours which it employs are faint and dull, in comparison of those in which our original perceptions were clothed. It requires no nice discernment or metaphysical head to mark the distinction between them.

3. Here therefore we may divide all the perceptions of the mind into two classes or species, which are distinguished by their different degrees of force and vivacity. The less forcible and lively are commonly denominated *Thoughts* or *Ideas*. The other species want a name in our language, and in most others; I suppose, because it was not requisite for any, but philo-sophical purposes, to rank them under a general term or appellation. Let us, therefore, use a little freedom, and call them *Impressions*; employing that word in a sense somewhat different from the usual. By the term *impression*, then, I mean all our more lively perceptions, when we hear, or see, or feel, or love, or hate, or desire, or will. And impressions are distin-guished from ideas, which are the less lively perceptions, of which we are conscious, when we reflect on any of those sensations or movements above mentioned.

4. Nothing, at first view, may seem more unbounded than the thought of man, which not only escapes all human power and authority, but is not even restrained within the limits of nature and reality. To form monsters, and join incongruous

bien différente. Si vous me parlez d'une personne transportée d'amour, je comprends facilement ce que vous dites et je me forme une juste conception de son état; mais je n'irai pas confondre cette conception avec le désordre et les mouvements réels de cette passion. Quand nous réfléchissons à nos sentiments et nos affections passées, notre pensée est un miroir fidèle qui copie véridiquement son objet; mais les couleurs qu'elle emploie sont faibles et ternes en comparaison de celles qui habillent nos perceptions originelles. Il ne faut ni un grand discernement ni une tête métaphysique pour réussir à les distinguer.

3. Nous pouvons donc diviser ici toutes les perceptions de l'esprit en deux classes ou espèces qui se distinguent par leurs différents degrés de force et de vivacité. Les moins vigoureuses et les moins vives reçoivent communément le nom de *pensées* ou d'*idées*. L'autre espèce n'a pas plus de nom dans notre langue qu'en beaucoup d'autres, sans doute parce qu'il n'était pas nécessaire, sans motifs philosophiques, de les ranger sous une appellation générale. Prenons donc la liberté de les appeler des *impressions*, en usant de ce mot dans un sens assez différent de son sens habituel. J'entends par ce terme *impression* toutes nos perceptions les plus vives, comme sont celles de l'ouïe, de la vue, du toucher, de l'amour, de la haine, du désir ou de la volonté. Et les impressions se distinguent des idées, les idées étant les perceptions moins vives dont nous avons conscience quand nous réfléchissons à l'une des sensations ou des mouvements que nous venons de dire.

4. Rien, à première vue, ne peut paraître plus libre que la pensée de l'homme; non seulement elle brave tout pouvoir et toute autorité humaine, mais elle n'est même pas contenue dans les frontières de la nature et de la réalité. Former des monstres et joindre ensemble, de manière incongrue, des

shapes and appearances, costs the imagination no more trouble than to conceive the most natural and familiar objects. And while the body is confined to one planet, along which it creeps with pain and difficulty; the thought can in an instant transport us into the most distant regions of the universe; or even beyond the universe, into the unbounded chaos, where nature is supposed to lie in total confusion. What never was seen, or heard of, may yet be conceived; nor is any thing beyond the power of thought, except what implies an absolute contradiction.

5. But though our thought seems to possess this unbounded liberty, we shall find, upon a nearer examination, that it is really confined within very narrow limits, and that all this creative power of the mind amounts to no more than the faculty of compounding, transposing, augmenting, or diminishing the materials afforded us by the senses and experience. When we think of a golden mountain, we only join two consistent ideas, *gold*, and *mountain*, with which we were formerly acquainted. A virtuous horse we can conceive; because, from our own feeling, we can conceive virtue; and this we may unite to the figure and shape of a horse, which is an animal familiar to us. In short, all the materials of thinking are derived either from our outward or inward sentiment: the mixture and composition of these belongs alone to the mind and will. Or, to express myself in philosophical language, all our ideas or more feeble perceptions are copies of our impressions or more lively ones.

6. To prove this, the two following arguments will, I hope, be sufficient. First, when we analyze our thoughts or ideas, however compounded or sublime, we always find that they resolve themselves into such simple ideas as

formes ou des figures ne coûte pas plus à l'imagination que de se représenter les objets les plus naturels et les plus familiers. Et tandis que le corps reste confiné à une seule planète où il se traîne avec peine et difficulté, la pensée peut en un instant nous transporter dans les régions les plus reculées de l'univers et, même au-delà de ses limites, dans le chaos sans fin où, suppose-t-on, la nature est plongée dans une totale confusion. Ce qui n'a jamais été vu ni entendu, peut néanmoins être conçu ; et il n'y a rien qui échappe au pouvoir de la pensée, sinon ce qui implique une contradiction absolue.

5. Mais bien que notre pensée semble posséder cette liberté sans limite, un examen plus attentif nous montre qu'elle est réellement resserrée en des bornes très étroites, tout le pouvoir créateur de l'esprit ne s'élevant qu'à la faculté de composer, de transposer, d'augmenter ou de diminuer les matériaux qu'apportent les sens et l'expérience. Quand nous pensons à une montagne d'or, nous ne faisons que joindre deux idées, *l'or* et *la montagne*, qui sont compatibles et qui nous sont déjà familières. Nous pouvons concevoir un cheval vertueux ; car nous pouvons concevoir la vertu à partir du sens que nous en avons et l'unir à la forme et à l'aspect d'un cheval, un animal qui nous est bien connu. En un mot, tous les matériaux de la pensée sont pris du sentiment extérieur ou intérieur ; seuls le mélange et la combinaison qu'on en fait relèvent de l'esprit et de la volonté. Ou, pour parler plus philosophiquement, toutes nos idées, qui sont nos perceptions les plus faibles, sont des copies de nos impressions, qui sont nos perceptions les plus vives.

6. Les deux arguments suivants, je l'espère, suffiront pour nous en convaincre. Premièrement, quand nous analysons nos pensées ou nos idées, si composées et sublimes qu'elles soient, nous voyons toujours qu'elles se résolvent en des idées

were copied from a precedent feeling or sentiment. Even those ideas, which, at first view, seem the most wide of this origin, are found, upon a nearer scrutiny, to be derived from it. The idea of God, as meaning *an infinitely intelligent, wise, and good Being*, arises from reflecting on the operations of our own mind, and augmenting, without limit, those qualities of goodness and wisdom. We may prosecute this enquiry to what length we please; where we shall always find, that every idea which we examine is copied from a similar impression. Those who would assert that this position is not universally true nor without exception, have only one, and that an easy method of refuting it; by producing that idea, which, in their opinion, is not derived from this source. It will then be incumbent on us, if we would maintain our doctrine, to produce the impression, or lively perception, which corresponds to it.

7. *Secondly*, If it happen, from a defect of the organ, that a man is not susceptible of any species of sensation, we always find that he is as little susceptible of the correspondent ideas. A blind man can form no notion of colours; a deaf man of sounds. Restore either of them that sense in which he is deficient; by opening this new inlet for his sensations, you also open an inlet for the ideas; and he finds no difficulty in conceiving these objects. The case is the same, if the object, proper for exciting any sensation, has never been applied to the organ. A Laplander or Negro has no notion of the relish of wine. And though there are few or no instances of a like deficiency in the mind, where a person has never felt or is wholly incapable of a sentiment or passion that belongs to his species; yet we find the same observation to take place in a less degree. A man of mild manners

simples qui ont été copiées d'une impression ou d'un sentiment antérieur. Même les idées qui, à première vue, paraissent
les plus éloignées de cette origine s'y ramènent quand on les
soumet à un examen plus approfondi. L'idée de Dieu, comme
d'*un Être infiniment intelligent, sage et bon*, naît des réflexions
que nous faisons sur les opérations de notre propre esprit et
de l'augmentation sans limite des qualités de bonté et de
sagesse. Qu'on poursuive cette recherche aussi loin qu'on
voudra; toujours il paraîtra que l'idée examinée est copiée
d'une impression semblable. Ceux qui soutiendraient que
cette proposition n'est ni universellement vraie ni dépourvue
d'exception, n'ont qu'un moyen, et un moyen facile, de
la réfuter : qu'ils produisent l'idée qui, selon eux, n'est pas
dérivée de cette source. Il nous incombera alors, si nous
défendons encore notre doctrine, de produire l'impression ou
la perception vive qui lui correspond.

7. *Deuxièmement*, s'il arrive par un défaut de l'organe
qu'un homme soit incapable d'une certaine sorte de sensations, nous le trouvons toujours également incapable des idées
correspondantes. Un aveugle ne peut se former aucune notion
des couleurs, ni un sourd des sons. Rendez à l'un ou à l'autre le
sens qui lui manque; ce nouveau canal ouvert à ses sensations
sera aussi un nouveau passage pour les idées, et il n'éprouvera
aucune difficulté à concevoir ces objets. Le cas est le même
quand l'objet propre à causer une certaine sensation n'a jamais
été appliqué à l'organe. Un Lapon, un Nègre n'ont aucune
notion du goût qu'a le vin. Et quoiqu'il y ait peu ou point
d'exemples en l'âme d'une pareille déficience par laquelle
un homme n'aurait jamais eu ou serait dans l'incapacité totale
d'éprouver un sentiment ou l'une des passions qui sont le
partage de son espèce, toutefois la même observation vaut
encore, à un moindre degré. Une personne de mœurs douces

can form no idea of inveterate revenge or cruelty; nor can a selfish heart easily conceive the heights of friendship and generosity. It is readily allowed, that other beings may possess many senses of which we can have no conception; because the ideas of them have never been introduced to us in the only manner by which an idea can have access to the mind, to wit, by the actual feeling and sensation.

8. There is, however, one contradictory phenomenon, which may prove that it is not absolutely impossible for ideas to arise, independent of their correspondent impressions. I believe it will readily be allowed, that the several distinct ideas of colour, which enter by the eye, or those of sound, which are conveyed by the ear, are really different from each other; though, at the same time, resembling. Now if this be true of different colours, it must be no less so of the different shades of the same colour; and each shade produces a distinct idea, independent of the rest. For if this should be denied, it is possible, by the continual gradation of shades, to run a colour insensibly into what is most remote from it; and if you will not allow any of the means to be different, you cannot, without absurdity, deny the extremes to be the same. Suppose, therefore, a person to have enjoyed his sight for thirty years, and to have become perfectly acquainted with colours of all kinds except one particular shade of blue, for instance, which it never has been his fortune to meet with. Let all the different shades of that colour, except that single one, be placed before him, descending gradually from the deepest to the lightest; it is plain that he will perceive a blank, where that shade is wanting, and will be sensible that there is a greater distance in that place between the contiguous colours

ne peut se représenter la vengeance ou la cruauté portée à l'extrême; un cœur égoïste ne peut concevoir aisément les élans sublimes de l'amitié et de la générosité. Il est facile d'admettre que d'autres êtres puissent posséder beaucoup de sens dont nous n'avons pas la moindre conception, car les idées de ces sens n'ont jamais été introduites en nous par la voie, par l'unique voie qui soit propre à faire entrer une idée dans l'esprit, je veux dire par une impression ou une sensation actuelle.

8. Il y a toutefois un phénomène contradictoire qui tend à prouver qu'on ne saurait interdire absolument que des idées puissent naître indépendamment de leurs impressions correspondantes. On ne contestera pas, je crois, que les diverses idées distinctes de couleur qui entrent par l'œil, ou de son qui entrent par l'oreille, sont réellement différentes les unes des autres, quoiqu'elles se ressemblent par ailleurs. Or, si cela est vrai de différentes couleurs, ce doit être vrai également des différentes nuances de la même couleur; et chaque nuance produit une idée distincte et indépendante du reste. Si on le niait, il faudrait admettre qu'il est possible par une gradation continue de nuances de passer insensiblement d'une couleur à celle qui s'en éloigne le plus; et si vous n'admettez aucune différence dans les moyens, il vous faut conclure, sous peine d'absurdité, que les extrêmes sont les mêmes. Supposez donc une personne qui, jouissant de la vue depuis trente ans, ait acquis la connaissance parfaite de toutes les sortes de couleur, exceptée une certaine nuance de bleu qu'elle n'a jamais eu la fortune de rencontrer. Placez devant elle toutes les différentes nuances de cette couleur, sauf la nuance dont nous parlons, en allant graduellement du plus foncé au plus clair. Il est évident qu'elle percevra un vide là où cette nuance fait défaut et qu'elle sentira que la distance entre les couleurs contiguës est

than in any other. Now I ask, whether it be possible for him, from his own imagination, to supply this deficiency, and raise up to himself the idea of that particular shade, though it had never been conveyed to him by his senses? I believe there are few but will be of opinion that he can : and this may serve as a proof that the simple ideas are not always, in every instance, derived from the correspondent impressions; though this instance is so singular, that it is scarcely worth our observing, and does not merit that for it alone we should alter our general maxim.

9. Here, therefore, is a proposition, which not only seems, in itself, simple and intelligible; but, if a proper use were made of it, might render every dispute equally intelligible, and banish all that jargon, which has so long taken possession of metaphysical reasonings, and drawn disgrace upon them. All ideas, especially abstract ones, are naturally faint and obscure : the mind has but a slender hold of them : they are apt to be confounded with other resembling ideas; and when we have often employed any term, though without a distinct meaning, we are apt to imagine it has a determinate idea annexed to it. On the contrary, all impressions, that is, all sensations, either outward or inward, are strong and vivid : the limits between them are more exactly determined : nor is it easy to fall into any error or mistake with regard to them. When we entertain, therefore, any suspicion that a philosophical term is employed without any meaning or idea (as is but too frequent), we need but enquire, *from what impression is that supposed idea derived*? And if it be impossible to assign any, this will serve to confirm our suspicion. By bringing ideas into so clear a light

plus grande en cet endroit qu'ailleurs. Or je demande s'il lui sera possible, par sa seule imagination, de combler le vide et de se donner l'idée de cette nuance particulière, bien qu'elle ne lui ait jamais été transmise par ses sens ? Presque tout le monde tombera d'accord, je pense, pour dire qu'elle le peut. Et ceci peut servir de preuve que les idées simples ne sont pas toujours et dans tous les cas dérivées des impressions correspondantes ; bien que ce cas soit si singulier qu'il mérite à peine d'être remarqué et qu'il ne nous impose pas, à lui seul, de corriger notre maxime générale.

9. Voici donc une proposition qui d'elle-même paraît simple et intelligible et qui pourrait aussi, si l'on en faisait bon usage, rendre également intelligibles toutes les disputes, bannissant ce jargon qui règne depuis si longtemps dans les raisonnements métaphysiques et qui les a tant discrédités. Toutes les idées, et surtout les idées abstraites, sont naturellement faibles et obscures ; l'esprit n'a que peu de prise sur elles ; elles se confondent aisément avec d'autres idées qui leur ressemblent ; et il suffit d'avoir souvent employé un terme, même sans lui avoir attaché de sens distinct, pour aller s'imaginer qu'une idée déterminée lui est annexée. Au contraire, toutes les impressions, c'est-à-dire les sensations externes ou internes, sont fortes et vives : leurs limites respectives sont déterminées avec plus d'exactitude ; et il n'est pas facile de se tromper ou de se méprendre à leur sujet. Quand donc nous soupçonnons qu'un terme philosophique est employé sans signification ni idée (ce qui n'est que trop fréquent) demandons-nous seulement *de quelle impression cette prétendue idée tire son origine*. Et s'il est impossible de lui en trouver aucune, nous aurons là de quoi confirmer notre soupçon. En plaçant les idées sous un jour aussi clair,

we may reasonably hope to remove all dispute, which may arise, concerning their nature and reality [a].

a. It is probable that no more was meant by those, who denied innate ideas, than that all ideas were copies of our impressions; though it must be confessed, that the terms, which they employed, were not chosen with such caution, nor so exactly defined, as to prevent all mistakes about their doctrine. For what is meant by *innate*? If innate be equivalent to natural, then all the perceptions and ideas of the mind must be allowed to be innate or natural, in whatever sense we take the latter word, whether in opposition to what is uncommon, artificial, or miraculous. If by *innate* be meant, *contemporary to our birth*, the dispute seems to be frivolous; nor is it worth while to enquire at what time thinking begins, whether before, at, or after our birth. Again, the word *idea*, seems to be commonly taken in a very loose sense, by Locke and others; as standing for any of our perceptions, our sensations and passions, as well as thoughts. Now in this sense, I should desire to know, what can be meant by asserting, that self-love, or resentment of injuries, or the passion between the sexes is not innate?

But admitting these terms, *impressions* and *ideas*, in the sense above explained, and understanding by *innate*, what is original or copied from no precedent perception, then may we assert that all our impressions are innate, and our ideas not innate.

To be ingenuous, I must own it to be my opinion, that Locke was betrayed into this question by the schoolmen, who, making use of undefined terms, draw out their disputes to a tedious length, without ever touching the point in question. A like ambiguity and circumlocution seem to run through that philosopher's reasonings on this as well as most other subjects.

nous pouvons nourrir le raisonnable espoir d'écarter toutes les disputes qui pourraient surgir sur leur nature et sur leur réalité[a].

a. Il est probable que ceux qui ont rejeté les idées innées ne voulaient dire autre chose sinon que toutes les idées sont des copies d'impressions ; mais, il faut l'avouer, les termes qu'ils employaient n'étaient ni choisis avec assez de soin ni si exactement définis qu'ils n'aient empêché toute erreur concernant cette doctrine qu'ils soutenaient. Car, qu'entend-on par *inné* ? Si *inné* équivaut à *naturel*, alors il faut dire que toutes les perceptions et toutes les idées sont innées ou naturelles, en quelque sens qu'on prenne ce dernier mot, qu'on l'oppose à ce qui est peu commun, artificiel ou miraculeux. Si *inné* signifie *contemporain de notre naissance*, alors la dispute semble frivole et il ne vaut pas la peine de rechercher quand commence la pensée : avant, après ou au moment même de notre naissance. De son côté, le mot *idée* semble pris d'une manière très lâche par Locke et d'autres, qui lui font désigner toutes nos perceptions, nos sensations, nos passions, aussi bien que nos pensées. Or, si on le prend ainsi, je voudrais bien savoir ce qu'il faut entendre quand l'on dit que l'amour de soi, le ressentiment des injures ou la passion entre les sexes n'est pas innée.

Mais si nous admettons que les termes *impressions* et *idées* ont le sens exposé plus haut et si nous comprenons par *inné* ce qui est primitif et n'est pas copié d'une perception antérieure, alors nous dirons que toutes nos impressions sont innées et que nos idées ne le sont pas.

Pour dire franchement mon opinion, je dois avouer que Locke fut sur cette question la dupe des scolastiques qui, usant de termes indéfinis, allongeaient leurs disputes de manière harassante, sans jamais toucher au point controversé. Une pareille ambiguïté et un égal abus de la circonlocution me semblent courir dans les raisonnements de ce philosophe, sur ce sujet comme sur beaucoup d'autres.

OF THE ASSOCIATION OF IDEAS

1. It is evident that there is a principle of connexion between the different thoughts or ideas of the mind, and that, in their appearance to the memory or imagination, they introduce each other with a certain degree of method and regularity. In our more serious thinking or discourse this is so observable that any particular thought, which breaks in upon the regular tract or chain of ideas, is immediately remarked and rejected. And even in our wildest and most wandering reveries, nay in our very dreams, we shall find, if we reflect, that the imagination ran not altogether at adventures, but that there was still a connexion upheld among the different ideas, which succeeded each other. Were the loosest and freest conversation to be transcribed, there would immediately be observed something which connected it in all its transitions. Or where this is wanting, the person who broke the thread of discourse, might still inform you, that there had secretly revolved in his mind a succession of thought, which had gradually led him from the subject of conversation. Among different languages, even where we cannot suspect the least connexion or communication, it is found, that the words, expressive of ideas, the most

DE L'ASSOCIATION DES IDÉES

1. Il est évident qu'il y a un principe de liaison entre les différentes pensées ou idées de l'esprit, et que, lorsqu'elles apparaissent à la mémoire ou à l'imagination, elles s'introduisent mutuellement avec une certain degré de méthode et de régularité. Dans les réflexions soutenues et dans les discours graves, la chose se voit si aisément qu'une pensée étrangère qui viendrait rompre le cours ou la chaîne régulière des idées, est aussitôt remarquée et écartée. Et même dans nos rêveries les plus déréglées et les plus fantasques, que dis-je ! même dans nos rêves, nous découvrons, à bien y réfléchir, que notre imagination ne courait pas totalement au hasard, mais que, lorsqu'elle passait d'une idée à l'autre, ce n'était point sans liaison. Couchez par écrit la conversation la plus libre et la plus décousue : vous verrez sur le champ que quelque chose la guidait dans toutes ses transitions ; et, quand cela ne serait point, celui qui a interrompu le fil du discours pourrait encore vous dire qu'il a tourné secrètement dans sa tête une suite de pensées qui l'ont peu à peu détaché du sujet de la conversation. Comparez différentes langues : même là où vous ne pouvez soupçonner la moindre communication ni le moindre rapport, vous verrez que les mots qui expriment les idées les plus

compounded, do yet nearly correspond to each other : a certain proof that the simple ideas, comprehended in the compound ones, were bound together by some universal principle, which had an equal influence on all mankind.

2. Though it be too obvious to escape observation, that different ideas are connected together; I do not find that any philosopher has attempted to enumerate or class all the principles of association; a subject, however, that seems worthy of curiosity. To me, there appear to be only three principles of connexion among ideas, namely, *Resemblance*, *Contiguity* in time or place, and *Cause* or *Effect*.

3. That these principles serve to connect ideas will not, I believe, be much doubted. A picture naturally leads our thoughts to the original[a] : the mention of one apartment in a building naturally introduces an enquiry or discourse concerning the others[b] : and if we think of a wound, we can scarcely forbear reflecting on the pain which follows it[c]. But that this enumeration is complete, and that there are no other principles of association except these, may be difficult to prove to the satisfaction of the reader, or even to a man's own satisfaction. All we can do, in such cases, is to run over several instances, and examine carefully the principle which binds the different thoughts to each other, never stopping till we render the principle as general as possible[d]. The more instances we examine,

a. Resemblance.

b. Contiguity.

c. Cause and effect.

d. For instance, Contrast or Contrariety is also a connexion among Ideas : but it may, perhaps, be considered as a mixture of *Causation* and *Resemblance*. Where two objects are contrary, the one destroys the other;

composées se correspondent à peu près – preuve certaine que les idées simples comprises dans les composées étaient reliées ensemble par quelque principe universel qui exerce son influence sur tout le genre humain.

2. Que les différentes idées soient liées entre elles, la chose est trop manifeste pour n'être pas observée; toutefois, je ne vois pas qu'un philosophe ait essayé d'énumérer ou de classer tous les principes d'association, malgré l'intérêt de ce sujet. Pour ma part, il me semble qu'il n'y a que trois principes de liaison entre les idées, la *ressemblance*, la *contiguïté* dans le temps ou l'espace et la *causalité*.

3. Que ces principes servent à lier les idées, on n'en doutera guère, je crois. La vue d'un portrait nous fait naturellement penser à l'original[a]; si on nous parle d'un appartement dans un immeuble, naturellement nous posons des questions sur les autres logements[b]; et si nous pensons à une blessure, comment ne songerions-nous pas à la douleur qui l'accompagne[c]? Mais que cette énumération soit complète et qu'il n'y ait pas d'autres principes d'association que ceux-ci, c'est ce dont je ne saurais ni convaincre mon lecteur ni me convaincre moi-même par une preuve. Le mieux à faire en pareil cas, c'est de parcourir plusieurs exemples, d'examiner soigneusement le principe qui relie entre elles les différentes pensées et de n'abandonner la recherche qu'après avoir rendu le principe aussi général que possible[d]. Plus nous examinons d'exemples,

a. La ressemblance.
b. La contiguïté.
c. La causalité.
d. Par exemple, le contraste, ou la contrariété, est un principe de liaison des idées; mais on peut le considérer comme un mélange de causalité et de ressemblance. Quand deux objets sont contraires, l'un détruit l'autre,

and the more care we employ, the more assurance shall we acquire, that the enumeration, which we form from the whole, is complete and entire.

Supplement of 1748-1772's editions

Instead of entering into a detail of this kind, which would lead into many useless subtleties, we shall consider some of the effects of this connexion upon the passions and imagination; where we may open a field of speculation more entertaining, and perhaps more instructive, than the other.

4. As man is a reasonable being, and is continually in pursuit of happiness, which he hopes to attain by the gratification of some passion or affection, he seldom acts or speaks or thinks without a purpose and intention. He has still some object in view; and however improper the means may sometimes be, which he chooses for the attainment of his end, he never loses view of an end; nor will he so much as throw away his thoughts or reflections, where he hopes not to reap some satisfaction from them.

5. In all compositions of genius, therefore, it is requisite, that the writer have some plan or object; and though he may be hurried from this plan by the vehemence of thought, as in an ode, or drop it carelessly, as in an epistle or essay, there must appear some aim or intention, in his first setting out, if not in the composition of the whole work. A production without a

---

that is, the cause of its annihilation, and the idea of the annihilation of an object, implies the idea of its former existence.

plus de soin nous y mettons, et plus nous aurons d'assurance que l'énumération que nous tirons de l'ensemble est complète et entière.

Complément des éditions de 1748 à 1772

Au lieu d'entrer dans des détails de cette sorte, qui nous conduiraient à trop de vaines subtilités, considérons quelques-uns des effets que cette liaison produit sur les passions et l'imagination : une façon d'ouvrir un domaine de spéculation plus attrayant et peut-être plus instructif que l'autre !

4. L'homme étant un être raisonnable et en perpétuelle poursuite du bonheur, d'un bonheur qu'il espère atteindre en contentant telle passion ou telle affection, nous le voyons rarement agir, parler ou penser, sans dessein ni intention. Il a toujours quelque objet en vue et, si impropre que soit parfois le moyen qu'il choisit pour atteindre sa fin, il ne perd jamais de vue qu'il a une fin ; et il ne fera rien tant que de rejeter ses pensées et ses réflexions, quand il n'espère pas en retirer de satisfaction.

5. C'est ainsi que dans toutes les compositions de génie il est exigé que l'auteur ait un plan ou un objet ; et bien qu'il puisse se laisser entraîner loin de ce plan par l'impétuosité de sa pensée, comme dans les odes, ou le quitter négligemment, comme dans une épître ou un essai, il faut pourtant qu'il fasse paraître un but, une intention, sinon dans la composition du tout, du moins dans son commencement. Une production sans

c'est-à-dire, est la cause de son annihilation ; et l'idée de l'annihilation d'un objet implique l'idée de son existence antérieure *.

design would resemble more the ravings of a madman, than the sober efforts of genius and learning.

6. As this rule admits of no exception, it follows, that, in narrative compositions, the events or actions, which the writer relates, must be connected together, by some bond or tie : They must be related to each other in the imagination, and form a kind of *Unity*, which may bring them under one plan or view, and which may be the object or end of the writer in his first undertaking.

7. This connecting principle among the several events, which form the subject of a poem or history, may be very different, according to the different designs of the poet or historian. Ovid has formed his plan upon the connecting principle of resemblance. Every fabulous transformation, produced by the miraculous power of the gods, falls within the compass of his work. There needs but this one circumstance in any event to bring it under his original plan or intention.

8. An annalist or historian, who should undertake to write the history of Europe during any century, would be influenced by the connexion of contiguity in time and place. All events, which happen in that portion of space and period of time, are comprehended in his design, though in other respects different and unconnected. They have still a species of unity, amidst all their diversity.

9. But the most usual species of connexion among the different events, which enter into any narrative composition, is that of cause and effect; while the historian traces the series of actions according to their natural order, remounts to their secret springs and principles, and delineates their most remote consequences. He chooses for his subject a certain portion of that great chain of events, which compose the

dessein dirait davantage le délire d'un fou que les sobres efforts du génie ou du savoir.

6. Cette règle ne souffrant pas d'exception, il faut inévitablement que dans les compositions narratives les actions ou les événements que raconte l'auteur, tiennent les uns aux autres par un lien, par un nœud commun; il faut qu'ils soient reliés entre eux dans l'imagination et forment une espèce d'*unité* qui les rassemble dans un unique plan, sous un unique point de vue, et qui soit l'objet ou la fin poursuivie par l'auteur dans sa première entreprise.

7. Ce principe de liaison entre les différents événements qui forment le sujet d'un poème ou d'une histoire, peut varier considérablement, selon l'intention particulière du poète ou de l'historien. Ovide avait établi son plan en adoptant la ressemblance pour principe de liaison. Toute espèce de transformation fabuleuse, qui est produite par l'action miraculeuse des dieux, tombe dans le cadre de son ouvrage. Il suffit de cette circonstance dans un événement pour qu'il entre dans le plan ou l'intention primitive du poète.

8. Un annaliste ou un historien qui entreprendrait d'écrire l'histoire de l'Europe à une époque, s'assujettira à la liaison de contiguïté dans le temps et l'espace. Tous les événements survenant dans cette portion d'espace et dans cette période de temps sont compris dans son dessein, bien qu'à d'autres égards ils soient différents et sans liaison. Malgré toute leur diversité, ils gardent une espèce d'unité.

9. Mais la sorte de liaison la plus commune entre les différents événements qui entrent dans une composition narrative, est celle de cause et d'effet. Avec elle, l'historien retrace la suite des actions selon leur ordre naturel, remonte jusqu'à leurs ressorts ou leurs principes secrets et en brosse les conséquences les plus éloignées. Il prend pour sujet une certaine portion de cette grande chaîne d'événements qui composent

history of mankind. Each link in this chain he endeavours to touch in his narration. Sometimes unavoidable ignorance renders all his attempts fruitless, sometimes he supplies by conjecture what is wanting in knowledge, and always he is sensible, that the more unbroken the chain is, which he presents to his reader, the more perfect is his production. He sees that the knowledge of causes is not only the most satisfactory; this relation or connexion being the strongest of all others; but also the most instructive, since it is by this knowledge alone, we are enabled to control events and govern futurity.

10. Here therefore we may attain some notion of that *Unity of Action*, about which all critics, after Aristotle, have talked so much; perhaps, to little purpose, while they directed not their taste or sentiment by the accuracy of philosophy. It appears, that, in all productions, as well as in the epic and tragic, there is a certain unity required, and that, on no occasion, can our thoughts be avowed to run at adventures, if we would produce a work, which will give any lasting entertainment to mankind. It appears also, that even a biographer, who should write the life of Achilles, would connect the events, by showing their mutual dependence and relation, as much as a poet, who should make the anger of that hero, the subject of his narration[e]. Not only in any limited portion of life, a man's actions have a dependence on each other, but also during the whole period of his duration, from the cradle to the grave; nor is it possible to

e. Contrary to Aristotle, Μῦθος δ᾽ἐστὶν εἷς, οὐχ, ὥσπερ τινὲς οἴονται, ἐὰν περὶ ἕνα ᾖ. Πολλὰ γὰρ καὶ ἄπειρα τῷ γένει συμβαίνει, ἐξ ὧν ἐνίων οὐδέν ἐστιν ἕν, οὕτω δὲ καὶ πράξεις ἑνὸς πολλαί εἰσιν, ἐξ ὧν μία οὐδεμία γίνεται πρᾶξις, etc. Κεφ. ή.

l'histoire du genre humain. Il veille à ne manquer aucun chaînon dans sa narration. Parfois, une ignorance invincible s'oppose à tous ses efforts ; parfois, il supplée par des conjectures à ce qu'il ne connaît pas ; mais toujours il sent que sa production est d'autant plus parfaite que la chaîne qu'il présente au lecteur est plus continue. Il voit que la connaissance des causes est non seulement la plus satisfaisante, puisque cette relation est la plus forte de toutes les liaisons, mais aussi la plus instructive, puisque c'est par cette connaissance seule que nous acquérons le pouvoir de contrôler les événements et de gouverner le futur.

10. Ici nous pouvons nous faire quelque idée de cette *unité d'action* dont tous les critiques ont tant parlé après Aristote ; sans beaucoup d'utilité, sans doute, quand leur goût ou leur sentiment n'était pas dirigé avec l'exactitude qu'on attend de la philosophie. Il apparaît que dans toutes les productions tant du genre épique que du genre tragique, une certaine unité est exigée et qu'en aucun cas nous ne saurions laisser vagabonder nos pensées, du moins si nous voulons produire un ouvrage qui soit un objet durable de récréation pour le genre humain. Il apparaît aussi qu'un biographe qui devrait écrire la vie d'Achille, relierait entre eux les événements qui y entrent, en marquant leur dépendance et leur liaison mutuelle, tout autant que le ferait un poète prenant la colère de ce héros pour le sujet de sa narration[e]. Et ce n'est pas seulement dans les limites étroites d'une période de sa vie que les actions d'un homme tiennent les unes aux autres, mais aussi sur toute sa durée, du berceau jusqu'au tombeau. Et l'on ne saurait

---

e. Contrairement à Aristote qui dit : Μῦθος δ'ἐστὶν εἷς, οὐχ, ὥσπερ τινὲς οἴονται, ἐὰν περὶ ἕνα ᾖ. Πολλὰ γὰρ καὶ ἄπειρα τῷ γένει συμβαίνει, ἐξ ὧν ἐνίων οὐδέν ἐστιν ἕν, οὕτω δὲ καὶ πράξεις ἑνὸς πολλαί εἰσιν, ἐξ ὧν μία οὐδεμία γίνεται πρᾶξις, etc. Κεφ. ή. [« La fable n'est pas une, comme certains

strike off one link, however minute, in this regular chain, without affecting the whole series of events, which follow. The unity of action, therefore, which is to be found in biography or history, differs from that of epic poetry; not in kind, but in degree. In epic poetry, the connexion among the events is more close and sensible. The narration is not carried on through such a length of time; and the actors hasten to some remarkable period, which satisfies the curiosity of the reader. This conduct of the epic poet depends on that particular situation of the *imagination* and of the *passions*, which is supposed in that production. The imagination, both of writer and reader, is more enlivened, and the passions more enflamed than in history, biography; or any species of narration, which confine themselves to strict truth and reality. Let us consider the effect of these two circumstances, an enlivened imagination and enflamed passion; circumstances, which belong to poetry, especially the epic kind, above any other species of composition; and let us examine the reason, why they require a stricter and closer unity in the fable.

11. *First*, All poetry; being a species of painting, brings us nearer to the objects than any other species of narration, throws a stronger light upon them, and delineates more distinctly those minute circumstances, which, though to the historian they seem superfluous, serve mightily to enliven the imagery, and gratify the fancy. If it be not necessary; as in the *Iliad*, to inform us each time the hero buckles his shoes, and

détacher le moindre anneau de cette chaîne régulière, sans affecter toute la suite des événements. L'unité d'action qu'on attend dans une biographie ou dans une histoire ne diffère donc pas en genre de celle de la poésie épique, mais seulement en degré. Dans la poésie épique, la liaison entre les événements est plus serrée et se fait davantage sentir; la narration ne s'étale pas sur une grande longueur de temps; et les personnages se hâtent vers quelque période remarquable, propre à retenir la curiosité du lecteur. Cette conduite du poète épique dépend de l'état particulier de l'*imagination* et des *passions* qu'on suppose dans cette sorte de production. Chez l'auteur comme chez le lecteur, l'imagination est plus vive, les passions sont plus enflammées qu'elles ne le sont dans l'histoire, la biographie ou toute espèce de narration qui s'en tient à la vérité et à l'exacte réalité. Une imagination vive, des passions enflammées : considérons donc les effets de ces deux circonstances qui appartiennent à la poésie (particulièrement celle du genre épique) plus qu'à aucune autre sorte de composition; et cherchons la raison pour laquelle elles requièrent une unité plus stricte et plus sévère dans la fable.

11. *D'abord*, la poésie étant une espèce de peinture, elle nous rapproche des objets plus qu'aucune autre sorte de narration, elle jette sur eux une lumière plus forte, elle dessine plus distinctement ces menues circonstances qui, superflues pour l'historien, servent beaucoup à animer le tableau et à charmer l'imagination. S'il n'est pas nécessaire d'être averti, comme dans l'*Iliade*, chaque fois que le héros boucle ses sandales et

le pensent, parce qu'elle porte sur un seul personnage. Car la vie d'un homme comporte un grand nombre, voire une infinité d'accidents, desquels on ne peut rien faire qui soit un. Et pareillement les actions d'un même homme sont si nombreuses qu'on ne saurait les réduire à une action unique, etc. » Aristote, *La poétique*, 1451 a 15-19].

ties his garters, it will be requisite, perhaps, to enter into a
greater detail than in the *Henriade*; where the events are
run over with such rapidity; that we scarcely have leisure to
become acquainted with the scene or action. Were a poet,
therefore, to comprehend in his subject, any great compass
of time or series of events, and trace up the death of Hector to
its remote causes, in the rape of Helen, or the judgment of
Paris, he must draw out his poem to an immeasurable length, in
order to fill this large canvas with just painting and imagery.
The reader's imagination, enflamed with such a series of
poetical descriptions, and his passions, agitated by a continual
sympathy with the actors, must flag long before the period of
the narration, and must sink into lassitude and disgust, from
the repeated violence of the same movements.

12. *Secondly*, That an epic poet must not trace the causes to
any great distance, will farther appear, if we consider another
reason, which is drawn from a property of the passions still
more remarkable and singular. It is evident, that, in a just
composition, all the affections, excited by the different events,
described and represented, add mutual force to each other; and
that, while the heroes are all engaged in one common scene,
and each action is strongly connected with the whole, the
concern is continually awake, and the passions make an easy
transition from one object to another. The strong connexion of
the events, as it facilitates the passage of the thought or imagination from one to another, facilitates also the transfusion of
the passions, and preserves the affections still in the same
channel and direction. Our sympathy and concern for Eve
prepares the way for a like sympathy with Adam; the affection is preserved almost entire in the transition; and the mind

attache ses jarretières, en revanche il faut peut-être davantage de détails qu'il n'en est donné dans la *Henriade*, où les événements sont parcourus avec une telle rapidité que nous avons à peine le temps de prendre connaissance de la scène ou de l'action. Si donc un poète formait le projet d'embrasser dans son sujet une grande étendue de temps ou une longue suite d'événements, et de faire remonter la mort d'Hector à ses causes éloignées, le rapt d'Hélène ou le jugement de Paris, il serait dans la nécessité d'étirer son poème sur une longueur démesurée, en voulant remplir ce vaste cadre par des peintures et des tableaux qui aient leur juste dimension. L'imagination du lecteur, enflammée par une telle suite de descriptions poétiques, et ses passions, agitées par une sympathie continuelle pour les personnages, tomberaient en langueur, par un effet inévitable, bien avant la fin de la narration, et sous la violence répétée des mêmes transports sombreraient dans la lassitude et le dégoût.

12. Il y a une *seconde raison* pour qu'un poète épique ne remonte pas trop haut dans les causes; elle vient d'une propriété des passions qui est encore plus remarquable et plus singulière. Il est évident que dans une juste composition toutes les affections qui sont suscitées par les différents événements décrits et représentés, se prêtent une force mutuelle. Aussi longtemps que les héros sont engagés dans une scène commune et que chaque action tient fortement au tout, l'intérêt reste constamment éveillé, les passions allant d'un objet à l'autre par une transition facile. La forte liaison des événements, en facilitant de l'un à l'autre le passage de la pensée ou de l'imagination, facilite aussi la transfusion des passions et pousse les affections par le même canal et dans la même direction. C'est ainsi que notre sympathie et notre intérêt pour Ève conduit à une pareille sympathie pour Adam; l'affection se conserve presque entièrement dans la transition; et l'esprit

seizes immediately the new object as strongly related to that which formerly engaged its attention. But were the poet to make a total digression from his subject, and introduce a new actor, nowise connected with the personages, the imagination, feeling a breach in the transition, would enter coldly into the new scene; would kindle by slow degrees; and in returning to the main subject of the poem, would pass, as it were, upon foreign ground, and have its concern to excite anew, in order to take part with the principal actors. The same inconvenience follows in a less degree; where the poet traces his events to too great a distance, and binds together actions, which, though not entirely disjoined, have not so strong a connexion as is requisite to forward the transition of the passions. Hence arises the artifice of the oblique narration, employed in the *Odyssey* and *Æneid*; where the hero is introduced, at first, near the period of his designs, and afterwards shows us, as it were in perspective, the more distant events and causes. By this means, the reader's curiosity is immediately excited; the events follow with rapidity, and in a very close connexion; and the concern is preserved alive, and, by means of the near relation of the objects, continually increases, from the beginning to the end of the narration.

13. The same rule takes place in dramatic poetry; nor is it ever permitted, in a regular composition, to introduce an actor, who has no connexion, or but a small one, with the principal personages of the fable. The spectator's concern must not be diverted by any scenes disjoined and separated from the rest. This breaks the course of the passions, and prevents that communication of the several emotions, by which one scene adds force to another, and transfuses the pity and terror, which it excites, upon each succeeding scene, till the whole produces

s'empare immédiatement du nouvel objet, à cause de sa forte relation à l'objet qui avait d'abord retenu son attention. Mais si le poète s'avisait de s'écarter complètement de son sujet, en introduisant un nouvel acteur sans rapport avec les personnages, l'imagination, sentant une rupture dans la transition, aborderait froidement la nouvelle scène; elle s'échaufferait par lents degrés; et lorsqu'elle reviendrait au sujet principal du poème, ce serait comme si elle passait en terre étrangère: il lui faudrait retrouver son premier intérêt avant de renouer avec les principaux personnages. Le même inconvénient a lieu, quoiqu'à un moindre degré, quand le poète retrace ses événements de trop loin et lie entre elles des actions qui, pour n'être pas sans rapport, n'ont toutefois pas autant de liaison que ce qu'il faut pour favoriser la transition des passions. De là vient l'artifice de la narration oblique qui est employée dans l'*Odyssée* et l'*Enéide*, où le héros est d'abord présenté presque au terme de ses desseins et nous fait voir ensuite, pour ainsi dire en perspective, les événements et les causes plus éloignées. Par ce moyen, la curiosité du lecteur est immédiatement sollicitée; les événements se succèdent rapidement, et en très étroite liaison; l'intérêt ne se relâche pas et, par le rapport étroit entre les objets, il s'accroît continuellement, du début jusqu'à la fin de la narration.

13. La même règle s'applique à la poésie dramatique; et il n'est jamais permis dans une composition régulière d'introduire un acteur qui n'a que peu ou pas de liaison avec les personnages principaux de la fable. L'intérêt du spectateur ne doit pas être détourné par des scènes qui seraient détachées et séparées du reste. Ce serait arrêter les passions au milieu de leur course et empêcher cette communication entre les différentes émotions par laquelle une scène prête sa force à une autre et transfuse sur chaque scène suivante la pitié et la terreur qu'elle suscite, jusqu'à ce que le tout produise

that rapidity of movement, which is peculiar to the theatre. How must it extinguish this warmth of affection, to be entertained, on a sudden, with a new action and new personages, nowise related to the former; to find so sensible a breach or vacuity in the course of the passions, by means of this breach in the connexion of ideas; and instead of carrying the sympathy of one scene into the following, to be obliged, every moment, to excite a new concern and take part in a new scene of action ?

14. To return to the comparison of history and epic poetry, we may conclude, from the foregoing reasonings, that, as a certain unity is requisite in all productions, it cannot be wanting in history more than in any other; that, in history, the connexion among the several events, which unite them into one body, is the relation of cause and effect, the same which takes place in epic poetry; and that, in the latter composition, this connexion is only required to be closer and more sensible, on account of the lively imagination and strong passions, which must be touched by the poet in his narration. The Peloponnesian war is a proper subject for history, the siege of Athens for an epic poem, and the death of Alcibiades for a tragedy.

15. As the difference, therefore, between history and epic poetry consists only in the degrees of connexion, which bind together those several events, of which their subject is composed, it will be difficult, if not impossible, by words, to determine exactly the bounds which separate them from each other. That is a matter of taste more than of reasoning; and perhaps, this unity may often be discovered in a subject, where, at first view and from an abstract consideration, we should least expect to find it.

16. It is evident, that Homer, in the course of his narration, exceeds the first proposition of his subject; and that the anger of Achilles, which caused the death of Hector, is not the same

cette rapidité de mouvement qui est propre au théâtre. La chaleur de l'affection qui m'habite ne s'éteindra-t-elle pas si l'on m'amuse tout à coup avec une nouvelle action ou de nouveaux personnages, sans rapport avec les précédents ? Si par le défaut de liaison de mes idées j'éprouve trop sensible-ment un vide arrêtant la course de mes passions ? Et si, au lieu de faire aller ma sympathie d'une scène à l'autre, je suis obligé à tout moment de me créer un nouvel intérêt et de prendre part à une nouvelle action ? **.

14. Mais, pour revenir à la comparaison de l'histoire et de la poésie épique, nous pouvons conclure, à la lumière des précédents raisonnements, que toutes les productions demandent une certaine unité, mais que l'histoire l'exige plus que d'autres et que la liaison qu'elle met entre les différents événements pour les réunir en un seul corps, est la relation de cause et d'effet, la même qui se trouve dans la poésie épique – cette dernière sorte de composition la voulant plus étroite et plus sensible, parce que la narration du poète doit toucher plus vivement l'imagination et plus fortement les passions. La guerre du Péloponèse est un bon sujet d'histoire, le siège d'Athènes un bon sujet de poème épique et la mort d'Alcibiade convient à la tragédie.

15. Comme la différence entre l'histoire et la poésie épique ne tient qu'au degré de liaison qui unit ensemble les différents événements composant le sujet, il sera bien difficile, sinon impossible, de trouver les mots qu'il faut pour définir exacte-ment ce qui les sépare. C'est une affaire de goût plus que de raisonnement ; et peut-être nous arrivera-t-il souvent de décou-vrir cette unité dans un sujet où, à première vue et à prendre les choses de haut, nous l'attendrions le moins.

16. Il est évident que Homère, au fil de sa narration, va au-delà de son propos initial et que la colère d'Achille qui cause la mort d'Hector n'est pas celle qui valut

with that which produced so many ills to the Greeks. But the strong connexion between these two movements, the quick transition from one to another, the contrast between the effects of concord and discord among the princes, and the natural curiosity which we have to see Achilles in action, after so long a repose; all these causes carry on the reader, and produce a sufficient unity in the subject.

17. It may be objected to Milton, that he has traced up his causes to too great a distance, and that the rebellion of the angels produces the fall of man by a train of events, which is both very long and very casual. Not to mention that the creation of the world, which he has related at length, is no more the cause of that catastrophe, than of the battle of Pharsalia, or any other event, that has ever happened. But if we consider, on the other hand, that all these events, the rebellion of the angels, the creation of the world, and the fall of man, *resemble* each other, in being miraculous and out of the common course of nature; that they are supposed to be *contiguous* in time; and that being detached from all other events, and being the only original facts, which revelation discovers, they strike the eye at once, and naturally recall each other to the thought or imagination. If we consider all these circumstances, I say; we shall find that these parts of the action have a sufficient unity to make them be comprehended in one fable or narration. To which we may add that the rebellion of the angels and the fall of man have a peculiar resemblance, as being counterparts to each other, and presenting to the reader the same moral of obedience to our Creator.

18. These loose hints l have thrown together, in order to excite the curiosity of philosophers, and beget a suspicion at least, if not a full persuasion, that this subject is very copious,

tant de maux aux Grecs. Mais la forte liaison qu'il y a entre ces deux mouvements, la rapide transition de l'un à l'autre, le contraste entre les effets de la concorde et de la discorde des princes, et la curiosité naturelle que nous avons à voir Achille en action après un si long repos : toutes ces causes entraînent le lecteur et produisent assez d'unité dans le sujet.

17. On pourrait reprocher à Milton d'avoir remonté la chaîne des causes trop loin et lui objecter que c'est par une suite d'événements bien longue et bien fortuite que la rébellion des anges produit la chute de l'homme. Sans compter que la création du monde qu'il a longuement relatée, n'est pas plus la cause de cette catastrophe que de la bataille de Pharsale ou de tout autre événement qui se soit jamais passé. Mais si d'un autre côté nous considérons que tous ces événements, la rébellion des anges, la création du monde et la chute de l'homme, se *ressemblent* par leur caractère miraculeux et totalement étranger au cours ordinaire de la nature; qu'il sont supposés *contigus* dans le temps; et que, sans attache à nul autre événement, étant les seuls faits primitifs que la Révélation nous dévoile, ils frappent l'œil immédiatement et se rappellent naturellement les uns les autres à la pensée ou à l'imagination; si nous considérons, dis-je, toutes ces circonstances, nous trouverons que ces parties de l'action ont assez d'unité pour qu'elles soient renfermées dans une seule fable ou une seule narration. À quoi j'ajouterai que la rébellion des anges et la chute de l'homme se ressemblent de près, l'une étant le pendant de l'autre, et toutes deux présentant au lecteur la même morale, celle de l'obéissance à notre Créateur.

18. J'ai réuni ces remarques décousues afin de susciter la curiosité des philosophes et de suggérer, à défaut de persuader, que ce sujet est fort riche et que beaucoup des opérations de

and that many operations of the human mind depend on the connexion or association of ideas, which is here explained. Particularly, the sympathy between the passions and imagination will, perhaps, appear remarkable; while we observe that the affections, excited by one object, pass easily to another object connected with it; but transfuse themselves with difficulty, or not at all, along different objects, which have no manner of connexion together. By introducing, into any composition, personages and actions, foreign to each other, an injudicious author loses that communication of emotions, by which alone he can interest the heart, and raise the passions to their proper height and period. The full explication of this principle and all its consequences would lead us into reasonings too profound and too copious for this enquiry. It is sufficient, at present, to have established this conclusion, that the three connecting principles of all ideas are the relations of *Resemblance*, *Contiguity*, and *Causation*.

l'esprit humain dépendent de la liaison ou de l'association des idées qu'on explique ici. On retiendra peut-être, en particulier, cette sympathie entre les passions et l'imagination, après avoir observé que les affections, quand elles sont causées par un objet, se transportent aisément à tout autre objet qui lui est lié, mais qu'elles se transfusent avec difficulté ou ne se communiquent point du tout, quand des objets différents n'ont entre eux aucune sorte de liaison. Un auteur peu avisé qui dans une composition introduirait des personnages et des actions sans véritable rapport, se priverait de cette communication des émotions qui est l'unique moyen d'intéresser le cœur et de porter les passions à leur juste hauteur et période. La parfaite explication de ce principe et de toutes les circonstances qui l'accompagnent, nous conduirait dans des raisonnements trop profonds et trop abondants pour notre étude. Qu'il nous suffise à présent d'avoir établi cette conclusion qu'il y a trois principes de liaison de toutes nos idées qui sont la *ressemblance*, la *contiguïté* et la *causalité*.

SCEPTICAL DOUBTS CONCERNING
THE OPERATIONS OF THE UNDERSTANDING

Part I

1. All the objects of human reason or enquiry may naturally be divided into two kinds, to wit, *Relations of Ideas*, and *Matters of Fact*. Of the first kind are the sciences of Geometry, Algebra, and Arithmetic; and in short, every affirmation which is either intuitively or demonstratively certain. *That the square of the hypothenuse is equal to the square of the two sides*, is a proposition which expresses a relation between these figures. *That three times five is equal to the half of thirty*, expresses a relation between these numbers. Propositions of this kind are discoverable by the mere operation of thought, without dependence on what is anywhere existent in the universe. Though there never were a circle or triangle in nature, the truths demonstrated by Euclid would for ever retain their certainty and evidence.

2. Matters of fact, which are the second objects of human reason, are not ascertained in the same manner; nor is our evidence of their truth, however great, of a like nature with the foregoing. The contrary of every matter of fact is still possible;

DOUTES SCEPTIQUES SUR LES OPÉRATIONS DE L'ENTENDEMENT

Première partie

1. Tous les objets dont la raison humaine se propose l'étude se divisent naturellement en deux genres : *les relations d'idées* et *les choses de fait*. Du premier genre sont les sciences de la géométrie, de l'algèbre et de l'arithmétique ; et, en un mot, toute affirmation qui est intuitivement ou démonstrativement certaine. *Le carré de l'hypoténuse est égal au carré des deux côtés* est une proposition qui exprime une relation entre ces figures. Dire que *trois fois cinq est égal à la moitié de trente*, c'est exprimer une relation entre ces nombres. Les propositions de ce genre se découvrent par la simple opération de la pensée et ne dépendent en rien de ce qui existe en quelque lieu de l'univers. N'y eût-il ni cercle ni triangle dans la nature, les vérités démontrées par Euclide conserveraient encore et à jamais leur certitude et leur évidence.

2. Les choses de fait qui constituent les seconds objets de la raison humaine ne sont pas établies de même manière ; et si grande que soit pour nous l'évidence de leur vérité, cette évidence n'est pas de nature semblable à la précédente. Le contraire de toute chose de fait reste possible, puisqu'il

because it can never imply a contradiction, and is conceived by the mind with the same facility and distinctness, as if ever so conformable to reality. *That the sun will not rise to-morrow* is no less intelligible a proposition, and implies no more contradiction than the affirmation, *that it will rise*. We should in vain, therefore, attempt to demonstrate its falsehood. Were it demonstratively false, it would imply a contradiction, and could never be distinctly conceived by the mind.

3. It may, therefore, be a subject worthy of curiosity, to enquire what is the nature of that evidence which assures us of any real existence and matter of fact, beyond the present testimony of our senses, or the records of our memory. This part of philosophy, it is observable, has been little cultivated, either by the ancients or moderns; and therefore our doubts and errors, in the prosecution of so important an enquiry, may be the more excusable; while we march through such difficult paths without any guide or direction. They may even prove useful, by exciting curiosity, and destroying that implicit faith and security, which is the bane of all reasoning and free enquiry. The discovery of defects in the common philosophy, if any such there be, will not, I presume, be a discouragement, but rather an incitement, as is usual, to attempt something more full and satisfactory than has yet been proposed to the public.

4. All reasonings concerning matter of fact seem to be founded on the relation of *Cause* and *Effect*. By means of that relation alone we can go beyond the evidence of our memory and senses. If you were to ask a man, why he believes any matter of fact, which is absent; for instance, that his friend is in the country, or in France; he would give you a reason; and this reason would be some other fact, as a

n'implique jamais de contradiction et que l'esprit le conçoit aussi facilement et aussi distinctement que s'il était entièrement conforme à la réalité. Une proposition comme *le soleil ne se lèvera pas demain* n'est pas moins intelligible ni n'implique davantage de contradiction que l'affirmation *il se lèvera*. C'est donc en vain que nous tenterions d'en démontrer la fausseté. Si elle était démonstrativement fausse, elle impliquerait contradiction et ne pourrait jamais être conçue distinctement par l'esprit.

3. Il n'est donc pas indigne d'un esprit curieux d'examiner de plus près la nature de cette évidence qui nous assure de la réalité des existences et des faits, quand ils échappent au témoignage actuel des sens ou ne sont point consignés par la mémoire. Or, il est notable que cette partie de la philosophie à été peu cultivée par les anciens ou par les modernes ; ce qui doit rendre d'autant plus excusables nos doutes et nos erreurs dans la conduite d'une étude aussi importante, où, par des chemins si ardus, nous nous aventurons sans guide ni direction. Doutes et erreurs qui peuvent même s'avérer profitables, s'ils suscitent la curiosité et détruisent cette assurance et cette foi implicites qui font le malheur du raisonnement et de la libre recherche. La découverte de certains défauts dans la philosophie commune, s'il y en a, loin d'être une cause de découragement, sera plutôt, je présume, comme il arrive d'habitude, une incitation à tenter quelque chose de plus complet et de plus satisfaisant que ce qu'on a offert jusqu'ici au public.

4. Tous les raisonnements concernant les choses de fait semblent fondés sur la relation de *cause à effet*. C'est par cette seule relation que nous pouvons nous porter au-delà de l'évidence de notre mémoire et de nos sens. Demandez à un homme pourquoi il croit à un fait qui a lieu là où il n'est pas, par exemple que son ami est à la campagne ou en France ; il vous donnera une raison et cette raison sera quelque autre fait : il a

letter received from him, or the knowledge of his former resolutions and promises. A man finding a watch or any other machine in a desert island, would conclude that there had once been men in that island. All our reasonings concerning fact are of the same nature. And here it is constantly supposed that there is a connexion between the present fact and that which is inferred from it. Were there nothing to bind them together, the inference would be entirely precarious. The hearing of an articulate voice and rational discourse in the dark assures us of the presence of some person : Why? because these are the effects of the human make and fabric, and closely connected with it. If we anatomize all the other reasonings of this nature, we shall find that they are founded on the relation of cause and effect, and that this relation is either near or remote, direct or collateral. Heat and light are collateral effects of fire, and the one effect may justly be inferred from the other.

5. If we would satisfy ourselves, therefore, concerning the nature of that evidence, which assures us of matters of fact, we must enquire how we arrive at the knowledge of cause and effect.

6. I shall venture to affirm, as a general proposition, which admits of no exception, that the knowledge of this relation is not, in any instance, attained by reasonings *a priori*; but arises entirely from experience, when we find that any particular objects are constantly conjoined with each other. Let an object be presented to a man of ever so strong natural reason and abilities; if that object be entirely new to him, he will not be able, by the most accurate examination of its sensible qualities, to discover any of its causes or effects. Adam, though his rational faculties be supposed, at the very first, entirely perfect, could not have inferred from the

reçu une lettre de lui, il est instruit de ses décisions ou des enga-
gements qu'il a pris. Celui qui trouve une montre ou une autre
machine sur une île déserte, conclura qu'il y a eu des hommes
sur cette île. Tous nos raisonnements portant sur les faits sont
de même nature; on y suppose constamment qu'il existe une
liaison entre le fait présent et ce qui en est inféré. S'il n'y avait
rien pour les lier entre eux, l'inférence serait totalement incertaine. Une voix articulée, un discours raisonnable, entendus
dans l'obscurité, sont des choses qui m'assurent d'une
présence humaine. Pourquoi ? Parce que ce sont les effets de la
fabrique et de la constitution humaines, effets qui lui sont
étroitement attachés. Si nous analysons tous les raisonnements
de ce genre, nous trouverons qu'ils sont fondés sur la relation
de cause à effet et que cette relation est tantôt proche tantôt
éloignée, tantôt directe tantôt collatérale. La chaleur et la
lumière sont les effets collatéraux du feu; et de l'un de ces
effets on peut légitimement inférer l'autre.

5. Ainsi, pour satisfaire notre esprit sur la nature de cette
évidence qui nous assure des choses de fait, il nous faut
rechercher comment nous arrivons à la connaissance des
causes et des effets.

6. J'ose affirmer, comme une proposition générale qui
n'admet aucune exception, que la connaissance de cette relation n'est jamais obtenue par des raisonnements *a priori*, mais
qu'elle vient entièrement de l'expérience, quand nous trouvons
que certains objets particuliers sont constamment joints
ensemble. Présentez un objet à un homme, donnez à cet
homme une raison et des capacités naturelles supérieures : si
cet objet lui est entièrement nouveau, il ne sera pas capable,
même en examinant ses qualités sensibles avec le plus grand
soin, de découvrir aucune de ses causes ni aucun de ses effets.
Adam, dans toute la force de ses facultés rationnelles – et
supposons-les parfaites dès l'origine – n'aurait pu inférer de

fluidity and transparency of water that it would suffocate him, or from the light and warmth of fire that it would consume him. No object ever discovers, by the qualities which appear to the senses, either the causes which produced it, or the effects which will arise from it; nor can our reason, unassisted by experience, ever draw any inference concerning real existence and matter of fact.

7. This proposition, *that causes and effects are discoverable, not by reason but by experience*, will readily be admitted with regard to such objects as we remember to have once been altogether unknown to us; since we must be conscious of the utter inability, which we then lay under, of foretelling what would arise from them. Present two smooth pieces of marble to a man who has no tincture of natural philosophy; he will never discover that they will adhere together in such a manner as to require great force to separate them in a direct line, while they make so small a resistance to a lateral pressure. Such events, as bear little analogy to the common course of nature, are also readily confessed to be known only by experience; nor does any man imagine that the explosion of gunpowder, or the attraction of a loadstone, could ever be discovered by arguments *a priori*. In like manner, when an effect is supposed to depend upon an intricate machinery or secret structure of parts, we make no difficulty in attributing all our knowledge of it to experience. Who will assert that he can give the ultimate reason, why milk or bread is proper nourishment for a man, not for a lion or a tiger?

8. But the same truth may not appear, at first sight, to have the same evidence with regard to events which have become familiar to us from our first appearance in the world, which

la fluidité et de la transparence de l'eau que cet élément fût capable de le suffoquer, ni de la lumière et de la chaleur du feu que cet autre élément pût le réduire en cendres. Aucun objet ne nous découvrira jamais, par les qualités qu'il manifeste à nos sens, ni les causes qui l'ont produit ni les effets qui naîtront de lui ; et notre raison, sans l'aide de l'expérience, ne tirera jamais la moindre inférence relative à une existence réelle ou à une chose de fait.

7. Cette proposition, *qu'on découvre les causes et les effets non par la raison mais par l'expérience,* ne sera guère contestée chaque fois qu'il s'agit d'objets dont nous nous souvenons avoir tout ignoré d'abord, puisque nous nous rappelons nécessairement l'incapacité où nous étions d'en prédire le résultat. Montrez deux morceaux de marbre poli à un homme qui n'a aucune teinture de philosophie naturelle ; il ne découvrira jamais que ces deux pièces adhéreront l'une à l'autre si fort qu'il faut les plus grands efforts pour les séparer en ligne directe, alors qu'elles offrent une si faible résistance à une pression latérale. Quant aux événements qui ont peu d'analogie avec le cours ordinaire de la nature, c'est avec la même facilité que nous avouons ne les connaître que par l'expérience ; et personne n'ira imaginer que l'explosion de la poudre à canon ou l'attraction de l'aimant eussent pu être découvertes par des raisonnements *a priori*. De même, quand un effet est supposé dépendre d'un mécanisme compliqué ou de la structure cachée des parties, nous ne faisons pas de difficultés pour attribuer à l'expérience toute la connaissance que nous en avons. Qui prétendrait donner la raison dernière pour laquelle le lait et le pain sont propres à l'alimentation des hommes, mais non à celle des lions ou des tigres ?

8. Mais cette vérité peut ne pas paraître aussi évidente à première vue, quand il s'agit d'événements qui nous sont devenus familiers depuis notre arrivée dans le monde, qui

bear a close analogy to the whole course of nature, and which are supposed to depend on the simple qualities of objects, without any secret structure of parts. We are apt to imagine that we could discover these effects by the mere operation of our reason, without experience. We fancy that, were we brought on a sudden into this world, we could at first have inferred that one billiard-ball would communicate motion to another upon impulse; and that we needed not to have waited for the event, in order to pronounce with certainty concerning it. Such is the influence of custom, that, where it is strongest, it not only covers our natural ignorance, but even conceals itself, and seems not to take place, merely because it is found in the highest degree.

9. But to convince us that all the laws of nature, and all the operations of bodies without exception, are known only by experience, the following reflections may, perhaps, suffice. Were any object presented to us, and were we required to pronounce concerning the effect, which will result from it, without consulting past observation; after what manner, I beseech you, must the mind proceed in this operation? It must invent or imagine some event, which it ascribes to the object as its effect; and it is plain that this invention must be entirely arbitrary. The mind can never possibly find the effect in the supposed cause, by the most accurate scrutiny and examination. For the effect is totally different from the cause, and consequently can never be discovered in it. Motion in the second billiard-ball is a quite distinct event from motion in the first; nor is there anything in the one to suggest the smallest hint of the other. A stone or piece of metal raised into the air, and left without any support, immediately falls; but to consider the matter *a priori*, is there anything we discover in

entretiennent une étroite analogie avec le cours le plus ordinaire de la nature et qui sont supposés dépendre des qualités simples des objets, et non de la structure secrète des parties. Nous sommes portés à croire que nous pourrions découvrir ces effets par la seule opération de notre raison, sans le secours de l'expérience. Nous imaginons volontier, aurions-nous été jetés soudain dans ce monde, que nous aurions pu d'emblée inférer qu'une boule de billard poussée contre une autre lui communique son mouvement et que nous n'aurions pas eu besoin d'attendre l'événement, pour nous prononcer avec certitude à son sujet. Telle est l'influence de la coutume : quand elle est à son plus fort, non seulement elle masque notre ignorance naturelle, mais elle se dissimule elle-même et paraît ne jouer aucun rôle, précisément parce que son empire est entier.

9. Mais pour nous persuader que toutes les lois de la nature et toutes les opérations des corps sans exception ne nous sont connues que par expérience, ce sera peut-être assez des réflexions suivantes. Supposons qu'un objet nous étant donné il nous soit demandé de déterminer l'effet qui en résultera, sans consulter l'expérience passée. De quelle manière, je vous prie, l'esprit doit-il procéder dans cette opération ? Il doit inventer ou imaginer quelque événement qu'il présentera comme l'effet de cet objet ; et il est manifeste que cette invention sera entièrement arbitraire. Trouver l'effet dans la cause qui est supposée, l'esprit ne le pourra jamais, même par l'examen le plus exact ou par la recherche la plus précise. Car l'effet est entièrement différent de la cause et par conséquent ne peut se découvrir en lui. Le mouvement dans la seconde boule de billard est entièrement distinct du mouvement dans la première boule ; et il n'y a rien dans le premier qui donne la moindre indication du second. Portez en l'air une pierre, une pièce de métal ; ôtez-lui son support ; elle tombe immédiatement ; mais à considérer les choses *a priori*, avez-vous rien trouvé dans la

this situation which can beget the idea of a downward, rather than an upward, or any other motion, in the stone or metal ?

10. And as the first imagination or invention of a particular effect, in all natural operations, is arbitrary, where we consult not experience; so must we also esteem the supposed tie or connexion between the cause and effect, which binds them together, and renders it impossible that any other effect could result from the operation of that cause. When I see, for instance, a billiard-ball moving in a straight line towards another; even suppose motion in the second ball should by accident be suggested to me, as the result of their contact or impulse; may I not conceive that a hundred different events might as well follow from that cause? May not both these balls remain at absolute rest? May not the first ball return in a straight line, or leap off from the second in any line or direction? All these suppositions are consistent and conceivable. Why then should we give the preference to one, which is no more consistent or conceivable than the rest? All our reasonings *a priori* will never be able to show us any foundation for this preference.

11. In a word, then, every effect is a distinct event from its cause. It could not, therefore, be discovered in the cause, and the first invention or conception of it, *a priori*, must be entirely arbitrary. And even after it is suggested, the conjunction of it with the cause must appear equally arbitrary; since there are always many other effects, which, to reason, must seem fully as consistent and natural. In vain, therefore, should we pretend to determine any single event, or infer

situation de la pierre ou de la pièce de métal, qui fasse naître l'idée d'un mouvement vers le bas plutôt que d'un mouvement vers le haut, ou tout autre mouvement?

10. De même que, dans toutes les opérations naturelles, la première représentation ou la première invention d'un effet particulier reste arbitraire tant que l'expérience n'est pas consultée, de même ne faut-il pas juger autrement du rapport ou de la liaison qui est supposée entre la cause et l'effet et qui, les unissant l'un à l'autre, rend impossible qu'aucun autre effet puisse résulter de l'action de la cause. Je vois, par exemple, une boule de billard se déplacer en droite ligne vers une autre; et supposons que, accidentellement, l'idée me soit suggérée d'un mouvement dans la seconde boule qui soit le résultat du contact ou de l'impulsion; mais ne pourrais-je pas concevoir cent événements différents qui pourraient tout aussi bien suivre de cette cause? Ces deux boules ne pourraient-elles rester dans un repos total? La première boule ne pourrait-elle revenir en droite ligne ou rebondir en s'éloignant de la seconde suivant toute ligne ou direction qu'on voudra? Toutes ces suppositions n'ont rien d'absurde ou d'inconcevable. Pourquoi donc donner la préférence à l'une, qui n'est pas plus cohérente ou concevable que les autres? Tous nos raisonnements *a priori* ne nous donneront jamais de quoi fonder cette préférence.

11. Pour me résumer, je dirai que tout effet est un événement distinct de sa cause et qu'il ne saurait donc être découvert dans la cause: quand il est inventé ou conçu pour la première fois, *a priori*, ce doit être d'une manière totalement arbitraire. Et même après qu'il nous a été suggéré, son rapport à la cause doit apparaître tout aussi arbitraire, puisqu'il y a toujours beaucoup d'autres effets qui, au regard de la raison, doivent apparaître tout aussi cohérents et naturels. C'est donc en vain que nous prétendrions déterminer un seul événement ou inférer

any cause or effect, without the assistance of observation and experience.

12. Hence we may discover the reason why no philosopher, who is rational and modest, has ever pretended to assign the ultimate cause of any natural operation, or to show distinctly the action of that power, which produces any single effect in the universe. It is confessed that the utmost effort of human reason is to reduce the principles, productive of natural phenomena, to a greater simplicity, and to resolve the many particular effects into a few general causes, by means of reasonings from analogy, experience, and observation. But as to the causes of these general causes, we should in vain attempt their discovery; nor shall we ever be able to satisfy ourselves, by any particular explication of them. These ultimate springs and principles are totally shut up from human curiosity and enquiry. Elasticity, gravity, cohesion of parts, communication of motion by impulse; these are probably the ultimate causes and principles which we shall ever discover in nature; and we may esteem ourselves sufficiently happy, if, by accurate enquiry and reasoning, we can trace up the particular phenomena to, or near to, these general principles. The most perfect philosophy of the natural kind only staves off our ignorance a little longer: as perhaps the most perfect philosophy of the moral or metaphysical kind serves only to discover larger portions of it. Thus the observation of human blindness and weakness is the result of all philosophy, and meets us at every turn, in spite of our endeavours to elude or avoid it.

une cause, un effet, sans le secours de l'observation et de l'expérience.

12. Telle est la raison pourquoi aucun philosophe raisonnable et tant soit peu modeste n'a jamais prétendu donner la cause dernière d'une opération naturelle, ni faire voir distinctement, à propos d'un seul événement dans l'univers, comment agit la puissance qui le produit. Il est reconnu que le dernier effort de la raison humaine ne réussit qu'à réduire à plus de simplicité les principes qui produisent les phénomènes naturels et à ramener la foule des effets particuliers à un petit nombre de causes générales, au moyen de raisonnements tirés de l'analogie, de l'expérience et de l'observation. Mais quant aux causes de ces causes générales, en vain tenterions-nous de les découvrir; aucune des explications particulières à leur sujet ne saura nous satisfaire. Ces ressorts et ces principes derniers sont entièrement cachés à la curiosité humaine et défient toute étude. L'élasticité, la gravité, la cohésion des parties, la communication du mouvement par impulsion, voilà probablement les causes et les principes derniers que nous découvrirons jamais dans la nature; et nous pouvons nous estimer assez heureux si, grâce à l'exactitude de nos recherches et de nos raisonnements, nous réussissons à ramener les phénomènes particuliers à ces principes généraux ou à les en approcher. La philosophie la plus parfaite dans le domaine de la nature ne fait que reculer un peu notre ignorance; peut-être aussi la philosophie la plus parfaite dans le domaine de la morale et de la métaphysique ne sert-elle qu'à mieux faire apparaître l'étendue de notre ignorance. Voilà donc le résultat de toute philosophie : nous instruire de l'aveuglement et de la faiblesse humaine; chaque tour nouveau nous y ramène, malgré tous nos efforts pour l'éviter ou pour y échapper.

13. Nor is geometry, when taken into the assistance of natural philosophy, ever able to remedy this defect, or lead us into the knowledge of ultimate causes, by all that accuracy of reasoning for which it is so justly celebrated. Every part of mixed mathematics proceeds upon the supposition that certain laws are established by nature in her operations; and abstract reasonings are employed, either to assist experience in the discovery of these laws, or to determine their influence in particular instances, where it depends upon any precise degree of distance and quantity. Thus, it is a law of motion, discovered by experience, that the moment or force of any body in motion is in the compound ratio or proportion of its solid contents and its velocity; and consequently, that a small force may remove the greatest obstacle or raise the greatest weight, if, by any contrivance or machinery, we can increase the velocity of that force, so as to make it an overmatch for its antagonist. Geometry assists us in the application of this law, by giving us the just dimensions of all the parts and figures which can enter into any species of machine; but still the discovery of the law itself is owing merely to experience, and all the abstract reasonings in the world could never lead us one step towards the knowledge of it. When we reason *a priori*, and consider merely any object or cause, as it appears to the mind, independent of all observation, it never could suggest to us the notion of any distinct object, such as its effect; much less, show us the inseparable and inviolable connexion between them. A man must be very sagacious who could discover by reasoning that crystal is the effect of heat, and ice of cold, without being previously acquainted with the operation of these qualities.

13. Et la géométrie même, appelée au secours de la philosophie naturelle, est incapable de remédier à ce défaut et de nous conduire à la connaissance des causes dernières, en dépit de cette exactitude de raisonnement pour laquelle elle est si justement célébrée. Toutes les parties des mathématiques mixtes reposent sur la supposition que dans ses opérations la nature a établi certaines lois ; et l'on emploie le raisonnement abstrait soit pour assister l'expérience dans la découverte de ces lois, soit pour déterminer leur influence dans les cas particuliers où cette influence dépend d'un degré précis de distance ou de quantité. Ainsi, c'est une loi du mouvement découverte par expérience que le moment ou la force d'un corps en mouvement est en proportion ou en raison composée de sa masse et de sa vitesse ; et par suite qu'une force très petite peut vaincre le plus grand obstacle ou soulever le plus grand poids si, par quelque procédé ou machinerie, nous pouvons accroître la vitesse de cette force au point de la rendre supérieure à celle qui lui est opposée. La géométrie nous assiste dans l'application de cette loi, en nous donnant les justes dimensions de toutes les parties et de toutes les figures qui peuvent entrer dans tel ou tel genre de machine ; mais la découverte de la loi elle-même n'est due qu'à l'expérience et tous les raisonnements abstraits du monde ne pourront jamais nous faire avancer d'un pas dans sa connaissance. Quand, raisonnant *a priori*, nous nous bornons à considérer l'objet ou la cause telle qu'elle se présente à l'esprit, indépendamment de toute observation, il est impossible que cette cause nous suggère la notion d'un autre objet distinct qui en serait l'effet, bien moins encore, qu'elle nous fasse voir la liaison indestructible et inviolable qui les unit. Il faudrait assurément une extraordinaire sagacité pour découvrir par le seul raisonnement que le cristal est l'effet de la chaleur et la glace l'effet du froid, sans avoir eu connaissance auparavant du mode d'action de ces qualités.

Part II

14. But we have not yet attained any tolerable satisfaction with regard to the question first proposed. Each solution still gives rise to a new question as difficult as the foregoing, and leads us on to farther enquiries. When it is asked, *What is the nature of all our reasonings concerning matter of fact?* the proper answer seems to be that they are founded on the relation of cause and effect. When again it is asked, *What is the foundation of all our reasonings and conclusions concerning that relation?* it may be replied in one word, Experience. But if we still carry on our sifting humour, and ask, *What is the foundation of all conclusions from experience?* this implies a new question, which may be of more difficult solution and explication. Philosophers, that give themselves airs of superior wisdom and sufficiency, have a hard task when they encounter persons of inquisitive dispositions, who push them from every corner to which they retreat, and who are sure at last to bring them to some dangerous dilemma. The best expedient to prevent this confusion, is to be modest in our pretensions; and even to discover the difficulty ourselves before it is objected to us. By this means, we may make a kind of merit of our very ignorance.

15. I shall content myself, in this section, with an easy task, and shall pretend only to give a negative answer to the question here proposed. I say then, that, even after we have experience of the operations of cause and effect, our conclusions from that experience are *not* founded on reasoning, or any process of the understanding. This answer we must endeavour both to explain and to defend.

Deuxième partie

14. Mais nous ne sommes pas fort avancés dans la réponse à notre question initiale. Chaque solution apportée soulève une nouvelle question, aussi difficile que la précédente, et nous pousse à d'autres recherches. Si l'on demande *quelle est la nature de tous nos raisonnements portant sur les choses de fait*, la bonne réponse semble être qu'ils sont fondés sur la relation de cause à effet. Si l'on demande derechef *quel est le fondement de tous nos raisonnements et de toutes nos conclusions concernant cette relation*, il sera répondu d'un mot : l'expérience. Mais si l'on est d'humeur à vouloir tout éplucher et que l'on demande encore *quel est le fondement de toute conclusion formée à partir de l'expérience*, voilà une nouvelle question qui pourrait bien être plus difficile à résoudre et à tirer au clair. Les philosophes, qui prennent de grands airs et prétendent à une sagesse supérieure, sont mis à rude épreuve quand ils ont affaire à des personnes qui sont en humeur de les questionner, qui les délogent de tous leurs retranchements et ne manquent pas à la fin de les réduire à quelque dangereux dilemme. La meilleure façon d'échapper à pareille mésaventure est de rester modeste dans ses prétentions et de découvrir par soi-même la difficulté, avant qu'elle ne se change en objection. Ainsi peut-on se faire une sorte de mérite de sa propre ignorance.

15. Dans cette section, je me bornerai à une tâche facile, ne prétendant apporter qu'une réponse négative à la question posée. Je dis donc que, même après notre expérience des effets de causalité, les conclusions que nous tirons de cette expérience *ne* sont *pas* fondées sur le raisonnement ni sur aucune opération de l'entendement. Je vais tenter à la fois d'expliquer et de défendre cette réponse.

16. It must certainly be allowed, that nature has kept us at a great distance from all her secrets, and has afforded us only the knowledge of a few superficial qualities of objects; while she conceals from us those powers and principles on which the influence of those objects entirely depends. Our senses inform us of the colour, weight, and consistence of bread; but neither sense nor reason can ever inform us of those qualities which fit it for the nourishment and support of a human body. Sight or feeling conveys an idea of the actual motion of bodies; but as to that wonderful force or power, which would carry on a moving body for ever in a continued change of place, and which bodies never lose but by communicating it to others; of this we cannot form the most distant conception. But notwithstanding this ignorance of natural powers[a] and principles, we always presume, when we see like sensible qualities, that they have like secret powers, and expect that effects, similar to those which we have experienced, will follow from them. If a body of like colour and consistence with that bread, which we have formerly eat, be presented to us, we make no scruple of repeating the experiment, and foresee, with certainty, like nourishment and support. Now this is a process of the mind or thought, of which I would willingly know the foundation. It is allowed on all hands that there is no known connexion between the sensible qualities and the secret powers; and consequently, that the mind is not led to form such a conclusion concerning their constant and regular conjunction, by anything which it knows of their nature. As to past *Experience*, it can

a. The word, Power, is here used in a loose and popular sense. The more accurate explication of it would give additional evidence to this argument. See Sect. 7.

16. Il faut certainement convenir que la nature nous a maintenus très éloignés de tous ses secrets et qu'elle ne nous accorde de connaître qu'un petit nombre de qualités superficielles des objets qu'elle nous présente, nous dérobant les pouvoirs et les principes dont dépend entièrement leur action. Nos sens nous informent de la couleur, du poids et de la consistance du pain; mais ni les sens ni la raison ne peuvent nous informer des qualités qui font du pain un aliment propre à restaurer le corps humain. La vue et le toucher nous donnent une idée du mouvement actuel des corps; mais de cette force, de ce merveilleux pouvoir, qui emporte un corps en mouvement dans un perpétuel changement de lieu et que les corps ne perdent qu'en le communiquant à d'autres, nous ne saurions avoir la moindre conception. Toutefois, malgré cette ignorance des forces [a] et des principes de la nature, nous ne laissons pas de présumer que, partout où nous voyons des qualités sensibles semblables, nous avons affaire à des forces secrètes semblables, et nous attendons qu'il en résulte des effets semblables à ceux dont nous avons déjà eu l'expérience. Si un corps semblable par sa couleur et sa consistance au pain que nous avons mangé d'autres fois, nous est présenté, nous n'hésitons pas à répéter l'expérience et nous ne doutons pas d'en obtenir pareillement de quoi nous nourrir et nous restaurer. Or il y a là une opération de l'esprit ou de la pensée dont j'aimerais bien connaître le fondement. Tout le monde admet qu'il n'y a pas de liaison connue entre les qualités sensibles et les forces secrètes et que, par suite, ce n'est rien de connu dans leur nature qui porte l'esprit à former une telle conclusion sur leur conjonction constante et régulière. Quant à l'*expérience* passée, on

a. Le mot *force* est ici employé dans un sens vague et populaire. Une explication plus précise du terme rendrait mon argument encore plus concluant. Voir la section 7 *.

be allowed to give *direct* and *certain* information of those precise objects only, and that precise period of time, which fell under its cognizance : but why this experience should be extended to future times, and to other objects, which for aught we know, may be only in appearance similar; this is the main question on which I would insist. The bread, which I formerly eat, nourished me; that is, a body of such sensible qualities was, at that time, endued with such secret powers : but does it follow, that other bread must also nourish me at another time, and that like sensible qualities must always be attended with like secret powers? The consequence seems nowise necessary. At least, it must be acknowledged that there is here a consequence drawn by the mind; that there is a certain step taken; a process of thought, and an inference, which wants to be explained. These two propositions are far from being the same, *I have found that such an object has always been attended with such an effect*, and *I foresee, that other objects, which are, in appearance, similar, will be attended with similar effects.* I shall allow, if you please, that the one proposition may justly be inferred from the other : I know, in fact, that it always is inferred. But if you insist that the inference is made by a chain of reasoning, I desire you to produce that reasoning. The connexion between these propositions is not intuitive. There is required a medium, which may enable the mind to draw such an inference, if indeed it be drawn by reasoning and argument. What that medium is, I must confess, passes my comprehension; and it is incumbent on those to produce it, who assert that it really exists, and is the origin of all our conclusions concerning matter of fact.

17. This negative argument must certainly, in process of time, become altogether convincing, if many penetrating and able philosophers shall turn their enquiries this way

conviendra qu'elle ne donne d'information *directe* et *certaine* que sur les objets précis et dans la période de temps précise qu'elle a pu embrasser. Mais pourquoi étendre cette expérience aux temps futurs et à d'autres objets qui, pour autant que nous le sachions, peuvent n'être semblables qu'en apparence, voilà la question essentielle sur laquelle je voudrais insister. Le pain que j'ai mangé hier m'a nourri ; c'est-à-dire, un corps pourvu de telles ou telles qualités sensibles était alors doté de telles ou telles forces secrètes ; mais s'ensuit-il qu'un autre pain doive aussi me nourrir à un autre moment et que de pareilles qualités sensibles doivent toujours aller de pair avec de pareilles forces secrètes ? La conséquence ne semble nullement nécessaire. Du moins faut-il convenir que l'esprit tire ici une conséquence, qu'il fait un certain pas, qu'il y a une opération de la pensée et une inférence qui restent à expliquer. Car les deux propositions que voici sont loin d'être les mêmes : *j'ai observé que tel objet a toujours été accompagné de tel effet* ; et : *je prévois que d'autres objets qui sont en apparence semblables seront accompagnés d'effets semblables.* Je vous concède, s'il vous plaît, que l'une de ces propositions peut être inférée de l'autre à bon droit ; je sais en fait qu'elle l'est toujours. Mais si vous soutenez que l'inférence suit la voie d'un raisonnement, je désire que vous produisiez ce raisonnement. La liaison entre ces propositions n'est pas intuitive. Il faut un moyen terme qui rende l'esprit capable de tirer une telle inférence, si elle est vraiment tirée par raisonnement et par argument. Quel est ce moyen terme, cela passe, je l'avoue, ma compréhension ; et c'est à ceux qui en affirment l'existence et en font l'origine de toutes nos conclusions sur les choses de fait, qu'il incombe de l'exposer.

17. Avec le temps, je n'en doute pas, cet argument négatif deviendra entièrement convaincant si, de tous les philosophes habiles et pénétrants qui auront tourné leurs recherches de ce

and no one be ever able to discover any connecting proposition or intermediate step, which supports the understanding in this conclusion. But as the question is yet new, every reader may not trust so far to his own penetration, as to conclude, because an argument escapes his enquiry, that therefore it does not really exist. For this reason it may be requisite to venture upon a more difficult task; and enumerating all the branches of human knowledge, endeavour to show that none of them can afford such an argument.

18. All reasonings may be divided into two kinds, namely, demonstrative reasoning, or that concerning relations of ideas, and moral reasoning, or that concerning matter of fact and existence. That there are no demonstrative arguments in the case seems evident; since it implies no contradiction that the course of nature may change, and that an object, seemingly like those which we have experienced, may be attended with different or contrary effects. May I not clearly and distinctly conceive that a body, falling from the clouds, and which, in all other respects, resembles snow, has yet the taste of salt or feeling of fire? Is there any more intelligible proposition than to affirm, that all the trees will flourish in December and January, and decay in May and June? Now whatever is intelligible, and can be distinctly conceived, implies no contradiction, and can never be proved false by any demonstrative argument or abstract reasoning *a priori*.

19. If we be, therefore, engaged by arguments to put trust in past experience, and make it the standard of our future judgement, these arguments must be probable only, or such as regard matter of fact and real existence, according to the division above mentioned. But that there is no argument

côté, il n'en est aucun qui ait réussi à trouver une proposition intermédiaire, capable de faire la liaison et de soutenir l'entendement dans cette conclusion. Mais comme cette question est encore nouvelle, il est possible que le lecteur, peu sûr de sa propre pénétration, n'ose conclure que, parce qu'un argument échappe à ses recherches, cet argument n'existe pas en réalité. Pour cette raison, il peut être nécessaire de se hasarder dans une entreprise plus délicate, celle d'énumérer toutes les branches de la connaissance humaine et d'essayer de montrer qu'aucune d'elles n'apporte un tel argument.

18. Tous les raisonnements peuvent se diviser en deux genres : les raisonnements démonstratifs qui portent sur les relations d'idées et les raisonnements moraux** qui portent sur les choses de fait et les existences. Qu'il n'y ait pas d'arguments démonstratifs dans le cas qui nous occupe, paraît évident, puisqu'il n'est pas contradictoire que le cours de la nature change et qu'un objet, apparemment semblable à ceux dont nous avons fait l'expérience, s'accompagne d'effets différents ou contraires. Ne puis-je pas concevoir clairement et distinctement qu'un corps qui tombe des nuages et qui, à tout autre égard, ressemble à de la neige, ait pourtant le goût du sel ou le toucher du feu ? Y a-t-il une proposition plus intelligible que de dire que les arbres fleuriront en décembre et en janvier et perdront leurs feuilles en mai et en juin ? Or tout ce qui est intelligible et peut être distinctement conçu, n'implique pas de contradiction et ne sera jamais prouvé faux par un argument démonstratif ou par un raisonnement abstrait *a priori*.

19. Si donc nous étions amenés par des arguments à nous fier à l'expérience passée et à en faire la règle de nos jugements futurs, il faudrait, en vertu de notre division, que ces arguments soient simplement probables ou relatifs aux choses de fait et aux existences réelles. Mais qu'il n'y ait pas d'argument

of this kind, must appear, if our explication of that species of reasoning be admitted as solid and satisfactory. We have said that all arguments concerning existence are founded on the relation of cause and effect; that our knowledge of that relation is derived entirely from experience; and that all our experimental conclusions proceed upon the supposition that the future will be conformable to the past. To endeavour, therefore, the proof of this last supposition by probable arguments, or arguments regarding existence, must be evidently going in a circle, and taking that for granted, which is the very point in question.

20. In reality, all arguments from experience are founded on the similarity which we discover among natural objects, and by which we are induced to expect effects similar to those which we have found to follow from such objects. And though none but a fool or madman will ever pretend to dispute the authority of experience, or to reject that great guide of human life, it may surely be allowed a philosopher to have so much curiosity at least as to examine the principle of human nature, which gives this mighty authority to experience, and makes us draw advantage from that similarity which nature has placed among different objects. From causes which appear *similar* we expect similar effects. This is the sum of all our experimental conclusions. Now it seems evident that, if this conclusion were formed by reason, it would be as perfect at first, and upon one instance, as after ever so long a course of experience. But the case is far otherwise. Nothing so like as eggs; yet no one, on account of this appearing similarity, expects the same taste and relish in all of them. It is only after a long course of uniform experiments in any kind, that we attain a firm reliance and security

de cette sorte, c'est ce qui doit apparaître, si du moins notre manière d'expliquer cette espèce de raisonnement est jugée solide et satisfaisante. Nous avons dit que tous les arguments portant sur l'existence sont fondés sur la relation de cause à effet, que notre connaissance de cette relation est entièrement dérivée de l'expérience et que toutes nos conclusions expérimentales procèdent de la supposition que le futur sera conforme au passé. Vouloir donc prouver cette dernière supposition par des arguments probables ou des arguments d'existence, c'est manifestement tomber dans un cercle et prendre pour admis le point qui est en question.

20. En réalité, tous les arguments d'expérience sont fondés sur la similitude que nous découvrons entre les objets naturels, similitude par laquelle nous sommes induits à attendre des effets qui soient semblables à ceux que nous avons vu résulter de pareils objets. Et bien qu'il faille être fou ou avoir perdu le sens pour oser contester l'autorité de l'expérience et rejeter ce grand guide de la vie humaine, on ne peut certainement pas blâmer la curiosité d'un philosophe, lorsqu'il veut au moins examiner le principe de la nature humaine qui confère à l'expérience cette forte autorité et nous fait tirer profit de la similitude que la nature a mise entre différents objets. Des causes qui apparaissent *semblables*, nous attendons des effets semblables. Voilà la somme de toutes nos conclusions expérimentales. Or, il semble évident que si cette conclusion était formée par la raison, elle devrait être aussi parfaite la première fois, et sur la base d'un unique cas, qu'au terme d'une série d'expériences, aussi longue qu'on voudra. Mais il n'en va pas du tout ainsi. Rien ne ressemble plus à un œuf qu'un œuf et pourtant personne ne s'attend, sur cette apparente similitude, à retrouver le même goût et la même saveur en tous. Ce n'est qu'après une longue suite d'expériences uniformes en tout genre que nous acquérons une ferme assurance, une sécurité

with regard to a particular event. Now where is that process of reasoning which, from one instance, draws a conclusion, so different from that which it infers from a hundred instances that are nowise different from that single one? This question I propose as much for the sake of information, as with an intention of raising difficulties. I cannot find, I cannot imagine any such reasoning. But I keep my mind still open to instruction, if any one will vouchsafe to bestow it on me.

21. Should it be said that, from a number of uniform experiments, we *infer* a connexion between the sensible qualities and the secret powers; this, I must confess, seems the same difficulty, couched in different terms. The question still recurs, on what process of argument this *inference* is founded? Where is the medium, the interposing ideas, which join propositions so very wide of each other? It is confessed that the colour, consistence, and other sensible qualities of bread appear not, of themselves, to have any connexion with the secret powers of nourishment and support. For otherwise we could infer these secret powers from the first appearance of these sensible qualities, without the aid of experience; contrary to the sentiment of all philosophers, and contrary to plain matter of fact. Here, then, is our natural state of ignorance with regard to the powers and influence of all objects. How is this remedied by experience? It only shows us a number of uniform effects, resulting from certain objects, and teaches us that those particular objects, at that particular time, were endowed with such powers and forces. When a new object, endowed with similar sensible qualities, is produced, we expect similar powers and forces, and look for a like effect. From a body of like colour and consistence with bread we expect like nourishment and support. But this

entière, touchant tel ou tel événement particulier. Mais quelle est donc cette conduite de raisonnement qui d'un unique cas porte à une conclusion si différente de ce que permettent d'inférer cent cas qui ne sont nullement différents du premier? Cette question je l'avance autant dans le but de m'informer que dans l'intention de soulever des difficultés. Je ne puis trouver, je ne puis imaginer un tel raisonnement. Mais je suis tout prêt à m'instruire, si quelqu'un veut bien m'en donner le moyen.

21. Me dira-t-on que d'un certain nombre d'expériences uniformes nous *inférons* une liaison entre les qualités sensibles et les forces secrètes? Mais je ne vois en ceci, je l'avoue, que la même difficulté, présentée en des termes différents. La question se répète : sur quelle démarche argumentative cette *inférence* est-elle fondée? Où est le moyen terme, où sont les idées intermédiaires qui réunissent des propositions aussi éloignées les unes des autres? On convient que la couleur, la consistance et les autres qualités du pain n'ont pas par elles-mêmes de liaison apparente avec les forces secrètes de la nutrition et de la restauration. Car autrement, dès la première apparition de ces qualités sensibles, nous pourrions inférer ces forces secrètes sans avoir besoin de l'expérience ; ce qui est contraire au sentiment de tous les philosophes et contraire aux faits les plus manifestes. Ici donc se dévoile notre état naturel d'ignorance touchant les pouvoirs et l'action de tous les objets. Comment y est-il remédié par l'expérience? Elle nous montre seulement un nombre d'effets uniformes, résultant de certains objets, et nous enseigne que ces objets particuliers, à tel moment particulier, sont doués de telles forces et de tels pouvoirs. Quand se présente un nouvel objet doté de qualités sensibles comparables, nous attendons des forces et des pouvoirs comparables et comptons sur un effet semblable. Un corps qui a même couleur et même consistance que le pain nous fait attendre d'être nourris et restaurés de même. Mais

surely is a step or progress of the mind, which wants to be explained. When a man says, *I have found, in all past instances, such sensible qualities conjoined with such secret powers*: And when he says, *Similar sensible qualities will always be conjoined with similar secret powers*, he is not guilty of a tautology, nor are these propositions in any respect the same. You say that the one proposition is an inference from the other. But you must confess that the inference is not intuitive; neither is it demonstrative. Of what nature is it, then? To say it is experimental, is begging the question. For all inferences from experience suppose, as their foundation, that the future will resemble the past, and that similar powers will be conjoined with similar sensible qualities. If there be any suspicion that the course of nature may change, and that the past may be no rule for the future, all experience becomes useless, and can give rise to no inference or conclusion. It is impossible, therefore, that any arguments from experience can prove this resemblance of the past to the future; since all these arguments are founded on the supposition of that resemblance. Let the course of things be allowed hitherto ever so regular; that alone, without some new argument or inference, proves not that, for the future, it will continue so. In vain do you pretend to have learned the nature of bodies from your past experience. Their secret nature, and consequently all their effects and influence, may change, without any change in their sensible qualities. This happens sometimes, and with regard to some objects: Why may it not happen always, and with regard to all objects? What logic, what process of argument secures you against this supposition? My practice, you say, refutes my doubts. But you mistake the purport of my question. As an agent, I am quite satisfied in the point; but

c'est là assurément un pas ou un progrès de l'esprit qui mérite une explication. Quand un homme dit : *J'ai trouvé dans tous les cas passés telles et telles qualités sensibles jointes à telles et telles forces secrètes*; et quand il dit : *de semblables qualités sensibles seront toujours jointes à de semblables forces cachées*, on ne saurait l'accuser de tautologie, car ces propositions sont rien moins qu'identiques. Vous dites que l'une est une inférence tirée de l'autre. Mais vous devez convenir que l'inférence n'est pas intuitive, qu'elle n'est pas non plus démonstrative. De quelle nature est-elle donc ? Dire qu'elle est expérimentale, c'est dire ce qui est en question. Car toutes les inférences tirées de l'expérience supposent à leur fondement que le futur ressemblera au passé et que des forces semblables seront jointes à des qualités sensibles semblables. Dès qu'il y a le moindre soupçon que le cours de la nature puisse changer et le passé n'être pas la règle du futur, alors l'expérience perd tout emploi et ne peut donner lieu à aucune inférence ou conclusion. Il est donc impossible qu'aucun argument tiré de l'expérience puisse prouver la ressemblance du passé au futur, puisque tout argument de cette nature est fondé sur la supposition de cette ressemblance. Faites le cours des choses aussi régulier que vous voudrez jusqu'à maintenant; ce n'est pas assez, sans un nouvel argument ou une nouvelle inférence, pour prouver qu'il le restera à l'avenir. En vain prétendez-vous avoir été instruit de la nature des corps par votre expérience passée. Leur nature secrète et, par conséquent, leur action et tous leurs effets, peuvent changer sans que changent leurs qualités sensibles. Cela arrive parfois, avec certains objets. Pourquoi cela n'arriverait-il pas toujours, avec tous les objets ? Quelle logique, quelle démarche argumentative vous prémunit contre cette supposition ? Ma pratique, dites-vous, réfute mes doutes. Mais vous vous méprenez sur le sens de ma question. Comme agent, je n'ai rien à redire sur ce point; mais

as a philosopher, who has some share of curiosity, I will not say scepticism, I want to learn the foundation of this inference. No reading, no enquiry has yet been able to remove my difficulty, or give me satisfaction in a matter of such importance. Can I do better than propose the difficulty to the public, even though, perhaps, I have small hopes of obtaining a solution? We shall at least, by this means, be sensible of our ignorance, if we do not augment our knowledge.

22. I must confess that a man is guilty of unpardonable arrogance who concludes, because an argument has escaped his own investigation, that therefore it does not really exist. I must also confess that, though all the learned, for several ages, should have employed themselves in fruitless search upon any subject, it may still, perhaps, be rash to conclude positively that the subject must, therefore, pass all human comprehension. Even though we examine all the sources of our knowledge, and conclude them unfit for such a subject, there may still remain a suspicion, that the enumeration is not complete, or the examination not accurate. But with regard to the present subject, there are some considerations which seem to remove all this accusation of arrogance or suspicion of mistake.

23. It is certain that the most ignorant and stupid peasants, nay infants, nay even brute beasts, improve by experience, and learn the qualities of natural objects, by observing the effects which result from them. When a child has felt the sensation of pain from touching the flame of a candle, he will be careful not to put his hand near any candle; but will expect a similar effect from a cause which is similar in its sensible qualities and appearance. If you assert, therefore, that the understanding of the child is led into this conclusion by any process of argument or ratiocination, I may justly require you

comme philosophe, un philosophe qui n'est pas dépourvu de curiosité, je ne dis pas de scepticisme, je veux être instruit du fondement de cette inférence. Ni mes lectures ni mes recherches n'ont encore su lever cette difficulté qui m'occupe ni me donner satisfaction dans une affaire d'une telle importance. Puis-je faire mieux que de proposer la difficulté au public, quoique peut-être sans grand espoir d'obtenir une solution? Du moins, sentirons-nous par là notre ignorance, à défaut d'augmenter notre connaissance.

22. Je dois l'avouer, ce serait une arrogance impardonnable, de conclure qu'un argument n'existe pas, uniquement parce qu'il a échappé aux recherches entreprises. Je dois avouer aussi que, quand tous les savants, pendant plusieurs siècles, se seraient livrés à des recherches sans résultat sur un même sujet, peut-être serait-ce encore aller trop vite de conclure positivement que ce sujet doit passer toute compréhension humaine. Même après avoir examiné toutes les sources de notre connaissance et les avoir trouvées impropres en la matière, on peut encore soupçonner que l'énumération n'est pas complète ou que l'examen n'est pas exact. Mais touchant notre présent sujet, il y a quelques considérations qui semblent éloigner de nous cette accusation d'arrogance ou ce soupçon d'erreur.

23. Il est certain que les paysans les plus ignorants et les plus stupides, que les petits enfants et même les bêtes brutes font leur profit de l'expérience et apprennent à connaître les qualités des objets naturels, en observant les effets qui en résultent. Quand un enfant a éprouvé de la douleur pour avoir touché la flamme d'une chandelle, il prendra garde de ne plus approcher sa main d'une chandelle et attendra un effet semblable d'une cause qui est semblable, par ses qualités sensibles et son apparence. Si donc vous affirmez que l'entendement de l'enfant est mené à cette conclusion par voie argumentative ou par une conduite de raisonnement, je puis à bon droit vous

to produce that argument; nor have you any pretence to refuse so equitable a demand. You cannot say that the argument is abstruse, and may possibly escape your enquiry; since you confess that it is obvious to the capacity of a mere infant. If you hesitate, therefore, a moment, or if, after reflection, you produce any intricate or profound argument, you, in a manner, give up the question, and confess that it is not reasoning which engages us to suppose the past resembling the future, and to expect similar effects from causes which are, to appearance, similar. This is the proposition which I intended to enforce in the present section. If I be right, I pretend not to have made any mighty discovery. And if I be wrong, I must acknowledge myself to be indeed a very backward scholar; since I cannot now discover an argument which, it seems, was perfectly familiar to me long before I was out of my cradle.

demander de me présenter cet argument et vous n'avez pas de prétexte pour vous refuser à une demande aussi équitable. Vous ne sauriez dire que l'argument est abstrus et qu'il se peut qu'il échappe à votre étude, puisque vous accordez qu'il est évident même à un petit enfant. Si donc vous hésitez un instant ou si, après réflexion, vous présentez un argument embrouillé ou profond, d'une certaine façon vous abandonnez la question et faites l'aveu que ce n'est pas par raisonnement que nous sommes conduits à supposer que le passé ressemble au futur et à attendre des effets semblables de causes qui sont, dans leur apparence, semblables. Telle est la proposition que je voulais établir dans la présente section. Si j'ai raison, je ne prétends pas avoir fait une grande découverte. Si j'ai tort, je dois confesser que je suis en vérité un élève attardé, puisque je ne puis maintenant découvrir un argument qui, semble-t-il, m'était parfaitement familier, longtemps avant que j'eusse quitté mon berceau.

SCEPTICAL SOLUTION OF THESE DOUBTS

Part I

1. The passion for philosophy, like that for religion, seems liable to this inconvenience, that, though it aims at the correction of our manners, and extirpation of our vices, it may only serve, by imprudent management, to foster a predominant inclination, and push the mind, with more determined resolution, towards that side which already *draws* too much, by the bias and propensity of the natural temper. It is certain that, while we aspire to the magnanimous firmness of the philosophic sage, and endeavour to confine our pleasures altogether within our own minds, we may, at last, render our philosophy like that of Epictetus, and other *Stoics*, only a more refined system of selfishness, and reason ourselves out of all virtue as well as social enjoyment. While we study with attention the vanity of human life, and turn all our thoughts towards the empty and transitory nature of riches and honours, we are, perhaps, all the while flattering our natural indolence, which, hating the bustle of the world, and drudgery of business, seeks a pretence of reason to give itself a full and uncontrolled indulgence. There is, however, one species of

SOLUTION SCEPTIQUE DE CES DOUTES

Première partie

1. L'amour de la philosophie paraît sujet au même inconvénient que l'amour de la religion. Son but devrait être de corriger nos mœurs et d'extirper nos vices; mais, par une conduite imprudente, il arrive qu'il serve seulement d'aliment à une inclination dominante et qu'il pousse l'esprit à se porter plus hardiment du côté qui *tire* trop déjà dans le sens et vers la pente de son tempérament naturel. Quand nous aspirons à la magnanime fermeté du sage philosophe et tentons de renfermer entièrement tous nos plaisirs dans notre esprit, sommes-nous sûrs de ne pas à la fin rendre notre philosophie pareille à celle d'Épictète et des autres Stoïciens, c'est-à-dire à un système plus raffiné d'égoïsme, et de ne pas nous éloigner, par nos raisonnements, de la vertu aussi bien que du plaisir de la société? Tandis que nous méditons sur la vanité de la vie humaine, tandis que nous tournons toutes nos pensées vers le néant et vers la nature éphémère des richesses et des honneurs, que faisons-nous d'autre, peut-être, que flatter notre indolence naturelle qui, par haine de l'agitation du monde et du tracas des affaires, cherche des semblants de raison pour s'abandonner sans réserve à sa faiblesse? Il y a toutefois une espèce de

philosophy which seems little liable to this inconvenience, and that because it strikes in with no disorderly passion of the human mind, nor can mingle itself with any natural affection or propensity; and that is the Academic or Sceptical philosophy. The academics always talk of doubt and suspense of judgement, of danger in hasty determinations, of confining to very narrow bounds the enquiries of the understanding, and of renouncing all speculations which lie not within the limits of common life and practice. Nothing, therefore, can be more contrary than such a philosophy to the supine indolence of the mind, its rash arrogance, its lofty pretensions, and its superstitious credulity. Every passion is mortified by it, except the love of truth; and that passion never is, nor can be, carried to too high a degree. It is surprising, therefore, that this philosophy, which, in almost every instance, must be harmless and innocent, should be the subject of so much groundless reproach and obloquy. But, perhaps, the very circumstance which renders it so innocent is what chiefly exposes it to the public hatred and resentment. By flattering no irregular passion, it gains few partizans : By opposing so many vices and follies, it raises to itself abundance of enemies, who stigmatize it as libertine, profane, and irreligious.

2. Nor need we fear, that this philosophy, while it endeavours to limit our enquiries to common life, should ever undermine the reasonings of common life, and carry its doubts so far as to destroy all action, as well as speculation. Nature will always maintain her rights, and prevail in the end over any abstract reasoning whatsoever. Though we should conclude, for instance, as in the foregoing section, that, in all reasonings from experience, there is a step taken by the mind which is not supported by any argument or process of the understanding; there is no danger that these

philosophie qui paraît peu sujette à cet inconvénient, et cela parce qu'elle n'intervient dans aucune passion déréglée de l'âme humaine ni ne peut s'allier à aucune affection, à aucun penchant naturel : c'est la philosophie académique ou sceptique. Les philosophes de l'Académie ne parlent que de doute et de suspension de jugement, ils disent le danger des décisions hâtives, la nécessité de renfermer dans des bornes très étroites les recherches de l'entendement, et le besoin de renoncer à toutes les spéculations qui ne sont pas comprises dans les limites de la vie et de la pratique ordinaires. Rien donc n'est plus contraire qu'une telle philosophie à la molle indolence de l'esprit, à sa téméraire arrogance, à ses orgueilleuses prétentions et à sa superstitieuse crédulité. Elle mortifie toutes les passions, sauf l'amour de la vérité – une passion qui n'est, qui ne peut jamais être portée trop loin. Il est donc surprenant que cette philosophie qui doit être inoffensive et innocente presque en toute occasion, soit le sujet de reproches et d'attaques si mal fondées. Mais peut-être est-ce cette circonstance même qui la rend si innocente, qui l'expose plus que tout à la haine et au ressentiment publics. Ne flattant aucune passion irrégulière, elle se fait peu de partisans ; en s'opposant à tant de vices et de folies, elle s'attire une multitude d'ennemis qui pour la flétrir la déclarent libertine, profane et irréligieuse.

2. Et il ne faut pas craindre que cette philosophie, alors qu'elle s'occupe à borner nos recherches à la vie courante, puisse jamais saper les raisonnements de la vie courante et pousser ses doutes jusqu'à ruiner toute action en même temps que toute spéculation. La nature maintiendra toujours ses droits et triomphera tôt ou tard de n'importe quel raisonnement abstrait. Ainsi, quoique dans la section précédente nous ayons conclu que dans tous les raisonnements d'expérience l'esprit fait un pas que ne soutient aucun argument ni aucune conduite de l'entendement, il n'y a cependant pas le moindre danger que

reasonings, on which almost all knowledge depends, will ever be affected by such a discovery. If the mind be not engaged by argument to make this step, it must be induced by some other principle of equal weight and authority; and that principle will preserve its influence as long as human nature remains the same. What that principle is may well be worth the pains of enquiry.

3. Suppose a person, though endowed with the strongest faculties of reason and reflection, to be brought on a sudden into this world; he would, indeed, immediately observe a continual succession of objects, and one event following another; but he would not be able to discover anything farther. He would not, at first, by any reasoning, be able to reach the idea of cause and effect; since the particular powers, by which all natural operations are performed, never appear to the senses; nor is it reasonable to conclude, merely because one event, in one instance, precedes another, that therefore the one is the cause, the other the effect. Their conjunction may be arbitrary and casual. There may be no reason to infer the existence of one from the appearance of the other. And in a word, such a person, without more experience, could never employ his conjecture or reasoning concerning any matter of fact, or be assured of anything beyond what was immediately present to his memory and senses.

4. Suppose again, that he has acquired more experience, and has lived so long in the world as to have observed familiar objects or events to be constantly conjoined together; what is the consequence of this experience? He immediately infers the existence of one object from the appearance of the other. Yet he has not, by all his experience, acquired any idea

ces raisonnements, dont dépend presque toute la connaissance, soient jamais affectés par une telle découverte. Si l'esprit n'est pas engagé par argument à faire ce pas, il faut qu'il y soit conduit par quelque autre principe d'un poids et d'une autorité égale; et ce principe fera sentir son influence tant que la nature humaine ne changera pas. Quel est ce principe? C'est ce qui mérite certainement d'être recherché.

3. Supposez qu'une personne – qu'on veut douée des meilleurs facultés de raison et de réflexion – supposez donc qu'elle fût introduite subitement en ce monde : il est sûr qu'elle observerait immédiatement une succession continuelle d'objets et verrait qu'un événement vient après l'autre; mais elle serait incapable de rien découvrir de plus. Aucun raisonnement ne serait en mesure de lui suggérer du premier coup l'idée de cause et d'effet, puisque les forces particulières par lesquelles se font toutes les opérations naturelles n'apparaissent jamais aux sens et qu'il n'est pas raisonnable de conclure de cela seul qu'un événement, dans un cas, en précède un autre, que l'un est la cause et l'autre l'effet. Leur conjonction peut être arbitraire et accidentelle. Il peut n'y avoir aucune raison d'inférer l'existence de l'un de l'apparition de l'autre. Et, en un mot, sans davantage d'expérience une telle personne serait impuissante à faire des conjectures ou à mener des raisonnements sur les choses de fait; elle ne pourrait être assurée de rien de plus que ce qui serait immédiatement présent à sa mémoire et à ses sens.

4. Supposez maintenant qu'elle ait acquis davantage d'expérience et qu'elle ait vécu assez longtemps dans le monde pour avoir observé que des objets ou des événements semblables sont constamment joints ensemble : quelle est la conséquence de cette expérience? Elle infère immédiatement l'existence d'un objet à partir de l'apparition de l'autre. Et pourtant, avec toute son expérience, elle n'a acquis ni l'idée ni

or knowledge of the secret power by which the one object produces the other; nor is it, by any process of reasoning, he is engaged to draw this inference. But still he finds himself determined to draw it: And though he should be convinced that his understanding has no part in the operation, he would nevertheless continue in the same course of thinking. There is some other principle which determines him to form such a conclusion.

5. This principle is Custom or Habit. For wherever the repetition of any particular act or operation produces a propensity to renew the same act or operation, without being impelled by any reasoning or process of the understanding, we always say, that this propensity is the effect of *Custom*. By employing that word, we pretend not to have given the ultimate reason of such a propensity. We only point out a principle of human nature, which is universally acknowledged, and which is well known by its effects. Perhaps we can push our enquiries no farther, or pretend to give the cause of this cause; but must rest contented with it as the ultimate principle, which we can assign, of all our conclusions from experience. It is sufficient satisfaction, that we can go so far, without repining at the narrowness of our faculties because they will carry us no farther. And it is certain we here advance a very intelligible proposition at least, if not a true one, when we assert that, after the constant conjunction of two objects, heat and flame, for instance, weight and solidity, we are determined by custom alone to expect the one from the appearance of the other. This hypothesis seems even the only one which explains the difficulty, why we draw, from a thousand instances, an inference which we are not able to draw from one instance, that is, in no respect, different from them. Reason is incapable of any such variation. The

la connaissance de la force secrète par laquelle un objet produit l'autre ; et ce n'est par aucune conduite de raisonnement qu'elle est portée à tirer cette inférence. Mais elle se trouve bien déterminée à la tirer. Et, fût-elle convaincue que son entendement n'a point de part dans l'opération, elle persiste-rait néanmoins dans le même train de pensée. Il y a quelque autre principe qui la détermine à former une telle conclusion.

5. Ce principe est la coutume ou l'habitude. En effet, toutes les fois que la répétition d'un acte ou d'une opération particulière produit une disposition à renouveler le même acte ou la même conduite, sans qu'intervienne aucun raisonnement ni aucune opération de l'entendement, nous disons toujours que cette disposition est l'effet de la *coutume*. En employant ce mot nous ne prétendons pas avoir donné la raison ultime d'une telle disposition. Nous ne faisons que désigner un principe de la nature humaine qui est universellement admis et qui est bien connu par ses effets. Peut-être ne pouvons-nous pousser plus loin nos recherches ni prétendre donner la cause de cette cause ; peut-être devons-nous nous en satisfaire comme de l'ultime principe que nous puissions fournir de toutes nos conclusions tirées de l'expérience. C'est déjà bien assez de pouvoir aller jusque là ; ne murmurons pas contre nos facultés, ne leur reprochons pas d'être trop étroites, parce qu'elles ne nous portent pas plus loin. Et il est certain que nous avançons ici une proposition, sinon vraie, du moins très intelligible, en disant que, après la conjonction constante de deux objets, par exemple : la chaleur et la flamme, le poids et la solidité, nous sommes déterminés par la coutume, et par la coutume seule, à attendre l'un de ces objets quand l'autre apparaît. Cette hypothèse semble même être la seule qui explique pourquoi nous tirons de mille cas une inférence que nous ne sommes pas capables de tirer d'un cas unique, pourtant semblable à tous égards. La raison est incapable d'une telle variation. Les

conclusions which it draws from considering one circle are the same which it would form upon surveying all the circles in the universe. But no man, having seen only one body move after being impelled by another, could infer that every other body will move after a like impulse. All inferences from experience, therefore, are effects of custom, not of reasoning [a].

a. Nothing is more useful than for writers, even, on *moral, political,* or *physical* subjects, to distinguish between *reason* and *experience,* and to suppose that these species of argumentation are entirely different from each other. The former are taken for the mere result of our intellectual faculties, which, by considering *a priori* the nature of things, and examining the effects, that must follow from their operation, establish particular principles of science and philosophy. The latter are supposed to be derived entirely from sense and observation, by which we learn what has actually resulted from the operation of particular objects, and are thence able to infer, what will, for the future, result from them. Thus, for instance, the limitations and restraints of civil government, and a legal constitution, may be defended, either from *reason,* which reflecting on the great frailty and corruption of human nature, teaches that no man can safely be trusted with unlimited authority; or from *experience* and history, which inform us of the enormous abuses, that ambition, in every age and country, has been found to make of so imprudent a confidence.

The same distinction between reason and experience is maintained in all our deliberations concerning the conduct of life; while the experienced statesman, general, physician, or merchant is trusted and followed; and the unpractised novice, with whatever natural talents endowed, neglected and despised. Though it be allowed that reason may form very plausible conjectures with regard to the consequences of such a particular conduct in such particular circumstances; it is still supposed imperfect, without the assistance of experience, which is alone able to give stability and certainty to the maxims, derived from study and reflection.

conclusions qu'elle tire de la considération d'un seul cercle sont les mêmes que celles qu'elles formeraient en examinant tous les cercles de l'univers. Mais personne, ayant vu un seul corps se mouvoir après avoir subi l'impulsion d'un autre, ne saurait inférer que tout autre corps sera mis en mouvement après une pareille impulsion. Toutes les inférences tirées de l'expérience sont donc les effets de la coutume, et non du raisonnement[a].

a. Rien n'est plus utile aux écrivains, même sur des sujets de *morale*, de *politique* ou de *physique*, que de distinguer entre la *raison* et *l'expérience* et de supposer que ces espèces d'argumentation sont entièrement différentes l'une de l'autre. La première est tenue pour le pur résultat de nos facultés intellectuelles qui, considérant *a priori* la nature des choses et examinant les effets qui doivent suivre de leur opération, établissent des principes particuliers de science et de philosophie. La seconde est supposée dériver entièrement des sens et de l'observation; c'est par leur moyen que, apprenant ce qui a effectivement résulté de l'opération d'objets particuliers, nous devenons capables d'inférer ce qui en résultera à l'avenir. Ainsi, pour prendre cet exemple, l'idée des limites et des restrictions à apporter au gouvernement civil et le besoin d'une constitution légale peuvent être défendus tantôt par la *raison* qui, en réfléchissant sur la grande fragilité et la corruption de la nature humaine, nous enseigne qu'il n'est pas sûr de se fier à un homme disposant d'une autorité sans limite; tantôt, par *l'expérience* et l'histoire qui nous informent combien l'ambition s'est trouvée abuser d'une confiance aussi imprudente, en tout temps et en tout lieu.

La même distinction entre la raison et l'expérience se fait sentir dans toutes nos délibérations touchant la conduite de la vie: l'homme d'Etat, le général, le médecin, le marchand, s'ils sont personnes d'expérience, inspirent la confiance, et nous les suivons; en revanche, l'on fait peu de cas et l'on dédaigne le novice qui manque de pratique, quels que soient ses talents naturels. On ne nie pas que la raison ne puisse former des conjectures très plausibles sur les conséquences qui résultent de telle conduite particulière dans telles circonstances particulières, mais on la tient pour imparfaite quand elle n'a pas l'appui de l'expérience, laquelle est seule capable de rendre certaines et stables les maximes qui sont dérivées de l'étude et de la réflexion.

6. Custom, then, is the great guide of human life. It is that principle alone which renders our experience useful to us, and makes us expect, for the future, a similar train of events with those which have appeared in the past. Without the influence

But notwithstanding that this distinction be thus universally received, both in the active speculative scenes of life, I shall not scruple to pronounce that it is, at bottom, erroneous, at least, superficial.

If we examine those arguments, which, in any of the sciences above mentioned, are supposed to be the mere effects of reasoning and reflection they will be found to terminate, at last, in some general principle or conclusion, for which we can assign no reason but observation and experience. The only difference between them and those maxims, which are vulgarly esteemed the result of pure experience, is, that the former cannot be established without some process of thought, and some reflection on what we have observed, in order to distinguish its circumstances, and trace its consequences ; whereas in the latter, the experienced event is exactly and fully familiar to that which we infer as the result of any particular situation. The history of a Tiberius or a Nero makes us dread a like tyranny, were our monarchs freed from the restraints of laws and senates. But the observation of any fraud or cruelty in private life is sufficient, with the aid of a little thought, to give us the same apprehension; while it serves as an instance of the general corruption of human nature, and shows us the danger which we must incur by reposing an entire confidence in mankind. In both cases, it is experience which is ultimately the foundation of our inference and conclusion.

There is no man so young and unexperienced, as not to have formed, from observation, many general and just maxims concerning human affairs and the conduct of life ; but it must be confessed, that, when a man comes to put these in practice, he will be extremely liable to error, till time and farther experience both enlarge these maxims, and teach him their proper use and application. In every situation or incident, there are many particular and seemingly minute circumstances, which the man of greatest talents is, at first, apt to overlook, though on them the justness of his conclusions, and consequently the prudence of his conduct, entirely depend. Not to mention that, to a young beginner, the

6. La coutume est donc le grand guide de la vie humaine. C'est ce principe seul qui rend notre expérience utile et nous fait attendre pour le futur une suite d'événements semblables à ceux que nous avons connus dans le passé. Sans l'influence

Mais bien que cette distinction soit universellement reçue, dans les choses tant de la vie active que de la vie spéculative, j'ose affirmer qu'elle est en son fond erronée ou du moins superficielle.

Si, dans les sciences qui viennent d'être mentionnées, nous examinons de plus près ces arguments qu'on suppose être de simples effets du raisonnement et de la réflexion, nous les voyons se terminer à la fin dans un principe ou une conclusion générale à laquelle nous ne pouvons donner d'autre raison que l'observation et l'expérience. La seule différence qu'ils ont avec les maximes qui sont communément tenues pour le résultat de la pure expérience, est qu'ils ne peuvent être établis sans une certaine opération de la pensée ni sans une réflexion sur le contenu observé, de manière à en démêler les circonstances et à en poursuivre les conséquences; au lieu que, dans le second cas, l'événement dont nous avons l'expérience a une ressemblance exacte et complète avec ce que nous inférons comme le résultat de telle ou telle situation particulière. L'histoire d'un Tibère ou d'un Néron nous fait craindre semblable tyrannie si nos monarques venaient à s'affranchir du frein des lois et des sénats; mais tout acte de fraude ou de cruauté que nous observons dans la vie privée suffit, si nous y pensons un peu, à nous communiquer la même crainte : ce sera un exemple de plus de la corruption générale de la nature humaine, où nous voyons le danger que nous ne manquons pas de courir à placer toute notre confiance dans les hommes. Dans les deux cas, c'est l'expérience qui est le fondement ultime de notre inférence et de notre conclusion.

On n'est jamais si jeune, on n'est jamais si dépourvu d'expérience qu'on ne se soit déjà formé par observation un grand nombre de maximes générales et justes sur les affaires humaines et la conduite de la vie; mais il faut avouer qu'une fois le moment venu de les mettre en pratique, on sera extrêmement exposé à se tromper, jusqu'à ce que le temps et plus d'expérience permettent d'élargir ces maximes et enseignent comment en faire un usage propre et une bonne application. Il n'y a point de situation, il n'y a point d'événement qui ne renferment une multitude de circonstances particulières, en apparence infimes, que même les meilleurs esprits tendent d'abord à négliger, mais desquelles dépendent entièrement la justesse des conclusions qui sont tirées et, donc, la prudence de la conduite à suivre. Je n'ajoute pas que, chez un jeune débutant, ces

of custom, we should be entirely ignorant of every matter of fact beyond what is immediately present to the memory and senses. We should never know how to adjust means to ends, or to employ our natural powers in the production of any effect. There would be an end at once of all action, as well as of the chief part of speculation.

7. But here it may be proper to remark that, though our conclusions from experience carry us beyond our memory and senses, and assure us of matters of fact which happened in the most distant places and most remote ages, yet some fact must always be present to the senses or memory, from which we may first proceed in drawing these conclusions. A man, who should find in a desert country the remains of pompous buildings, would conclude that the country had, in ancient times, been cultivated by civilized inhabitants; but did nothing of this nature occur to him, he could never form such an inference. We learn the events of former ages from history; but then we must peruse the volumes in which this instruction is contained, and thence carry up our inferences from one testimony to another, till we arrive at the eyewitnesses and spectators of these distant events. In a word, if we proceed not upon some fact, present to the memory or senses, our reasonings

general observations and maxims occur not always on the proper occasions, nor can be immediately applied with due calmness and distinction. The truth is, an unexperienced reasoner could be no reasoner at all, were he absolutely unexperienced; and when we assign that character to any one, we mean it only in a comparative sense, and suppose him possessed of experience, in a smaller and more imperfect degree.

de la coutume nous serions totalement ignorants des choses de fait qui ne sont pas immédiatement présentes à notre mémoire et à nos sens. Nous ne saurions jamais ajuster les moyens aux fins ni employer nos facultés naturelles à la production d'un effet. Ce serait du coup la fin de toute action aussi bien que de la partie principale de la spéculation.

7. Mais il est à propos de remarquer ici que, bien que nos conclusions qui sont tirées de l'expérience nous transportent au-delà de notre mémoire et de nos sens et nous apportent l'assurance de choses qui se sont passées dans les lieux les plus éloignés et les âges les plus reculés, toutefois il faut toujours que quelque fait soit présent aux sens ou à la mémoire, par où nous commençons quand nous tirons ces conclusions. Un homme qui trouverait dans une contrée déserte les restes de majestueuses constructions, conclurait que le pays a été autrefois cultivé par des habitants civilisés; mais si rien de pareil ne s'offrait d'abord à ses yeux, jamais il ne pourrait faire une telle inférence. L'histoire nous apprend ce qui s'est passé dans les âges qui nous ont précédés; mais pour en être instruits il nous faut lire les ouvrages qui la renferment et de là conduire nos inférences d'un témoignage à l'autre, jusqu'à ce que nous arrivions aux témoins qui ont vu de leurs yeux ces lointains événements. En un mot, si nous ne partions pas de quelque fait présent à la mémoire ou aux sens, nos raisonnements

---

observations et ces maximes générales ne se présentent pas toujours à point nommé ni ne se laissent appliquer immédiatement, avec tout le calme et le discernement nécessaires. La vérité est qu'un raisonneur sans expérience ne pourrait être du tout un raisonneur, s'il était absolument privé d'expérience ; et, quand nous parlons d'un homme sans expérience, nous prenons ce caractère dans un sens seulement comparatif, entendant par là que cet homme dispose d'une expérience qui est moindre et très imparfaite.

would be merely hypothetical; and however the particular links might be connected with each other, the whole chain of inferences would have nothing to support it, nor could we ever, by its means, arrive at the knowledge of any real existence. If I ask why you believe any particular matter of fact, which you relate, you must tell me some reason; and this reason will be some other fact, connected with it. But as you cannot proceed after this manner, *in infinitum*, you must at last terminate in some fact, which is present to your memory or senses; or must allow that your belief is entirely without foundation.

8. What then is the conclusion of the whole matter? A simple one; though, it must be confessed, pretty remote from the common theories of philosophy. All belief of matter of fact or real existence is derived merely from some object, present to the memory or senses, and a customary conjunction between that and some other object. Or in other words: having found, in many instances, that any two kinds of objects, flame and heat, snow and cold, have always been conjoined together; if flame or snow be presented anew to the senses, the mind is carried by custom to expect heat or cold, and to *believe* that such a quality does exist, and will discover itself upon a nearer approach. This belief is the necessary result of placing the mind in such circumstances. It is an operation of the soul, when we are so situated, as unavoidable as to feel the passion of love, when we receive benefits; or hatred, when we meet with injuries. All these operations are a species of natural instincts, which no reasoning or process of the thought and understanding is able either to produce or to prevent.

9. At this point, it would be very allowable for us to stop our philosophical researches. In most questions

seraient purement hypothétiques. Et si fort que soient attachés les différents chaînons entre eux, toute la chaîne d'inférence n'aurait rien pour la soutenir et nous n'aurions aucun moyen d'arriver par elle à la connaissance d'une existence réelle. Si je vous demande pourquoi vous croyez à tel fait que vous me rapportez, vous devez me donner une raison; et cette raison sera toujours un autre fait qui est lié à ce premier fait. Mais comme vous ne pouvez de la sorte aller à l'infini, vous devez à la fin vous arrêter à un fait qui est présent à votre mémoire ou à vos sens; sinon vous devez avouer que votre croyance est entièrement dépourvue de fondement.

8. Mais que conclure de tout ceci? Une chose fort simple, mais, il faut l'avouer, assez éloignée des théories ordinaires de la philosophie. Toute croyance à une chose de fait ou à une existence réelle ne vient que de ceci : un objet qui est présent à la mémoire ou aux sens et la conjonction habituelle de cet objet à quelque autre objet. Ou, pour le dire autrement, s'étant trouvé qu'en de nombreux cas deux espèces d'objets, la flamme et la chaleur, la neige et le froid, ont toujours été jointes ensemble : quand une flamme ou la neige se présente de nouveau aux sens, l'esprit est porté par la coutume à attendre de la chaleur ou du froid et à *croire* que de telles qualités existent et se découvriront à l'approche de ces objets. Cette croyance est le résultat nécessaire des circonstances où l'esprit se trouve placé. C'est une opération de l'âme aussi inévitable quand nous sommes dans une telle situation, que d'éprouver de l'amour ou de la haine quand on nous couvre de bienfaits ou d'offenses. Toutes ces opérations sont de l'espèce des instincts naturels qu'aucun raisonnement ni aucune conduite de la pensée ou de l'entendement ne sont capables de causer ou d'empêcher.

9. Parvenues à ce point, nos recherches philosophiques pourraient très légitimement s'arrêter. Dans la plupart des

we can never make a single step farther; and in all questions we must terminate here at last, after our most restless and curious enquiries. But still our curiosity will be pardonable, perhaps commendable, if it carry us on to still farther researches, and make us examine more accurately the nature of this *belief*, and of the *customary conjunction*, whence it is derived. By this means we may meet with some explications and analogies that will give satisfaction; at least to such as love the abstract sciences, and can be entertained with speculations, which, however accurate, may still retain a degree of doubt and uncertainty. As to readers of a different taste, the remaining part of this section is not calculated for them, and the following enquiries may well be understood, though it be neglected.

Part II

10. Nothing is more free than the imagination of man; and though it cannot exceed that original stock of ideas furnished by the internal and external senses, it has unlimited power of mixing, compounding, separating, and dividing these ideas, in all the varieties of fiction and vision. It can feign a train of events, with all the appearance of reality, ascribe to them a particular time and place, conceive them as existent, and paint them out to itself with every circumstance, that belongs to any historical fact, which it believes with the greatest certainty. Wherein, therefore, consists the difference between such a fiction and belief? It lies not merely in any peculiar idea, which is annexed to such a conception as commands our assent, and which is wanting to every known fiction. For as the mind has authority over all its ideas, it could voluntarily annex this particular idea to any fiction,

questions, il est impossible d'avancer d'un pas plus loin ; et dans toutes les questions il faut en revenir là, après s'être épuisé en recherches incessantes et scrupuleuses. Cependant, notre curiosité sera pardonnable, peut-être même la louera-t-on, si elle nous porte à des recherches encore nouvelles et nous fait examiner de plus près la nature de cette *croyance* et de cette *conjonction coutumière* dont elle dérive. Qui sait si, par ce moyen, nous ne découvrirons pas des explications et des analogies propres à satisfaire ceux du moins qui ont du goût pour les sciences abstraites et que ne rebutent pas des spécula-tions qui, toutes exactes qu'elles soient, sont encore frappées de doute et d'incertitude ? Quant aux lecteurs d'un goût différent, le reste de cette section n'est pas à leur intention et ils peuvent la passer, sans rien perdre des études qui suivent.

Deuxième partie

10. Rien n'est plus libre que l'imagination de l'homme ; et, quoiqu'elle ne puisse s'enrichir d'idées qui ne viennent du fonds primitif livré par les sens, externe et interne, elle a tout pouvoir de mêler, de composer, de séparer et de diviser les idées qu'elle a, dans des fictions et des visions indéfiniment variées. Elle peut feindre une suite d'événements, avec toute l'apparence de la réalité, leur assigner un temps et un lieu précis, les concevoir comme existants et se les représenter dans toutes les circonstances qui caractérisent quelque fait historique auquel elle accorde la foi la plus certaine. Or, je le demande, où est la différence entre une telle fiction et la croyance ? Ce n'est pas simplement dans une idée particulière qui serait jointe aux conceptions commandant notre assen-timent et qui ferait défaut à chaque fiction avérée. En effet, comme l'esprit a autorité sur toutes ses idées, il pourrait joindre volontairement cette idée particulière à toute espèce de fiction

and consequently be able to believe whatever it pleases; contrary to what we find by daily experience. We can, in our conception, join the head of a man to the body of a horse; but it is not in our power to believe that such an animal has ever really existed.

11. It follows, therefore, that the difference between *fiction* and *belief* lies in some sentiment or feeling, which is annexed to the latter, not to the former, and which depends not on the will, nor can be commanded at pleasure. It must be excited by nature, like all other sentiments; and must arise from the particular situation, in which the mind is placed at any particular juncture. Whenever any object is presented to the memory or senses, it immediately, by the force of custom, carries the imagination to conceive that object, which is usually conjoined to it; and this conception is attended with a feeling or sentiment, different from the loose reveries of the fancy. In this consists the whole nature of belief. For as there is no matter of fact which we believe so firmly that we cannot conceive the contrary, there would be no difference between the conception assented to and that which is rejected, were it not for some sentiment which distinguishes the one from the other. If I see a billiard-ball moving towards another, on a smooth table, I can easily conceive it to stop upon contact. This conception implies no contradiction; but still it feels very differently from that conception by which I represent to myself the impulse and the communication of motion from one ball to another.

12. Were we to attempt a *definition* of this sentiment, we should, perhaps, find it a very difficult, if not an impossible task; in the same manner as if we should endeavour to define the feeling of cold or passion of anger, to a creature who never had any experience of these sentiments. *Belief* is the true and

et de la sorte croire tout ce qui lui plaît – ce que dément notre expérience la plus ordinaire. Nous pouvons dans notre conception joindre la tête d'un homme au corps d'un cheval, mais il n'est pas en notre pouvoir de croire qu'un tel animal a jamais existé réellement.

11. Ce qui fait la différence entre *la fiction* et *la croyance* doit donc reposer dans un sentiment ou dans une impression, attachée à la seconde sans l'être à la première, indépendante de la volonté et qui ne se commande pas à plaisir. Il faut que ce sentiment, comme tous les autres, soit suscité naturellement et résulte de la situation particulière où se trouve l'esprit, dans de certaines conjonctures. Toutes les fois qu'un objet se présente à la mémoire ou aux sens, il porte immédiatement l'imagination, par la force de la coutume, à concevoir l'objet qui lui est ordinairement joint; et cette conception s'accompagne d'une impression ou d'un sentiment qui est différent des vagues rêveries de la fantaisie. Voilà toute la nature de la croyance. Car, comme il n'y a aucune chose de fait à laquelle nous croyions assez fermement pour ne pas pouvoir en concevoir le contraire, il n'y aurait aucune différence entre la conception à laquelle nous donnons notre assentiment et celle que nous écartons, s'il n'y avait quelque sentiment qui les distingue l'une de l'autre. Quand je vois sur une table unie une boule de billard se mouvoir vers une autre, je puis facilement concevoir qu'elle s'arrête à son contact. Cette conception n'implique pas de contradiction; et pourtant elle est fort différemment sentie de cette autre conception où je me représente l'impulsion et la communication du mouvement, d'une boule à l'autre.

12. Si nous voulions donner une *définition* de ce sentiment, nous serions, peut-être, devant une tâche impossible, du moins très difficile; ce serait comme vouloir définir l'impression du froid ou la passion de la colère pour quelqu'un qui n'aurait jamais fait l'expérience de ces sentiments. Le vrai et le propre

proper name of this feeling; and no one is ever at a loss to
know the meaning of that term; because every man is every
moment conscious of the sentiment represented by it. It may
not, however, be improper to attempt a *description* of this
sentiment; in hopes we may, by that means, arrive at some
analogies, which may afford a more perfect explication of it.
I say, then, that belief is nothing but a more vivid, lively,
forcible, firm, steady conception of an object, than what the
imagination alone is ever able to attain. This variety of terms,
which may seem so unphilosophical, is intended only to
express that act of the mind, which renders realities, or what is
taken for such, more present to us than fictions, causes them to
weigh more in the thought, and gives them a superior influence
on the passions and imagination. Provided we agree about the
thing, it is needless to dispute about the terms. The imagination
has the command over all its ideas, and can join and mix and
vary them, in all the ways possible. It may conceive fictitious
objects with all the circumstances of place and time. It may set
them, in a manner, before our eyes, in their true colours, just
as they might have existed. But as it is impossible that this
faculty of imagination can ever, of itself, reach belief, it is
evident that belief consists not in the peculiar nature or order
of ideas, but in the *manner* of their conception, and in their
feeling to the mind. I confess, that it is impossible perfectly to
explain this feeling or manner of conception. We may make
use of words which express something near it. But its true and
proper name, as we observed before, is *belief*; which is a term
that every one sufficiently understands in common life. And
in philosophy, we can go no farther than assert, that *belief* is

nom de cette impression est *croyance*, et personne n'est en peine de connaître le sens du terme, parce qu'il n'y a personne qui ne soit à tout moment conscient du sentiment qu'il représente. Toutefois, il peut n'être pas inutile de tenter une *description* de ce sentiment, dans l'espoir de parvenir ainsi à certaines analogies qui en apportent une meilleure explication. Je dis donc que la croyance n'est rien qu'une conception plus vive, plus animée, plus forte, plus ferme, plus constante de l'objet, que tout ce que nous pourrions obtenir par l'imagination seule. Cette variété de termes qui peut paraître si peu philosophique, n'a pour fin que d'exprimer l'acte de l'esprit qui fait que les réalités, ou ce que nous prenons pour tel, nous sont plus présentes que les fictions, qu'elles ont plus de poids dans la pensée et qu'elles exercent une plus forte influence sur les passions et l'imagination. Pourvu que nous nous accordions sur la chose, il est oiseux que nous disputions des termes. L'imagination a la commande de toutes ses idées, elle peut les joindre, les mêler entre elles et les varier de toutes les façons possibles. Elle peut concevoir des objets fictifs avec toutes les circonstances de lieu et de temps. Elle peut en quelque sorte les mettre sous nos yeux, dans leurs vraies couleurs, et tels exactement qu'ils auraient pu exister. Mais comme il est impossible que cette faculté d'imagination puisse atteindre d'elle-même à la croyance, il est évident que celle-ci ne réside pas dans la nature ou l'ordre particulier des idées, mais dans *la manière* dont elles sont conçues et dans *l'impression* qu'elles font sur l'esprit. J'avoue qu'il est impossible d'expliquer parfaitement cette impression ou cette manière de concevoir. Nous pouvons employer des mots qui expriment quelque chose d'approchant. Mais son vrai nom, son nom propre est, comme nous l'avons déjà observé, *croyance*, terme que tout un chacun comprend assez dans la vie courante. Et en philosophie nous ne pouvons faire mieux que d'affirmer que *la croyance* est

something felt by the mind, which distinguishes the ideas of the judgement from the fictions of the imagination. It gives them more weight and influence; makes them appear of greater importance; enforces them in the mind; and renders them the governing principle of our actions. I hear at present, for instance, a person's voice, with whom I am acquainted; and the sound comes as from the next room. This impression of my senses immediately conveys my thought to the person, together with all the surrounding objects. I paint them out to myself as existing at present, with the same qualities and relations, of which I formerly knew them possessed. These ideas take faster hold of my mind than ideas of an enchanted castle. They are very different to the feeling, and have a much greater influence of every kind, either to give pleasure or pain, joy or sorrow.

13. Let us, then, take in the whole compass of this doctrine, and allow, that the sentiment of belief is nothing but a conception more intense and steady than what attends the mere fictions of the imagination, and that this *manner* of conception arises from a customary conjunction of the object with something present to the memory or senses: I believe that it will not be difficult, upon these suppositions, to find other operations of the mind analogous to it, and to trace up these phenomena to principles still more general.

14. We have already observed that nature has established connexions among particular ideas, and that no sooner one idea occurs to our thoughts than it introduces its correlative, and carries our attention towards it, by a gentle and insensible movement. These principles of connexion or association we have reduced to three, namely, *Resemblance*, *Contiguity* and *Causation*; which are the only bonds that unite our thoughts together, and beget that regular train of reflection or discourse,

quelque chose de senti par l'esprit, par quoi les idées du jugement se distinguent des fictions de l'imagination. Elle leur
donne davantage de poids et d'influence, elle les fait paraître
plus importantes; elle les fortifie dans l'esprit et en fait le
principe directeur de nos actions. Par exemple, j'entends à
présent la voix de quelqu'un que je connais et le son semble
venir de la pièce voisine. Cette impression de mes sens porte
immédiatement ma pensée vers cette personne et tous les
objets qui l'entourent. Je me les peins comme existant maintenant avec les mêmes qualités et les mêmes relations que je leur
ai connues précédemment. Ces idées s'emparent de mon esprit
plus vivement que les idées d'un palais enchanté. Elles se font
sentir d'une manière très différente et ont bien plus d'influence
en tout genre, que ce soit pour me donner du plaisir ou de la
peine, de la joie ou du chagrin.

13. Embrassons donc l'ensemble de cette doctrine et
convenons que le sentiment de croyance n'est rien qu'une
conception plus intense et plus constante que ce qui accompagne les simples fictions de l'imagination, et que cette
manière de concevoir naît de la conjonction habituelle de
l'objet avec quelque chose de présent à la mémoire ou aux
sens. Il ne sera pas difficile, je crois, dans cette hypothèse,
de trouver d'autres opérations de l'esprit qui sont analogues
à ce sentiment et de ramener ces phénomènes à des principes
encore plus généraux.

14. Nous avons déjà observé que la nature a établi des
liaisons entre les idées particulières; et une idée ne se présente
pas plus tôt à notre pensée qu'elle introduit sa corrélative et
dirige vers elle notre attention, par un mouvement insensible et
doux. Ces principes de liaison ou d'association, nous les avons
réduits à trois, *la ressemblance*, *la contiguïté*, *la causalité*;
ce sont les seuls liens qui unissent ensemble nos pensées et
qui causent ce train régulier de la réflexion ou du discours

which, in a greater or less degree, takes place among all mankind. Now here arises a question, on which the solution of the present difficulty will depend. Does it happen, in all these relations, that, when one of the objects is presented to the senses or memory, the mind is not only carried to the conception of the correlative, but reaches a steadier and stronger conception of it than what otherwise it would have been able to attain? This seems to be the case with that belief which arises from the relation of cause and effect. And if the case be the same with the other relations or principles of association, this may be established as a general law, which takes place in all the operations of the mind.

15. We may, therefore, observe, as the first experiment to our present purpose, that, upon the appearance of the picture of an absent friend, our idea of him is evidently enlivened by the *resemblance*, and that every passion, which that idea occasions, whether of joy or sorrow, acquires new force and vigour. In producing this effect, there concur both a relation and a present impression. Where the picture bears him no resemblance, at least was not intended for him, it never so much as conveys our thought to him : And where it is absent, as well as the person, though the mind may pass from the thought of the one to that of the other, it feels its idea to be rather weakened than enlivened by that transition. We take a pleasure in viewing the picture of a friend, when it is set before us; but when it is removed, rather choose to consider him directly than by reflection in an image, which is equally distant and obscure.

16. The ceremonies of the Roman Catholic religion may be considered as instances of the same nature. The devotees of that superstition usually plead in excuse for the mummeries, with which they are upbraided, that they feel the good effect of those external motions, and postures,

qui, à des degrés variables, se rencontre chez tous les hommes. Or, ici, s'élève une question dont dépend la solution à la présente difficulté. Voit-on dans toutes ces relations, quand un des objets se présente aux sens ou à la mémoire, l'esprit non seulement se porter à la conception de l'objet corrélatif, mais parvenir à une conception plus constante et plus forte de cet objet qu'il ne le pourrait autrement ? Cela semble bien être le cas avec la croyance qui naît de la relation de cause à effet. Et s'il en va de même avec les autres relations ou les autres principes d'association, nous pourrons alors établir une loi générale, valable pour toutes les opérations de l'esprit.

15. Dans ce dessein, voyons cette première expérience : il est évident que si l'on nous présente le portrait d'un ami absent, l'idée que nous en avons est avivée par la *ressemblance* et que les passions occasionnées par cette idée, de joie ou de tristesse, acquièrent une force et une vigueur nouvelle. Deux choses concourent à cet effet : la relation et l'impression présente. Si le portrait ne ressemble pas à cet ami ou, du moins, s'il n'est pas destiné à lui ressembler, il ne nous fera pas même penser à lui ; et si le portrait est absent aussi bien que la personne, l'esprit peut encore aller de la pensée de l'un à celle de l'autre, mais il sent que son idée est plutôt affaiblie qu'avivée par cette transition. Nous avons plaisir à voir le portrait d'un ami, lorsqu'il est placé devant nous ; mais s'il est ôté, nous préférons considérer cet ami directement plutôt que par réflexion dans une image qui est à la fois distante et obscure.

16. Les cérémonies de la religion catholique romaine peuvent être considérées comme des exemples de même nature. Les dévots de cette superstition, quand on leur reproche leurs momeries, ont coutume de donner pour excuse qu'ils ressentent le bon effet de ces mouvements, de ces postures,

and actions, in enlivening their devotion and quickening their fervour, which otherwise would decay, if directed entirely to distant and immaterial objects. We shadow out the objects of our faith, say they, in sensible types and images, and render them more present to us by the immediate presence of these types, than it is possible for us to do merely by an intellectual view and contemplation. Sensible objects have always a greater influence on the fancy than any other; and this influence they readily convey to those ideas to which they are related, and which they resemble. I shall only infer from these practices, and this reasoning, that the effect of resemblance in enlivening the ideas is very common; and as in every case a resemblance and a present impression must concur, we are abundantly supplied with experiments to prove the reality of the foregoing principle.

17. We may add force to these experiments by others of a different kind, in considering the effects of *contiguity* as well as of *resemblance*. It is certain that distance diminishes the force of every idea, and that, upon our approach to any object, though it does not discover itself to our senses, it operates upon the mind with an influence, which imitates an immediate impression. The thinking on any object readily transports the mind to what is contiguous; but it is only the actual presence of an object, that transports it with a superior vivacity. When I am a few miles from home, whatever relates to it touches me more nearly than when I am two hundred leagues distant; though even at that distance the reflecting on any thing in the neighbourhood of my friends or family naturally produces an idea of them. But as in this latter case, both the objects of the mind are ideas; notwithstanding there is an easy transition between them; that transition alone is not

de tous ces actes extérieurs, propres à rendre plus vive une dévotion et plus ardente une ferveur qui autrement s'affaibliraient, si elles étaient entièrement tournées vers des objets distants et immatériels. Nous nous retraçons, disent-ils, les objets de notre foi sous des figures et des images sensibles ; par la présence immédiate de ces représentations, nous leur donnons une présence que jamais nous n'obtiendrions par une approche et une contemplation purement intellectuelles. Les objets sensibles ont toujours plus d'influence sur la fantaisie qu'aucune autre chose ; et cette influence, ils la communiquent promptement aux idées auxquelles ils sont liés et qui leur ressemblent. Il me suffit d'inférer de ces pratiques et de ce raisonnement que la ressemblance avive les idées et que cet effet est très commun ; et, comme il faut à chaque fois qu'elle concoure avec une impression présente, nous ne manquons pas d'expériences qui prouvent la réalité de notre principe.

17. Nous pouvons conforter ces expériences par d'autres, d'une espèce différente, si nous considérons les effets de la *contiguïté* après ceux de la *ressemblance*. Il est certain que la distance diminue la force de toute idée et que lorsque nous nous approchons d'un objet, même s'il ne se découvre pas à nos sens, il a une influence sur l'esprit comparable à une impression immédiate. La pensée d'un objet transporte facilement l'esprit à ce qui est contigu ; mais il faut la présence effective d'un objet pour l'y transporter avec une vivacité supérieure. Quand je suis à quelques milles de chez moi, tout ce qui se rapporte à ma demeure me touche de plus près que lorsque j'en suis éloigné de deux cents lieues, quoique, même à cette distance, si je viens à penser à quelque chose qui reste dans le voisinage de mes amis ou de mes proches, cette pensée suscite naturellement leur idée. Mais comme dans ce dernier cas les objets de l'esprit sont également des idées, et bien qu'il y ait entre eux une transition facile, cette transition seule n'est

able to give a superior vivacity to any of the ideas, for want of some immediate impression [b].

18. No one can doubt but causation has the same influence as the other two relations of resemblance and contiguity. Superstitious people are fond of the reliques of saints and holy men, for the same reason, that they seek after types or images, in order to enliven their devotion, and give them a more intimate and strong conception of those exemplary lives, which they desire to imitate. Now it is evident that one of the best reliques, which a devotee could procure, would be the handy-work of a saint; and if his cloaths and furniture are ever to be considered in this light, it is because they were once at his disposal, and were moved and affected by him; in which respect they are to be considered as imperfect effects, and as connected with him by a shorter chain of consequences than any of those, by which we learn the reality of his existence.

b. « Naturane nobis, inquit, datum dicam, an errore quodam, ut, cum ea loca videamus, in quibus memoria dignos viros acceperimus multum esse versatos, magis moveamur, quam siquando eorum ipsorum aut facta audiamus aut scriptum aliquod legamus? Velut ego nunc moveor. Venit enim mihi Plato in mentem, quem accepimus primum hic disputare solitum : cuius etiam illi hortuli propinqui non memoriam solum mihi afferunt, sed ipsum videntur in conspectu meo hic ponere. Hic Speusippus, hic Xenocrates, hic eius auditor Polemo; cuius ipsa illa sessio fuit, quam videmus. Equidem etiam curiam nostram, Hostiliam dico, non hanc novam, quae mihi minor esse videtur postquam est maior, solebam intuens, Scipionem, Catonem, Laelium, nostrum vero in primis avum cogitare. Tanta vis admonitionis est in locis; ut non sine causa ex his memoriae deducta sit disciplina », Cicero *de Finibus*, Lib. V.

pas capable d'accroître la vivacité d'aucune des idées, faute d'une impression immédiate[b].

18. Il n'y a point de doute que la causalité n'ait la même influence que les deux autres relations de ressemblance et de contiguïté. Si les gens superstitieux affectionnent les reliques des saints et des personnes sacrées, c'est pour la même raison qui les attache aux images et aux figures ; c'est afin que leur dévotion soit avivée et que leur soit donnée une représentation plus intime et plus forte de ces vies exemplaires qu'ils désirent imiter. Or il est évident que l'une des meilleures reliques qu'un dévot puisse se procurer d'un saint serait quelque ouvrage travaillé de ses mains ; et si ses vêtements et ses meubles entrent dans ce registre, c'est parce qu'ils furent autrefois à sa disposition, qu'ils furent maniés et touchés par lui – ce qui permet de les considérer comme des effets imparfaits, reliés à sa personne par une chaîne de conséquences plus courte qu'aucune de celles qui nous apprennent la réalité de son existence.

b. « Est-ce disposition naturelle, dit alors Pison, ou bien je ne sais quelle illusion ? Mais quand nous voyons les lieux que nous savons avoir été fréquentés par des hommes dignes de mémoire, nous sommes davantage émus que quand nous entendons leurs hauts faits ou parcourons un de leurs écrits. Ainsi, moi-même, suis-je maintenant tout ému. Platon se présente à mon esprit, lui qui, dit-on, fut le premier à poursuivre ici ses entretiens ; et les petits jardins qui sont là près de nous, non seulement m'en rendent la mémoire, mais semblent placer l'homme lui-même sous mes yeux. Ici se tient Speusippe, ici Xénocrate, ici son disciple Polémon, qui allait s'asseoir sur le banc que nous voyons. De la même façon, en voyant notre Curie (la Curie Hostilia je veux dire, et non la nouvelle Curie qui me paraît plus petite depuis qu'on l'a faite plus grande), je pensais toujours à Scipion, à Caton, à Lélius, et tout particulièrement à mon aïeul. Si grand est le pouvoir de suggestion des lieux que ce n'est pas sans raison qu'on les utilise dans l'art de la mémoire », Cicéron, *Des termes extrêmes des biens et des maux*, V, 1, 2.

19. Suppose, that the son of a friend, who had been long dead or absent, were presented to us; it is evident that this object would instantly revive its correlative idea, and recal to our thoughts all past intimacies and familiarities, in more lively colours than they would otherwise have appeared to us. This is another phaenomenon, which seems to prove the principle above mentioned.

20. We may observe, that, in these phænomena, the belief of the correlative object is always presupposed; without which the relation could have no effect. The influence of the picture supposes that we *believe* our friend to have once existed. Contiguity to home can never excite our ideas of home, unless we *believe* that it really exists. Now I assert, that this belief, where it reaches beyond the memory or senses, is of a similar nature, and arises from similar causes, with the transition of thought and vivacity of conception here explained. When I throw a piece of dry wood into a fire, my mind is immediately carried to conceive that it augments, not extinguishes the flame. This transition of thought from the cause to the effect proceeds not from reason. It derives its origin altogether from custom and experience. And as it first begins from an object, present to the senses, it renders the idea or conception of flame more strong and lively than any loose, floating reverie of the imagination. That idea arises immediately. The thought moves instantly towards it, and conveys to it all that force of conception, which is derived from the impression present to the senses. When a sword is levelled at my breast, does not the idea of wound and pain strike me more strongly, than when a glass of wine is presented to me, even though by accident this idea should occur after the appearance of the latter object? But what is there in this whole matter to cause such a strong conception, except only a present object

19. Supposez que le fils d'un ami, mort ou absent depuis longtemps, se présente à nous; il est évident que cet objet ranime aussitôt l'idée qui lui est corrélative et nous retrace tous les instants d'une intimité et d'une familiarité passées, sous des couleurs beaucoup plus vives qu'ils ne nous seraient apparus autrement. Voilà encore un phénomène qui semble prouver notre principe.

20. Observons que dans ces phénomènes la croyance à l'objet corrélatif est toujours présupposée; sans elle, la relation ne pourrait avoir d'effet. Pour que le portrait ait une influence, il faut que nous *croyions* que notre ami a existé. Pour que la proximité à notre maison en excite l'idée, il faut que nous *croyions* qu'elle existe réellement. Or j'affirme que cette croyance, lorsqu'elle se porte au-delà de la mémoire et des sens, est d'une nature semblable et naît de causes semblables à ce que j'explique ici, je veux dire la transition de la pensée et la vivacité de la conception. Quand je jette dans le feu un morceau de bois sec, mon esprit est immédiatement porté à concevoir qu'il augmente la flamme, et non qu'il l'éteint. Cette transition de la pensée de la cause à l'effet ne doit rien à la raison. Elle tire toute son origine de la coutume et de l'expérience. Et comme elle a pour point de départ un objet qui est présent aux sens, elle rend l'idée ou la conception de la flamme plus forte et plus vive que ne ferait une de ces rêveries vagues qui flottent dans l'imagination. Cette idée naît immédiatement. La pensée y passe en un instant et reporte sur elle toute cette force de conception qui vient de l'impression présente aux sens. Lorsqu'une épée est pointée sur ma poitrine, est-ce que l'idée de douleur ou de blessure ne me frappe pas plus fortement que lorsqu'un verre de vin m'est présenté, même si par accident cette idée devait survenir après l'apparition de ce dernier objet? Mais qu'y a-t-il d'autre dans toute cette affaire pour causer une conception aussi forte, sinon un objet présent

and a customary transition to the idea of another object, which we have been accustomed to conjoin with the former? This is the whole operation of the mind, in all our conclusions concerning matter of fact and existence; and it is a satisfaction to find some analogies, by which it may be explained. The transition from a present object does in all cases give strength and solidity to the related idea.

21. Here, then, is a kind of pre-established harmony between the course of nature and the succession of our ideas; and though the powers and forces, by which the former is governed, be wholly unknown to us; yet our thoughts and conceptions have still, we find, gone on in the same train with the other works of nature. Custom is that principle, by which this correspondence has been effected; so necessary to the subsistence of our species, and the regulation of our conduct, in every circumstance and occurrence of human life. Had not the presence of an object, instantly excited the idea of those objects, commonly conjoined with it, all our knowledge must have been limited to the narrow sphere of our memory and senses; and we should never have been able to adjust means to ends, or employ our natural powers, either to the producing of good, or avoiding of evil. Those, who delight in the discovery and contemplation of *final causes*, have here ample subject to employ their wonder and admiration.

22. I shall add, for a further confirmation of the foregoing theory, that, as this operation of the mind, by which we infer like effects from like causes, and *vice versa*, is so essential to the subsistence of all human creatures, it is not probable, that it could be trusted to the fallacious deductions of our reason, which is slow in its operations; appears not, in any degree, during the first years of infancy; and at best is, in every age and period of human life, extremely liable to error and mistake. It is

et une transition habituelle à l'idée d'un autre objet que nous sommes accoutumés à joindre au premier ? Voilà toute l'opération de l'esprit dans toutes nos conclusions sur les choses de fait et d'existence; et c'est une satisfaction que de trouver certaines analogies qui aident à l'expliquer. Dans tous les cas, la transition qui se fait à partir de l'objet présent donne de la force et de la solidité à l'idée qui est reliée.

21. Il y a donc ici une sorte d'harmonie préétablie entre le cours de la nature et la succession de nos idées; et bien que les pouvoirs et les forces qui régissent le premier nous soient totalement inconnus, nous trouvons pourtant que nos pensées et nos conceptions ont toujours suivi le même train que les autres ouvrages de la nature. Cette correspondance est l'ouvrage de l'habitude, ce principe si nécessaire à la conservation de notre espèce et au règlement de notre conduite, dans toutes les circonstances et toutes les vicissitudes de la vie humaine. Si un objet n'avait immédiatement par sa présence suscité l'idée des objets qui lui sont joints d'ordinaire, toute notre connaissance se serait fatalement limitée à la sphère étroite de notre mémoire et de nos sens; et nous n'aurions jamais été capables d'ajuster les moyens aux fins ou d'employer nos facultés naturelles pour produire le bien et éviter le mal. Ceux qui se plaisent à découvrir et à contempler les *causes finales*, ont ici amplement de quoi s'émerveiller et admirer.

22. J'ajouterai, pour confirmer encore ma théorie, que cette opération de l'esprit par laquelle nous inférons des effets semblables à partir de causes semblables, et vice versa, est trop essentielle à la conservation de tous les êtres humains pour qu'on suppose qu'elle ait pu être confiée aux déductions trompeuses de notre raison, qui est lente dans ses opérations, qui n'apparaît aucunement dans les premières années de l'enfance et qui, au mieux, est à tout âge et toute époque de la vie extrêmement sujette à errer et à se tromper. Il est

more conformable to the ordinary wisdom of nature to secure so necessary an act of the mind, by some instinct or mechanical tendency, which may be infallible in its operations, may discover itself at the first appearance of life and thought, and may be independent of all the laboured deductions of the understanding. As nature has taught us the use of our limbs, without giving us the knowledge of the muscles and nerves, by which they are actuated; so has she implanted in us an instinct, which carries forward the thought in a correspondent course to that which she has established among external objects; though we are ignorant of those powers and forces, on which this regular course and succession of objects totally depends.

plus conforme à la sagesse ordinaire de la nature d'assurer un acte aussi nécessaire de l'esprit par un instinct ou une tendance mécanique qui soit infaillible dans ses opérations, qui se découvre à la première apparition de la vie et de la pensée et qui reste indépendante de toutes les laborieuses déductions de l'entendement. De même que la nature nous a enseigné l'usage de nos membres sans nous donner la connaissance des muscles et des nerfs qui les meuvent, de même a-t-elle implanté en nous un instinct qui entraîne en avant la pensée, dans un cours correspondant à celui qu'elle a établi entre les objets extérieurs, sans nous instruire des pouvoirs et des forces dont dépend entièrement ce cours régulier des objets, ainsi que leur succession.

OF PROBABILITY [a]

1. Though there be no such thing as *Chance* in the world; our ignorance of the real cause of any event has the same influence on the understanding, and begets a like species of belief or opinion.

2. There is certainly a probability, which arises from a superiority of chances on any side ; and according as this superiority encreases, and surpasses the opposite chances, the probability receives a proportionable encrease, and begets still a higher degree of belief or assent to that side, in which we discover the superiority. If a dye were marked with one figure or number of spots on four sides, and with another figure or number of spots on the two remaining sides, it would be more probable, that the former would turn up than the latter; though, if it had a

a. Mr. Locke divides all arguments into demonstrative and probable. In this view, we must say, that it is only probable all men must die, or that the sun will rise to-morrow. But to conform our language more to common use, we ought to divide arguments into *demonstrations*, *proofs*, and *probabilities*. By proofs meaning such arguments from experience as leave no room for doubt or opposition.

DE LA PROBABILITÉ [a]

1. Quoiqu'il n'y ait pas au monde une chose telle que le *hasard*, notre ignorance de la cause réelle d'un événement a la même influence sur l'entendement et engendre une espèce semblable de croyance ou d'opinion.

2. Il y a certainement une probabilité qui apparaît quand les chances sont supérieures d'un côté; et, à mesure que cette supériorité s'accroît et surpasse les chances qui sont de l'autre côté, elle-même s'accroît en proportion et renforce la croyance ou l'assentiment du côté où cette supériorité se manifeste. Supposez qu'un dé soit marqué d'un même signe ou d'un même nombre de points sur quatre de ses faces et d'un autre signe ou d'un autre nombre de points sur les deux faces restantes; il y aura plus de probabilité pour que la première marque apparaisse au lieu de la seconde. Mais si le dé avait

a. M. Locke [*Essai sur l'entendement humain*, 4, 15] divise tous les arguments en démonstratifs et en probables. Selon cette division, nous devons dire qu'il est seulement probable que tous les hommes doivent mourir ou que le soleil se lèvera demain. Mais pour mettre notre langage en meilleur accord avec l'usage, nous devons diviser tous les arguments en *démonstrations*, *preuves* et *probabilités*. Par *preuves* nous entendons les arguments tirés de l'expérience qui ne laissent aucune place au doute ni à la contestation.

thousand sides marked in the same manner, and only one side different, the probability would be much higher, and our belief or expectation of the event more steady and secure. This process of the thought or reasoning may seem trivial and obvious; but to those who consider it more narrowly, it may, perhaps, afford matter for curious speculation.

3. It seems evident, that, when the mind looks forward to discover the event, which may result from the throw of such a dye, it considers the turning up of each particular side as alike probable; and this is the very nature of chance, to render all the particular events, comprehended in it, entirely equal. But finding a greater number of sides concur in the one event than in the other, the mind is carried more frequently to that event, and meets it oftener, in revolving the various possibilities or chances, on which the ultimate result depends. This concurrence of several views in one particular event begets immediately, by an inexplicable contrivance of nature, the sentiment of belief, and gives that event the advantage over its antagonist, which is supported by a smaller number of views, and recurs less frequently to the mind. If we allow, that belief is nothing but a firmer and stronger conception of an object than what attends the mere fictions of the imagination, this operation may, perhaps, in some measure, be accounted for. The concurrence of these several views or glimpses imprints the idea more strongly on the imagination; gives it superior force and vigour; renders its influence on the passions and affections more sensible; and in a word, begets that reliance or security, which constitutes the nature of belief and opinion.

4. The case is the same with the probability of causes, as with that of chance. There are some causes, which are entirely uniform and constant in producing a

mille faces marquées de la même manière à l'exception d'une seule, la probabilité serait beaucoup plus grande et notre attente de l'événement plus ferme et plus assurée. Cette opération de la pensée, ce raisonnement peut paraître trivial et évident ; ceux qui veulent y réfléchir de plus près, y trouveront, peut-être, matière à des spéculations curieuses.

3. Il semble évident que, quand l'esprit s'applique à prévoir l'événement qui peut suivre d'un pareil coup de dé, il tient pour également probable que chacune des faces soit retournée ; et c'est la nature même du hasard que de mettre tous les événements particuliers qui y sont compris dans une égalité parfaite. Mais, voyant qu'un plus grand nombre de faces concourent dans l'un des événements plutôt que dans l'autre, il revient plus fréquemment à cet événement et le rencontre plus souvent quand il repasse les différentes possibilités, les différentes chances, d'où dépend le résultat final. Ce concours de plusieurs vues dans un événement particulier engendre immédiatement, par un mécanisme de la nature qu'on ne s'explique pas, le sentiment de croyance ; ledit événement prend l'avantage sur son adversaire qui, soutenu par un nombre moindre de vues, se représente moins souvent à l'esprit. Mais si l'on accorde que la croyance n'est rien qu'une conception plus ferme et plus forte de l'objet que ce qui accompagne les pures fictions de l'imagination, alors cette opération trouve peut-être un début d'explication. Par le concours de ces diverses vues ou aperçus, l'idée s'imprime plus fortement dans l'imagination, elle reçoit plus de force et de vigueur ; les passions et les affections sont influencées plus sensiblement ; et, en un mot, il s'ensuit cette confiance, cette assurance, qui constituent la nature de la croyance et de l'opinion.

4. Il en va de même pour la probabilité des causes que pour la probabilité des chances. Il y a certaines causes qui d'une manière parfaitement uniforme et constante produisent

particular effect; and no instance has ever yet been found of
any failure or irregularity in their operation. Fire has always
burned, and water suffocated every human creature: The
production of motion by impulse and gravity is an universal
law, which has hitherto admitted of no exception. But there
are other causes, which have been found more irregular and
uncertain; nor has rhubarb always proved a purge, or opium
a soporific to every one, who has taken these medicines. It
is true, when any cause fails of producing its usual effect,
philosophers ascribe not this to any irregularity in nature; but
suppose, that some secret causes, in the particular structure of
parts, have prevented the operation. Our reasonings, however,
and conclusions concerning the event are the same as if this
principle had no place. Being determined by custom to transfer
the past to the future, in all our inferences; where the past has
been entirely regular and uniform, we expect the event with the
greatest assurance, and leave no room for any contrary supposition. But where different effects have been found to follow
from causes, which are to *appearance* exactly similar, all these
various effects must occur to the mind in transferring the
past to the future, and enter into our consideration, when
we determine the probability of the event. Though we give
the preference to that which has been found most usual, and
believe that this effect will exist, we must not overlook
the other effects, but must assign to each of them a particular weight and authority, in proportion as we have found
it to be more or less frequent. It is more probable, in almost
every country of Europe, that there will be frost sometime in
January, than that the weather will continue open throughout
that whole month; though this probability varies according
to the different climates, and approaches to a certainty in
the more northern kingdoms. Here then it seems evident,

tel ou tel effet; et l'on n'a jamais pu trouver encore de défaut ou d'irrégularité dans leur opération. Le feu a toujours brûlé et l'eau toujours asphyxié les êtres humains; la production du mouvement par impulsion et gravité est une loi universelle qui n'a admis jusqu'à présent aucune exception. Mais d'autres causes ont été trouvées moins régulières et plus incertaines. La rhubarbe n'a pas toujours été un purgatif ni l'opium un soporifique pour tous ceux qui en ont pris comme remède. Il est vrai que, lorsqu'une cause manque de produire son effet habituel, les philosophes n'en accusent pas l'irrégularité de la nature, mais supposent que quelque cause secrète, dans la structure particulière des parties, a empêché l'opération. Toutefois nos raisonnements et nos conclusions sur l'événement sont les mêmes que si ce principe n'avait pas lieu. Nous sommes déterminés par la coutume à transposer le passé dans le futur dans toutes nos inférences, de sorte que, quand ce passé a toujours été régulier et uniforme, nous attendons l'événement avec la plus grande assurance et ne laissons aucune place à une supposition contraire. Mais si nous avons vu différents effets suivre de causes qui étaient exactement semblables *en apparence*, tous ces effets différents ne manquent pas de se présenter à l'esprit quand il se transporte du passé dans le futur, et d'entrer en ligne de compte quand il faut déterminer la probabilité de l'événement. Bien que nous donnions la préférence à celui qui s'est présenté le plus souvent et croyons que cet effet existera, nous ne pouvons pas ignorer les autres effets et nous ne manquons pas d'assigner à chacun d'eux un poids et une autorité particulière, proportionnelle au degré observé de sa fréquence. Dans presque tous les pays d'Europe, il est plus probable qu'il gèle certains jours en janvier et il est moins probable qu'un temps doux dure pendant tout le mois, bien que cette probabilité varie selon les climats et s'approche de la certitude dans les royaumes les plus au nord. Il paraît évident

that, when we transfer the past to the future, in order to determine the effect, which will result from any cause, we transfer all the different events, in the same proportion as they have appeared in the past, and conceive one to have existed a hundred times, for instance, another ten times, and another once. As a great number of views do here concur in one event, they fortify and confirm it to the imagination, beget that sentiment which we call *belief*, and give its object the preference above the contrary event, which is not supported by an equal number of experiments, and recurs not so frequently to the thought in transferring the past to the future. Let any one try to account for this operation of the mind upon any of the received systems of philosophy, and he will be sensible of the difficulty. For my part, I shall think it sufficient, if the present hints excite the curiosity of philosophers, and make them sensible how defective all common theories are in treating of such curious and such sublime subjects.

par là que, quand nous transposons le passé dans le futur afin de déterminer l'effet qui résultera d'une cause, nous transposons tous les différents événements dans la même proportion où ils sont apparus dans le passé, et nous concevons que, par exemple, l'un a existé cent fois, un autre dix, un autre encore une seule. Le concours d'un grand nombre de vues dans un unique événement le fortifie et le confirme dans l'imagination et engendre ce sentiment que nous appelons *croyance*; la préférence est donnée à l'objet de cette croyance plutôt qu'à l'événement contraire qui n'est pas soutenu par un nombre égal d'expériences ni ne se représente aussi fréquemment à la pensée, quand celle-ci transpose le passé dans le futur. Qu'on essaie de rendre compte de cette opération de l'esprit d'après l'un des systèmes de philosophie aujourd'hui reçus, et l'on verra la difficulté. Quant à moi, il me suffit que les présentes suggestions retiennent la curiosité des philosophes et leur fassent sentir tout ce qu'il y a de défectueux dans toutes les théories communes, lorsqu'elles traitent de sujets aussi curieux et aussi sublimes.

OF THE IDEA OF NECESSARY CONNEXION

Part I

1. The great advantage of the mathematical sciences above the moral consists in this, that the ideas of the former, being sensible, are always clear and determinate, the smallest distinction between them is immediately perceptible, and the same terms are still expressive of the same ideas, without ambiguity or variation. An oval is never mistaken for a circle, nor an hyperbola for an ellipsis. The isosceles and scalenum are distinguished by boundaries more exact than vice and virtue, right and wrong. If any term be defined in geometry, the mind readily, of itself, substitutes, on all occasions, the definition for the term defined: Or even when no definition is employed, the object itself may be presented to the senses, and by that means be steadily and clearly apprehended. But the finer sentiments of the mind, the operations of the understanding, the various agitations of the passions, though really in themselves distinct, easily escape us, when surveyed by reflection; nor is it in our power to recal the original object, as often as we have occasion to contemplate it. Ambiguity, by this means, is gradually introduced into our reasonings:

DE L'IDÉE DE LIAISON NÉCESSAIRE*

Première partie

1. Les sciences mathématiques ont ce grand avantage sur les sciences morales que leurs idées, toujours sensibles, sont toujours claires et déterminées, que le moindre trait qui les distingue est immédiatement perceptible et que les mêmes termes expriment les mêmes idées, ne souffrant aucune ambiguïté ni variation. Un ovale n'est jamais pris pour un cercle ni une hyperbole pour une ellipse. L'isocèle et le scalène se distinguent par des limites plus exactes que ne le font le vice et la vertu, le bien et le mal. Si un terme est défini en géométrie, l'esprit, de son propre mouvement, substitue la définition au terme défini, en chaque occasion; ou, si aucune définition n'est employée, l'objet même peut être présenté aux sens et se laisse ainsi appréhender d'une manière constante et claire. Il n'en va pas de même des sentiments plus raffinés de notre âme, des opérations de l'entendement, des divers mouvements des passions : bien que ce soit des choses réellement distinctes par elles-mêmes, elles nous échappent facilement quand la réflexion s'en saisit; et il n'est pas en notre pouvoir de rappeler l'objet original aussi souvent que nous avons occasion de le contempler. Peu à peu, l'ambiguïté se glisse dans nos raison-

Similar objects are readily taken to be the same. And the conclusion becomes at last very wide of the premises.

2. One may safely, however, affirm, that, if we consider these sciences in a proper light, their advantages and disadvantages nearly compensate each other, and reduce both of them to a state of equality. If the mind, with greater facility, retains the ideas of geometry clear and determinate, it must carry on a much longer and more intricate chain of reasoning, and compare ideas much wider of each other, in order to reach the abstruser truths of that science. And if moral ideas are apt, without extreme care, to fall into obscurity and confusion, the inferences are always much shorter in these disquisitions, and the intermediate steps, which lead to the conclusion, much fewer than in the sciences which treat of quantity and number. In reality, there is scarcely a proposition in Euclid so simple, as not to consist of more parts, than are to be found in any moral reasoning which runs not into chimera and conceit. Where we trace the principles of the human mind through a few steps, we may be very well satisfied with our progress; considering how soon nature throws a bar to all our enquiries concerning causes, and reduces us to an acknowledgment of our ignorance. The chief obstacle, therefore, to our improvement in the moral or metaphysical sciences is the obscurity of the ideas, and ambiguity of the terms. The principal difficulty in the mathematics is the length of inferences and compass of thought, requisite to the forming of any conclusion. And, perhaps, our progress in natural philosophy is chiefly retarded by the want of proper experiments and phænomena, which are often discovered by chance, and cannot always be found,

nements; des objets semblables sont bientôt pris pour un même objet; et la conclusion devient à la fin très éloignée des prémisses.

2. J'ose pourtant affirmer que, si nous considérons ces sciences dans tout leur jour, leurs avantages et leurs inconvénients se compensent à peu près, les ramenant à un état d'égalité. Si l'esprit retient avec plus de facilité les idées claires et déterminées de la géométrie, il doit aussi suivre une chaîne de raisonnements beaucoup plus longue et plus compliquée et comparer des idées bien plus distantes, avant d'atteindre les vérités plus abstruses de cette science. Et si les idées morales tendent à s'envelopper d'obscurité et de confusion quand on n'y porte pas un soin extrême, les inférences, au sein de telles recherches, sont toujours beaucoup plus courtes, les étapes intermédiaires qui mènent à la conclusion sont beaucoup moins nombreuses que dans les sciences qui traitent de la quantité et du nombre. En fait, on aura peine à trouver dans tout Euclide une proposition assez simple pour n'être pas composée d'un plus grand nombre de parties que toute espèce de raisonnement moral qui ne donne pas dans la chimère et l'artifice. Remonter de quelques pas dans les principes de l'esprit humain, voilà un progrès très propre à nous satisfaire, sachant combien la nature s'empresse de borner toutes nos recherches sur les causes et de nous réduire à l'aveu de notre ignorance. Le plus fort obstacle à notre avancement dans les sciences morales ou métaphysiques réside donc dans l'obscurité des idées et l'ambiguïté des termes. La principale difficulté des mathématiques est dans la longueur des inférences et l'envergure de pensée qu'il faut pour former une conclusion. Et peut-être nos progrès en philosophie naturelle sont-ils surtout retardés par le manque d'expériences ou de phénomènes propres, leur découverte, même dans les recherches les plus prudentes et les plus scrupuleuses, se faisant souvent par

when requisite, even by the most diligent and prudent enquiry. As moral philosophy seems hitherto to have received less improvement than either geometry or physics, we may conclude, that, if there be any difference in this respect among these sciences, the difficulties, which obstruct the progress of the former, require superior care and capacity to be surmounted.

3. There are no ideas, which occur in metaphysics, more obscure and uncertain, than those of *power*, *force*, *energy* or *necessary connexion*, of which it is every moment necessary for us to treat in all our disquisitions. We shall, therefore, endeavour, in this section, to fix, if possible, the precise meaning of these terms, and thereby remove some part of that obscurity, which is so much complained of in this species of philosophy.

4. It seems a proposition, which will not admit of much dispute, that all our ideas are nothing but copies of our impressions, or, in other words, that it is impossible for us to *think* of any thing, which we have not antecedently *felt*, either by our external or internal senses. I have endeavoured[a] to explain and prove this proposition, and have expressed my hopes, that, by a proper application of it, men may reach a greater clearness and precision in philosophical reasonings, than what they have hitherto been able to attain. Complex ideas may, perhaps, be well known by definition, which is nothing but an enumeration of those parts or simple ideas, that compose them. But when we have pushed up definitions to the most simple ideas, and find still some ambiguity and obscurity, what resource are we then possessed of? By what invention can we throw light upon

a. Section II.

hasard et rarement au bon moment. Comme la philosophie morale semble avoir fait jusqu'ici moins de progrès que la géométrie ou la physique, nous pouvons conclure que, s'il y a sous ce rapport une différence entre ces sciences, les difficultés qui retardent le progrès de la première demandent davantage de soin et de capacité à qui veut les surmonter.

3. Il n'y a pas d'idées plus obscures et plus incertaines en métaphysique que celles de *pouvoir*, de *force*, d'*énergie* ou de *liaison nécessaire*, idées dont nous ne saurions nous passer à aucun moment dans toutes nos recherches. Nous allons donc essayer dans cette section de fixer, si cela est possible, le sens précis de ces termes et ainsi de chasser une part de cette obscurité dont on se plaint tant dans cette espèce de philosophie.

4. C'est, je crois, une proposition qui ne prête guère à controverse, que toutes nos idées ne sont rien que des copies de nos impressions ou, en d'autres mots, qu'il nous est impossible de *penser* à quoi que ce soit que nous n'ayons d'abord *senti* par nos sens externes ou internes. J'ai tenté [a] d'expliquer et de prouver cette proposition et j'ai formé l'espoir que par une juste application on puisse parvenir, dans les raisonnements philosophiques, à plus de clarté et de précision qui n'en a jamais été rencontrée jusqu'à présent. Il se peut que les idées complexes soient assez connues par leurs définitions, une définition n'étant rien que l'énumération des parties ou des idées simples qui les composent. Mais quand nous avons poussé les définitions jusqu'aux idées les plus simples et que nous trouvons encore quelque ambiguïté ou obscurité, quelle ressource nous reste-t-il ? Par quel procédé répandre la lumière sur ces idées et les rendre parfaitement précises et déterminées

a. Section 2.

these ideas, and render them altogether precise and determinate to our intellectual view? Produce the impressions or original sentiments, from which the ideas are copied. These impressions are all strong and sensible. They admit not of ambiguity. They are not only placed in a full light themselves, but may throw light on their correspondent ideas, which lie in obscurity. And by this means, we may, perhaps, attain a new microscope or species of optics, by which, in the moral sciences, the most minute and most simple ideas may be so enlarged as to fall readily under our apprehension, and be equally known with the grossest and most sensible ideas, that can be the object of our enquiry.

5. To be fully acquainted, therefore, with the idea of power or necessary connexion, let us examine its impression; and in order to find the impression with greater certainty, let us search for it in all the sources, from which it may possibly be derived.

6. When we look about us towards external objects, and consider the operation of causes, we are never able, in a single instance, to discover any power or necessary connexion; any quality, which binds the effect to the cause, and renders the one an infallible consequence of the other. We only find, that the one does actually, in fact, follow the other. The impulse of one billiard-ball is attended with motion in the second. This is the whole that appears to the *outward* senses. The mind feels no sentiment or *inward* impression from this succession of objects: Consequently, there is not, in any single, particular instance of cause and effect, any thing which can suggest the idea of power or necessary connexion.

7. From the first appearance of an object, we never can conjecture what effect will result from it. But were the power or energy of any cause discoverable by the mind, we could

à notre vue intellectuelle? Produisez les impressions ou les sentiments originaux dont les idées sont les copies. Ces impressions sont toutes fortes et sensibles. Elles n'admettent pas d'ambiguïté. Non seulement elles sont elles-mêmes en pleine lumière, mais elles peuvent encore éclairer les idées qui leur correspondent, quand celles-ci sont dans l'obscurité. Et peut-être trouvons-nous là un nouveau microscope ou une nouvelle sorte d'optique, dans les sciences morales, susceptible d'agrandir assez les idées les plus simples et les plus infimes pour les rendre aisées à appréhender et aussi faciles à connaître que les idées les plus grossières et les plus sensibles qui peuvent être l'objet de nos recherches.

5. Pour acquérir une parfaite connaissance de l'idée de pouvoir ou de liaison nécessaire, examinons donc son impression ; et, pour découvrir plus certainement cette impression, cherchons-la à toutes les sources d'où elle pourrait découler.

6. Portons nos regards sur les objets extérieurs qui nous environnent et considérons l'opération des causes : nous sommes totalement incapables sur un cas unique de découvrir aucune force, aucune liaison nécessaire, aucune qualité qui unisse la cause à l'effet et fasse de celui-ci la conséquence infaillible de celle-là. Nous trouvons seulement que, de fait, l'un suit l'autre. L'impulsion de la première boule de billard est suivie du mouvement de la seconde. C'est tout ce qui apparaît à nos sens *externes*. L'esprit n'éprouve ni sentiment ni impression *interne* par cette succession d'objets. Ainsi, à considérer un seul cas particulier de causalité, il n'y a rien qui puisse suggérer l'idée de pouvoir ou de liaison nécessaire.

7. À la première vue d'un objet, nous ne saurions conjecturer quel effet en résultera. Mais, si le pouvoir ou l'énergie d'une cause pouvait se découvrir à l'esprit, nous saurions

foresee the effect, even without experience; and might, at first, pronounce with certainty concerning it, by mere dint of thought and reasoning.

8. In reality, there is no part of matter, that does ever, by its sensible qualities, discover any power or energy, or give us ground to imagine that it could produce any thing, or be followed by any other object, which we could denominate its effect. Solidity, extension, motion; these qualities are all complete in themselves, and never point out any other event which may result from them. The scenes of the universe are continually shifting, and one object follows another in an uninterrupted succession; but the power or force, which actuates the whole machine, is entirely concealed from us, and never discovers itself in any of the sensible qualities of body. We know, that, in fact, heat is a constant attendant of flame; but what is the connexion between them, we have no room so much as to conjecture or imagine. It is impossible, therefore, that the idea of power can be derived from the contemplation of bodies, in single instances of their operation; because no bodies ever discover any power, which can be the original of this idea[b].

9. Since, therefore, external objects as they appear to the senses, give us no idea of power or necessary connexion, by their operation in particular instances, let us see, whether this

[b]. Mr. Locke, in his chapter of power, says that, finding from experience that there are several new productions in nature, and concluding that there must somewhere be a power capable of producing them, we arrive at last by this reasoning at the idea of power. But no reasoning can ever give us a new, original, simple idea; as this philosopher himself confesses. This, therefore, can never be the origin of that idea.

prévoir l'effet, même sans expérience, et nous prononcer d'emblée à son sujet, avec une entière certitude et par le seul moyen de la pensée et du raisonnement.

8. La vérité est qu'aucune partie de la matière ne nous découvre, par ses qualités sensibles, une quelconque force ou énergie ni ne nous donne sujet d'imaginer qu'elle pourrait produire une chose ou être suivie d'un autre objet que nous appellerions son effet. Solidité, étendue, mouvement : ces qualités sont toutes complètes par elles-mêmes et n'indiquent aucun autre événement susceptible d'en résulter. La scène de l'univers ne cesse de changer et un objet suit l'autre dans une succession ininterrompue ; mais le pouvoir ou la force qui meut toute la machine nous est entièrement cachée et ne se découvre jamais dans aucune des qualités sensibles des corps. Nous savons bien en fait que la chaleur accompagne constamment la flamme ; mais quelle est la liaison qui les unit, il ne nous appartient pas de la conjecturer ni de l'imaginer. Il est donc impossible que l'idée de force puisse être dérivée de l'examen des corps, quand on considère leur action dans un seul cas ; car il n'y a aucun corps qui montre une pareille force, qui puisse être l'original de cette idée [b].

9. Puis donc que les objets extérieurs, tels qu'ils apparaissent aux sens, ne nous donnent pas l'idée de pouvoir ou de liaison nécessaire quand nous considérons leur action dans des cas particuliers, examinons maintenant si cette

---

b. Monsieur Locke, dans son chapitre *Du pouvoir*, dit que, trouvant par expérience qu'il y a dans la matière plusieurs productions nouvelles et concluant qu'il doit y avoir quelque part un pouvoir capable de les produire, nous arrivons enfin par ce raisonnement à l'idée de pouvoir. Mais aucun raisonnement ne peut jamais nous donner une idée simple, nouvelle et originale, comme ce philosophe l'avoue lui-même. Ce ne peut donc être l'origine de cette idée [cf. *Essai sur l'entendement humain*, livre II, chap. 21, § 1].

idea be derived from reflection on the operations of our own minds, and be copied from any internal impression. It may be said, that we are every moment conscious of internal power; while we feel, that, by the simple command of our will, we can move the organs of our body, or direct the faculties of our mind. An act of volition produces motion in our limbs, or raises a new idea in our imagination. This influence of the will we know by consciousness. Hence we acquire the idea of power or energy; and are certain, that we ourselves and all other intelligent beings are possessed of power. This idea, then, is an idea of reflection, since it arises from reflecting on the operations of our own mind, and on the command which is exercised by will, both over the organs of the body and faculties of the soul.

10. We shall proceed to examine this pretension; and first with regard to the influence of volition over the organs of the body. This influence, we may observe, is a fact, which, like all other natural events, can be known only by experience, and can never be foreseen from any apparent energy or power in the cause, which connects it with the effect, and renders the one an infallible consequence of the other. The motion of our body follows upon the command of our will. Of this we are every moment conscious. But the means, by which this is effected; the energy, by which the will performs so extraordinary an operation; of this we are so far from being immediately conscious, that it must for ever escape our most diligent enquiry.

11. For *first*, is there any principle in all nature more mysterious than the union of soul with body; by which a supposed spiritual substance acquires such an influence over a material one, that the most refined thought is able

idée nous vient par une réflexion sur les opérations de notre propre esprit et si elle est copiée de quelque impression intérieure. Et l'on alléguera peut-être que nous sommes à tout moment conscients d'un pouvoir intérieur, puisque nous nous sentons capables, par le seul commandement de notre volonté, de mouvoir les organes de notre corps ou de diriger les facultés de notre esprit. Il ne faut qu'une volition pour donner du mouvement à nos membres ou susciter une nouvelle idée dans notre imagination. Cette influence de la volonté, nous la connaissons par la conscience. De la sorte, nous acquérons l'idée de pouvoir ou d'énergie et nous sommes certains que, nous-mêmes et tous les autres êtres intelligents, nous sommes doués de pouvoir. Cette idée est donc une idée de réflexion, puisqu'elle naît quand nous réfléchissons sur les opérations de notre propre esprit et sur l'empire qu'exerce la volonté tant sur les organes du corps que sur les facultés de l'âme.

10. Examinons cette opinion et d'abord ce qu'elle dit de l'influence de la volition sur les organes du corps. Il est facile d'observer que cette influence est un fait qu'on ne connaît, comme tous les autres événements naturels, que par expérience et qu'il est impossible de prévoir à partir d'une énergie ou d'un pouvoir, apparent dans la cause, ce qui le lierait à l'effet et ferait de l'un la conséquence infaillible de l'autre. Le mouvement de notre corps fait suite au commandement de notre volonté. De cela, nous sommes à tout moment conscients. Mais le moyen par lequel ce résultat est obtenu, l'énergie qui accomplit une opération aussi extraordinaire, c'est de quoi nous sommes si loin d'être immédiatement conscients qu'il faut que cela échappe à jamais à nos recherches les plus diligentes.

11. Car, *premièrement*, y a-t-il dans toute la nature un principe plus mystérieux que l'union de l'âme et du corps, principe par lequel une substance qui est supposée spirituelle acquiert une telle influence sur une substance matérielle que

to actuate the grossest matter? Were we empowered, by a secret wish, to remove mountains, or control the planets in their orbit; this extensive authority would not be more extra-ordinary, nor more beyond our comprehension. But if by consciousness we perceived any power or energy in the will, we must know this power; we must know its connexion with the effect; we must know the secret union of soul and body, and the nature of both these substances; by which the one is able to operate, in so many instances, upon the other.

12. *Secondly*, We are not able to move all the organs of the body with a like authority; though we cannot assign any reason besides experience, for so remarkable a difference between one and the other. Why has the will an influence over the tongue and fingers, not over the heart or liver? This question would never embarrass us, were we conscious of a power in the former case, not in the latter. We should then perceive, independent of experience, why the authority of will over the organs of the body is circumscribed within such particular limits. Being in that case fully acquainted with the power or force, by which it operates, we should also know, why its influence reaches precisely to such boundaries, and no farther.

13. A man, suddenly struck with palsy in the leg or arm, or who had newly lost those members, frequently endea-vours, at first to move them, and employ them in their usual offices. Here he is as much conscious of power to command such limbs, as a man in perfect health is conscious of power to actuate any member which remains in its natural state and condition. But consciousness never deceives. Consequently, neither in the one case nor in the other, are we ever conscious of any power. We learn the influ-ence of our will from experience alone. And experience

la pensée la plus subtile est capable de mettre en branle la matière la plus grossière? Si nous avions le pouvoir, par un vœu secret, de déplacer les montagnes ou de contrôler l'orbite des planètes, cet empire étendu ne serait pas plus extraordinaire ni plus incompréhensible. Mais si la conscience nous faisait apercevoir dans la volonté une énergie ou un pouvoir, nous devrions connaître ce pouvoir; nous devrions connaître sa liaison avec l'effet; nous devrions connaître l'union secrète de l'âme et du corps et la nature de ces deux substances, par où l'une est capable d'agir sur l'autre en tant d'exemples.

12. *Deuxièmement*, nous ne sommes pas capables de mouvoir tous les organes de notre corps avec une pareille autorité; et l'expérience est la seule raison que nous puissions invoquer pour une différence aussi remarquable. Pourquoi la volonté a-t-elle une influence sur la langue et sur les doigts, et non sur le cœur ou sur le foie? Cette question n'aurait rien d'embarrassant si nous avions dans le premier cas la conscience d'un pouvoir faisant défaut dans le second. Nous percevrions alors, indépendamment de l'expérience, pourquoi l'autorité de la volonté sur les organes du corps est circonscrite en telles limites particulières. Ayant alors pleinement connaissance du pouvoir ou de la force par laquelle elle opère, nous devrions aussi savoir pourquoi son influence s'exerce jusqu'à ce point, et non au-delà.

13. Un homme soudain frappé de paralysie à la jambe ou au bras, ou qui a récemment perdu ces membres, tente souvent au début de les mouvoir et de les employer à leur office habituel. Il est alors tout aussi conscient de son pouvoir de commander de tels membres qu'un homme en bonne santé l'est du pouvoir de bouger un organe qui est resté dans son état et sa condition naturelle. Or la conscience ne trompe jamais. En conséquence, ni dans le premier cas ni dans le second, nous ne sommes conscients d'aucun pouvoir. C'est de l'expérience

only teaches us, how one event constantly follows another; without instructing us in the secret connexion, which binds them together, and renders them inseparable.

14. *Thirdly*, We learn from anatomy, that the immediate object of power in voluntary motion, is not the member itself which is moved, but certain muscles, and nerves, and animal spirits, and, perhaps, something still more minute and more unknown, through which the motion is successively propagated, ere it reach the member itself whose motion is the immediate object of volition. Can there be a more certain proof, that the power, by which this whole operation is performed, so far from being directly and fully known by an inward sentiment or consciousness, is, to the last degree, mysterious and unintelligible? Here the mind wills a certain event: Immediately another event, unknown to ourselves, and totally different from the one intended, is produced: This event produces another, equally unknown: Till at last, through a long succession, the desired event is produced. But if the original power were felt, it must be known. Were it known, its effect also must be known; since all power is relative to its effect. And *vice versa*, if the effect be not known, the power cannot be known nor felt. How indeed can we be conscious of a power to move our limbs, when we have no such power; but only that to move certain animal spirits, which, though they produce at last the motion of our limbs, yet operate in such a manner as is wholly beyond our comprehension?

15. We may, therefore, conclude from the whole, I hope, without any temerity, though with assurance; that our idea of power is not copied from any sentiment or

seule que nous apprenons l'influence de notre volonté. Et l'expérience nous enseigne seulement comment un événement en suit constamment un autre, sans nous instruire de la liaison secrète qui les lie ensemble et les rend inséparables.

14. *Troisièmement*, nous savons par l'anatomie que, dans le mouvement volontaire, l'objet sur lequel le pouvoir s'exerce immédiatement n'est pas le membre mû lui-même, mais certains muscles, des nerfs, des esprits animaux et, peut-être même, quelque chose d'encore plus petit et de plus inconnu, à l'aide de quoi le mouvement se propage de proche en proche jusqu'à ce qu'il atteigne le membre lui-même dont le mouvement est l'objet immédiat de la volition. Peut-il y avoir une preuve plus certaine que ce pouvoir par lequel toute l'opération se fait, loin de nous être directement et pleinement connu par un sentiment intérieur ou par la conscience, est mystérieux et incompréhensible au dernier point? L'esprit veut un certain événement; aussitôt il s'en produit un autre, inconnu de nous, qui est totalement différent de celui qui était voulu; cet événement en produit un autre, également inconnu, jusqu'à ce que, au terme d'une longue succession, l'événement désiré soit produit. Or, si le pouvoir qui est au commencement était senti de nous, il serait nécessairement connu; s'il était connu, son effet devrait l'être aussi, puisque tout pouvoir se rapporte à son effet. Et vice versa, si l'effet n'est pas connu, le pouvoir ne peut pas être connu ni senti. Comment en vérité pourrions-nous être conscients d'un pouvoir de mouvoir nos membres, alors que nous n'avons pas un tel pouvoir, mais seulement celui de mouvoir certains esprits animaux qui, quoiqu'ils produisent à la fin le mouvement de nos membres, agissent d'une façon qui dépasse complètement notre compréhension?

15. Toutes ces raisons nous permettent de conclure, avec une assurance qui, je l'espère, n'a rien de téméraire, que notre idée de pouvoir n'est pas copiée du sentiment ou de la

consciousness of power within ourselves, when we give rise to animal motion, or apply our limbs to their proper use and office. That their motion follows the command of the will is a matter of common experience, like other natural events. But the power or energy by which this is effected, like that in other natural events, is unknown and inconceivable[c].

16. Shall we then assert, that we are conscious of a power or energy in our own minds, when, by an act or command of our will, we raise up a new idea, fix the mind to the contemplation of it, turn it on all sides, and at last dismiss it for some other idea, when we think that we have surveyed it with sufficient accuracy? I believe the same arguments will prove, that even this command of the will gives us no real idea of force or energy.

c. It may be pretended, that the resistance which we meet with in bodies, obliging us frequently to exert our force, and call up all our power, this gives us the idea of force and power. It is this *nisus*, or strong endeavour, of which we are conscious, that is the original impression from which this idea is copied. But, *first*, we attribute power to a vast number of objects, where we never can suppose this resistance or exertion of force to take place; to the Supreme Being, who never meets with any resistance; to the mind in its command over its ideas and limbs, in common thinking and motion, where the effect follows immediately upon the will, without any exertion or summoning up of force; to inanimate matter, which is not capable of this sentiment. *Secondly*, This sentiment of an endeavour to overcome resistance has no known connexion with any event: What follows it, we know by experience; but could not know it *a priori*. It must, however, be confessed, that the animal *nisus*, which we experience, though it can afford no accurate precise idea of power, enters very much into that vulgar, inaccurate idea, which is formed of it.

conscience que nous aurions d'un pouvoir au fond de nous-mêmes, quand nous suscitons un mouvement qui anime notre corps ou quand nous usons de nos membres selon l'emploi et la fonction qui leur sont propres. Que leur mouvement suive le commandement de la volonté, c'est un fait d'expérience commune, comme tous les autres événements naturels. Mais le pouvoir ou l'énergie par laquelle cela se fait, nous est inconnue et inconcevable, comme celle qui est à l'œuvre dans les autres événements naturels[c].

16. Irons-nous dire alors que nous avons conscience d'un certain pouvoir ou d'une énergie au fond de notre propre esprit, lorsque, par un acte ou un commandement de notre volonté, nous suscitons une nouvelle idée, fixons sur elle notre attention, la tournons de tous les côtés, avant de la quitter pour passer à une autre quand nous pensons l'avoir étudiée avec assez d'exactitude ? Je crois que les mêmes arguments prouveront que même ce commandement de la volonté ne nous donne pas d'idée réelle de force ou d'énergie.

c. On pourrait alléguer que la résistance que nous rencontrons dans les corps, nous obligeant fréquemment à exercer notre force et à mobiliser tout notre pouvoir, nous donne l'idée de force et de pouvoir. C'est ce *nisus*, ce puissant effort dont nous sommes conscients, qui serait l'impression originale de laquelle cette idée est copiée. Mais, *d'abord*, nous attribuons du pouvoir à un grand nombre d'objets où l'on ne saurait supposer cette résistance ni une telle dépense de force : à l'Être Suprême, à qui rien ne résiste ; à l'esprit, qui commande à ses idées et à ses membres, dans la pensée et le mouvement ordinaires, où l'effet suit immédiatement la volonté sans appel ni déploiement de force ; à la matière inanimée, qui n'est pas capable de ce sentiment. *Ensuite*, ce sentiment d'un effort pour triompher d'une résistance n'a de liaison connue avec aucun événement. Ce qui vient après, nous l'apprenons de l'expérience, nous ne pourrions le savoir *a priori*. Disons toutefois que ce *nisus* animal dont nous faisons l'expérience, quoiqu'il ne puisse nous fournir aucune idée précise et exacte de pouvoir, compte pour beaucoup dans l'idée vulgaire et vague qu'on s'en forme.

17. *First*, It must be allowed, that, when we know a power, we know that very circumstance in the cause, by which it is enabled to produce the effect; for these are supposed to be synonimous. We must, therefore, know both the cause and effect, and the relation between them. But do we pretend to be acquainted with the nature of the human soul and the nature of an idea, or the aptitude of the one to produce the other? This is a real creation; a production of something out of nothing. Which implies a power so great, that it may seem, at first sight, beyond the reach of any being, less than infinite. At least it must be owned, that such a power is not felt, nor known, nor even conceivable by the mind. We only feel the event, namely, the existence of an idea, consequent to a command of the will: But the manner, in which this operation is performed, the power by which it is produced, is entirely beyond our comprehension.

18. *Secondly*, The command of the mind over itself is limited, as well as its command over the body; and these limits are not known by reason, or any acquaintance with the nature of cause and effect, but only by experience and observation, as in all other natural events and in the operation of external objects. Our authority over our sentiments and passions is much weaker than that over our ideas; and even the latter authority is circumscribed within very narrow boundaries. Will any one pretend to assign the ultimate reason of these boundaries, or show why the power is deficient in one case, not in another?

19. *Thirdly*, This self-command is very different at different times. A man in health possesses more of it than one languishing with sickness. We are more master of our thoughts in the morning than in the evening; fasting, than after a full meal. Can we give any reason for these variations, except

17. *Premièrement*, il faut convenir que connaître un pouvoir, ce serait connaître dans la cause cette circonstance même qui la rend propre à produire son effet; car ces deux choses sont tenues pour synonymes. On devrait donc connaître et la cause et l'effet, ainsi que la relation qui les unit. Mais qui osera prétendre être instruit de la nature de l'âme humaine, de la nature des idées et de l'aptitude de la première à produire les secondes? Il s'agit d'une véritable création, de la production de quelque chose à partir de rien, ce qui implique un pouvoir si grand qu'on est tenté de le refuser à tout être autre qu'infini. Du moins faut-il avouer qu'un tel pouvoir n'est pas senti, n'est pas connu, n'est pas même concevable par l'esprit. Nous sentons seulement l'événement, je veux dire l'existence d'une idée, faisant suite à un commandement de la volonté. Mais la manière dont cette opération s'accomplit, le pouvoir qui la produit, passent entièrement notre compréhension.

18. *Deuxièmement*, l'empire qu'a l'esprit sur lui-même est limité, comme l'empire de l'esprit sur le corps; et ces limites, nous ne les connaissons ni par la raison ni par un quelconque savoir de la nature de la cause et de l'effet, mais seulement par l'expérience et l'observation, à l'image de tous les autres événements naturels et de l'action des objets extérieurs. L'autorité que nous exerçons sur nos sentiments et nos passions est beaucoup plus faible que celle sur nos idées; et celle-ci même est renfermée dans des bornes très étroites. Qui prétendra donner la raison dernière de ces bornes et expliquer pourquoi nous avons dans un cas un pouvoir que nous n'avons pas dans l'autre?

19. *Troisièmement*, cet empire sur soi est très différent à des moments différents. Il est plus grand chez un homme en bonne santé que chez un homme abattu par la maladie. Nous sommes plus maîtres de nos pensées le matin que le soir, à jeun qu'après un bon repas. Quelle autre raison donner à ces variations que

experience? Where then is the power, of which we pretend to be conscious? Is there not here, either in a spiritual or material substance, or both, some secret mechanism or structure of parts, upon which the effect depends, and which, being entirely unknown to us, renders the power or energy of the will equally unknown and incomprehensible?

20. Volition is surely an act of the mind, with which we are sufficiently acquainted. Reflect upon it. Consider it on all sides. Do you find anything in it like this creative power, by which it raises from nothing a new idea, and with a kind of *Fiat*, imitates the omnipotence of its Maker, if I may be allowed so to speak, who called forth into existence all the various scenes of nature? So far from being conscious of this energy in the will, it requires as certain experience as that of which we are possessed, to convince us that such extraordinary effects do ever result from a simple act of volition.

21. The generality of mankind never find any difficulty in accounting for the more common and familiar operations of nature, such as the descent of heavy bodies, the growth of plants, the generation of animals, or the nourishment of bodies by food. But suppose that, in all these cases, they perceive the very force or energy of the cause, by which it is connected with its effect, and is for ever infallible in its operation. They acquire, by long habit, such a turn of mind, that, upon the appearance of the cause, they immediately expect with assurance its usual attendant, and hardly conceive it possible that any other event could result from it. It is only on the discovery of extraordinary phænomena, such as earthquakes, pestilence, and prodigies of any kind, that they find themselves at a loss to assign a proper cause, and to explain the manner in which the effect is produced by it.

l'expérience? Où est donc ce pouvoir dont nous prétendons être conscients? N'y a-t-il pas ici, dans la substance spirituelle ou dans la substance matérielle, ou dans les deux, quelque mécanisme secret, une certaine structure cachée des parties dont dépend l'effet et qui, nous étant totalement inconnue, fait que le pouvoir ou l'énergie de la volonté nous est tout aussi inconnue et incompréhensible?

20. La volition est assurément un acte de l'esprit que nous connaissons bien. Qu'on y réfléchisse, qu'on la considère de tous côtés: y trouve-t-on rien de semblable à ce pouvoir créateur qui du néant lui fait tirer une idée nouvelle, sorte de *fiat* par lequel elle imite, si j'ose dire, la toute-puissance de son Auteur lorsqu'il appela à l'existence l'immense variété des scènes de la nature? Loin d'avoir conscience d'une pareille énergie dans la volonté, il ne nous faut pas moins qu'une expérience aussi sûre que celle que nous en avons, pour nous convaincre que des effets aussi extraordinaires résultent d'un simple acte de volition.

21. Les hommes, pour la plupart, ne voient aucune difficulté à rendre compte des opérations les plus communes et les plus familières de la nature, telle que la chute des corps pesants, la croissance des plantes, la génération des animaux ou la nutrition des corps par les aliments. Et ils supposent qu'en tout cela ils perçoivent la force ou l'énergie qui lie la cause à son effet et rend à jamais son action infaillible. Par une longue habitude qui leur a donné ce tour d'esprit, dès que la cause apparaît, ils attendent avec assurance l'événement qui l'accompagne d'ordinaire; et l'on aurait bien du mal à leur faire concevoir qu'un autre événement puisse en résulter. C'est seulement lorsqu'ils sont témoins de phénomènes extraordinaires, tels que les tremblements de terre, la peste et des prodiges de toute sorte, qu'ils sont en peine de trouver une cause propre et d'expliquer la manière dont l'effet est produit.

It is usual for men, in such difficulties, to have recourse to some invisible intelligent principle [d] as the immediate cause of that event which surprises them, and which, they think, cannot be accounted for from the common powers of nature. But philosophers, who carry their scrutiny a little farther, immediately perceive that, even in the most familiar events, the energy of the cause is as unintelligible as in the most unusual, and that we only learn by experience the frequent *conjunction* of objects, without being ever able to comprehend anything like *connexion* between them. Here, then, many philosophers think themselves obliged by reason to have recourse, on all occasions, to the same principle, which the vulgar never appeal to but in cases that appear miraculous and supernatural. They acknowledge mind and intelligence to be, not only the ultimate and original cause of all things, but the immediate and sole cause of every event which appears in nature. They pretend that those objects which are commonly denominated *causes*, are in reality nothing but *occasions*; and that the true and direct principle of every effect is not any power or force in nature, but a volition of the Supreme Being, who wills that such particular objects should for ever be conjoined with each other. Instead of saying that one billiard-ball moves another by a force which it has derived from the author of nature, it is the Deity himself, they say, who, by a particular volition, moves the second ball, being determined to this operation by the impulse of the first ball, in consequence of those general laws which he has laid down to himself in the government of the universe. But philosophers advancing still in their inquiries,

d. Θεὸς ἀπὸ μηχανῆς.

Devant de telles difficultés, ils ont coutume de recourir à quelque principe intelligent et invisible[d] et d'en faire la cause immédiate de cet événement qui les surprend et qui ne peut s'expliquer, pensent-ils, par les pouvoirs ordinaires de la nature. Mais les philosophes, qui poussent leur examen un peu plus loin, perçoivent immédiatement que, même dans les événements les plus familiers, l'énergie de la cause s'avère aussi peu intelligible que dans les événements les plus inhabituels, et que c'est par l'expérience seule que nous apprenons la fréquente *conjonction* des objets, sans être capables de rien saisir de ce qui en serait la *liaison*. De là vient que beaucoup d'entre eux se croient obligés par la raison de recourir en toute occasion à ce même principe que le vulgaire n'invoque jamais que dans les cas qui lui apparaissent miraculeux et surnaturels. Peu contents de faire de l'esprit et de l'intelligence la cause ultime et originelle de toutes choses, ils veulent en faire aussi la seule cause immédiate de tout événement qui a lieu dans la nature. Ils prétendent que ces objets dont on fait communément des *causes* ne sont en réalité que des *occasions* et que le principe direct véritable de tout effet n'est pas un pouvoir ou une force dans la nature, mais une volition de l'Être Suprême qui veut que tels objets particuliers soient pour toujours joints ensemble. Au lieu de dire qu'une boule de billard en meut une autre par une force qu'elle doit à l'Auteur de la nature, c'est la Divinité elle-même, disent-ils, qui par une volition particulière met en mouvement la seconde boule, étant déterminée à cette opération par l'impulsion de la première boule, conformément aux lois générales qu'elle s'est imposées à elle-même dans le gouvernement de l'univers. Mais les philosophes dont la recherche va encore

---

d. Θεὸς ἀπὸ μηχανῆς.

discover that, as we are totally ignorant of the power on which depends the mutual operation of bodies, we are no less ignorant of that power on which depends the operation of mind on body, or of body on mind; nor are we able, either from our senses or consciousness, to assign the ultimate principle in one case more than in the other. The same ignorance, therefore, reduces them to the same conclusion. They assert that the Deity is the immediate cause of the union between soul and body; and that they are not the organs of sense, which, being agitated by external objects, produce sensations in the mind; but that it is a particular volition of our omnipotent Maker, which excites such a sensation, in consequence of such a motion in the organ. In like manner, it is not any energy in the will that produces local motion in our members; it is God himself, who is pleased to second our will, in itself impotent, and to command that motion which we erroneously attribute to our own power and efficacy. Nor do philosophers stop at this conclusion. They sometimes extend the same inference to the mind itself, in its internal operations. Our mental vision or conception of ideas is nothing but a revelation made to us by our Maker. When we voluntarily turn our thoughts to any object, and raise up its image in the fancy, it is not the will which creates that idea: it is the universal Creator, who discovers it to the mind, and renders it present to us.

22. Thus, according to these philosophers, every thing is full of God. Not content with the principle, that nothing exists but by his will, that nothing possesses any power but by his concession, they rob nature, and all created beings, of every power, in order to render their dependence on the Deity still more sensible and immediate. They consider not that, by

plus loin, découvrent que, si nous sommes totalement ignorants du pouvoir dont dépend l'action mutuelle des corps, nous
ne le sommes pas moins du pouvoir dont dépend l'action de
l'esprit sur le corps ou du corps sur l'esprit, et que nous sommes
incapables, à l'aide de nos sens ou de notre conscience, d'assigner le principe ultime dans un cas autant que dans l'autre. La
même ignorance les ramène donc à la même conclusion. Ils
affirment que la Divinité est la cause immédiate de l'union de
l'âme et du corps et que ce ne sont pas les organes des sens qui,
étant ébranlés par les objets extérieurs, produisent les sensations dans l'esprit, mais que nous devons à une particulière
volition de notre Auteur, le Dieu tout-puissant, d'avoir telle
sensation en conséquence de tel mouvement dans l'organe. De
la même manière, ce n'est pas par une quelconque énergie
dans notre volonté que se produit le mouvement local de nos
membres; c'est Dieu lui-même qui se plaît à seconder notre
volonté, par elle-même impuissante, et à commander ce
mouvement que nous attribuons à tort à notre propre pouvoir
ou à notre propre efficace. Et les philosophes ne s'arrêtent pas
à cette conclusion. Ils étendent parfois la même inférence
aux opérations internes de l'esprit lui-même. Notre vision
mentale, notre conception des idées n'est rien qu'une révélation qui nous est faite par notre Auteur. Quand nous tournons
volontairement nos pensées vers un objet et en suscitons
l'image dans notre représentation, ce n'est pas la volonté
qui crée cette idée, c'est le Créateur de toutes choses qui la
découvre à notre esprit et la lui rend présente.

22. Ainsi, selon ces philosophes, toute chose est pleine de
Dieu. Non contents du principe que rien n'existe que par sa
volonté et que rien ne possède un pouvoir que par sa permis-
sion, ils dépouillent la nature et les êtres créés de toute espèce
de pouvoir afin de rendre leur dépendance envers la Divinité
encore plus sensible et immédiate. Ils ne voient pas que, par

this theory, they diminish, instead of magnifying, the grandeur of those attributes, which they affect so much to celebrate. It argues surely more power in the Deity to delegate a certain degree of power to inferior creatures than to produce every thing by his own immediate volition. It argues more wisdom to contrive at first the fabric of the world with such perfect foresight that, of itself, and by its proper operation, it may serve all the purposes of providence, than if the great Creator were obliged every moment to adjust its parts, and animate by his breath all the wheels of that stupendous machine.

23. But if we would have a more philosophical confutation of this theory, perhaps the two following reflections may suffice.

24. *First*, it seems to me that this theory of the universal energy and operation of the Supreme Being is too bold ever to carry conviction with it to a man, sufficiently apprized of the weakness of human reason, and the narrow limits to which it is confined in all its operations. Though the chain of arguments which conduct to it were ever so logical, there must arise a strong suspicion, if not an absolute assurance, that it has carried us quite beyond the reach of our faculties, when it leads to conclusions so extraordinary, and so remote from common life and experience. We are got into fairy land, long ere we have reached the last steps of our theory; and *there* we have no reason to trust our common methods of argument, or to think that our usual analogies and probabilities have any authority. Our line is too short to fathom such immense abysses. And however we may flatter ourselves that we are guided, in every step which we take, by a kind of verisimilitude and experience, we may be assured that this fancied experience

cette théorie, ils diminuent plus qu'ils ne magnifient la grandeur de ces attributs qu'ils affectent tant de glorifier. Cela montre certainement plus de puissance dans la Divinité de déléguer une part de pouvoir à des créatures inférieures que de produire toute chose immédiatement par son propre vouloir. Cela montre plus de sagesse d'agencer dès le commencement l'entier système du monde avec une si parfaite prévoyance que ce système, de lui-même et par sa propre opération, serve tous les desseins de la providence, que si le Créateur, malgré sa grandeur, était à tout moment obligé d'en ajuster les parties et d'animer de son souffle tous les rouages de cette prodigieuse machine.

23. Mais si l'on désire une réfutation plus philosophique, voici deux réflexions qui suffiront peut-être.

24. Il me semble *d'abord* que cette théorie de l'énergie et de l'action universelle de l'Être Suprême est bien trop hardie pour emporter la conviction chez un homme qui est assez instruit de la faiblesse de la raison humaine et des étroites limites où elle est enfermée, dans toutes ses opérations. La chaîne des arguments qui y conduit serait-elle fondée en bonne logique, qu'on ne saurait échapper, sinon à l'absolue certitude, du moins au fort soupçon qu'elle nous a entraînés bien au-delà de la portée de nos facultés, quand elle débouche sur des conclusions aussi extraordinaires et aussi éloignées de la vie ordinaire et de l'expérience. Nous sommes au pays des fées bien avant d'être parvenus aux dernières étapes de la théorie ; et rendus *là* nous n'avons plus de raison de nous fier à nos méthodes ordinaires d'argumentation, ni de penser que nos analogies et nos probabilités habituelles gardent quelque auto-rité. Notre sonde est trop courte pour de si immenses abîmes. Et quoique nous puissions nous flatter d'être guidés à chaque pas que nous faisons par une espèce de vraisemblance et d'expérience, nous pouvons être assurés que cette expérience

has no authority when we thus apply it to subjects that lie
entirely out of the sphere of experience. But on this we shall
have occasion to touch afterwards[e].

25. *Secondly*, I cannot perceive any force in the arguments
on which this theory is founded. We are ignorant, it is true, of
the manner in which bodies operate on each other : their force
or energy is entirely incomprehensible ; but are we not equally
ignorant of the manner or force by which a mind, even the
supreme mind, operates either on itself or on body? Whence,
I beseech you, do we acquire any idea of it? We have no
sentiment or consciousness of this power in ourselves. We
have no idea of the Supreme Being but what we learn from
reflection on our own faculties. Were our ignorance, therefore,
a good reason for rejecting any thing, we should be led into that
principle of denying all energy in the Supreme Being as much
as in the grossest matter. We surely comprehend as little the
operations of one as of the other. Is it more difficult to conceive
that motion may arise from impulse than that it may arise from
volition? All we know is our profound ignorance in both
cases[f].

e. Section 12.

f. I need not examine at length the *vis inertiae* which is so much talked of in
the new philosophy, and which is ascribed to matter. We find by experience,
that a body at rest or in motion continues for ever in its present state, till put
from it by some new cause; and that a body impelled takes as much
motion from the impelling body as it acquires itself. These are facts. When we
call this a *vis inertiae*, we only mark these facts, without pretending to have
any idea of the inert power; in the same manner as, when we talk of
gravity, we mean certain effects, without comprehending that active power.
It was never the meaning of Sir Isaac Newton to rob second causes of

imaginaire n'a aucune autorité quand elle est ainsi appliquée à des sujets qui passent entièrement le domaine de l'expérience. Mais nous aurons l'occasion de revenir plus tard sur ce point[e].

25. *En second lieu*, je ne puis trouver de solidité dans les arguments sur lesquels cette théorie repose. Nous ignorons, il est vrai, de quelle façon les corps agissent les uns sur les autres : leur force, leur énergie est entièrement incompréhensible. Mais n'ignorons-nous point tout autant de quelle façon et par quelle force un esprit, et même l'Esprit Suprême, agit sur lui-même ou sur les corps ? D'où, je vous prie, en prenons-nous l'idée ? Nous n'avons ni sentiment ni conscience de ce pouvoir en nous-mêmes. Nous n'avons d'autre idée de l'Être Suprême que celle que nous découvrons en réfléchissant sur nos propres facultés. Si donc notre ignorance était une bonne raison pour nier une chose, nous devrions adopter ce principe de refuser toute énergie dans l'Être Suprême autant que dans la matière la plus grossière. Il est sûr que nous ne comprenons pas mieux les opérations de l'un que celles de l'autre. Est-il plus difficile de concevoir que le mouvement naisse par impulsion que par volition ? Tout ce que nous savons, c'est notre profonde ignorance dans les deux cas[f].

---

e. Section 12.

f. Je n'ai pas besoin d'examiner longuement cette *vis inertiæ* dont on parle tant dans la nouvelle philosophie et qu'on attribue à la matière. L'expérience nous montre qu'un corps au repos ou en mouvement persiste dans son état présent jusqu'à ce qu'il en soit chassé par quelque nouvelle cause, et qu'un corps qui reçoit une impulsion prend autant de mouvement au corps qui la lui communique, qu'il en acquiert lui-même. Tels sont les faits. Quand nous appelons cela *vis inertiæ*, nous indiquons seulement ces faits sans prétendre avoir aucune idée de force inerte ; de la même façon que, quand nous parlons de gravité, nous signifions certains effets, sans comprendre cette force active. Ce ne fut jamais le dessein de Sir Isaac Newton de priver les causes secondes de

Part II

26. But to hasten to a conclusion of this argument, which is already drawn out to too great a length: we have sought in vain for an idea of power or necessary connexion in all the sources from which we could suppose it to be derived. It appears that, in single instances of the operation of bodies, we never can, by our utmost scrutiny, discover any thing but one event following another, without being able to comprehend any force or power by which the cause operates, or any connexion between it and its supposed effect. The same difficulty occurs in contemplating the operations of mind on body-where we observe the motion of the latter to follow upon the volition of the former, but are not able to observe or conceive the tie which binds together the motion and volition, or the energy by which the mind produces this effect. The authority of the will over its own faculties and ideas is not a whit more comprehensible; so that, upon the whole, there appears not, throughout all nature, any one instance of connexion which is conceivable by us. All events

all force or energy; though some of his followers have endeavoured to establish that theory upon his authority. On the contrary, that great philosopher had recourse to an etherial active fluid to explain his universal attraction; though he was so cautious and modest as to allow that it was a mere hypothesis, not to be insisted on, without more experiments. I must confess that there is something in the fate of opinions a little extraordinary. Des Cartes insinuated that doctrine of the universal and sole efficacy of the Deity, without insisting on it. Malebranche and other Cartesians made it the foundation of all their philosophy. It had, however, no authority in England. Locke, Clarke, and Cudworth, never so much as take notice of it, but suppose all along, that matter has a real, though subordinate and derived power. By what means has it become so prevalent among our modern metaphysicians?

Deuxième partie

26. Mais hâtons-nous de conclure cet argument, qui n'est déjà que trop long. Nous avons cherché l'idée de pouvoir ou de liaison nécessaire à toutes les sources où nous pouvions espérer la prendre. En vain. Nous avons vu que dans l'action des corps nous sommes incapables, si nous nous en tenons à un cas particulier, de découvrir autre chose qu'un événement suivant un autre événement, et cela malgré l'examen le plus strict, étant impuissants à saisir la force et le pouvoir par lesquels la cause agit, ainsi que sa liaison avec son effet supposé. La même difficulté se présente quand nous contemplons l'action de l'esprit sur le corps : nous observons que les mouvements du second suivent les volitions du premier, mais nous ne pouvons observer ni concevoir le lien qui unit ensemble le mouvement et la volition, ni l'énergie par laquelle l'esprit produit cet effet. L'empire de la volonté sur les facultés et les idées de l'esprit n'est pas plus compréhensible. Ainsi, à tout reprendre, il ne se présente dans toute la nature aucun exemple de liaison qui nous soit concevable. Tous les événe-

toute force ou de toute énergie, bien que certains de ses partisans aient essayé d'établir cette théorie sur son autorité. Au contraire, ce grand philosophe a eu recours à un fluide éthéré actif pour expliquer son attraction universelle, tout en étant assez prudent et modeste pour reconnaître que ce n'était qu'une simple hypothèse sur laquelle il ne fallait pas s'attarder, sans davantage d'expériences. Je dois avouer qu'il y a dans le sort des opinions quelque chose d'assez extraordinaire. Descartes insinua cette doctrine de l'efficace divine, unique et universelle, sans y insister. Malebranche et d'autres cartésiens en firent le fondement de toute leur philosophie. Mais elle ne fit pas autorité en Angleterre. Locke, Clarke et Cudworth ne prennent pas seulement la peine d'en parler, mais supposent tout du long que la matière a une force, quoique subordonnée et dérivée. Par quel moyen est-elle devenue si dominante parmi nos métaphysiciens modernes ?

seem entirely loose and separate. One event follows another; but we never can observe any tie between them. They seem *conjoined*, but never *connected*. And as we can have no idea of any thing which never appeared to our outward sense or inward sentiment, the necessary conclusion *seems* to be that we have no idea of connexion or power at all, and that these words are absolutely without any meaning, when employed either in philosophical reasonings or common life.

27. But there still remains one method of avoiding this conclusion, and one source which we have not yet examined. When any natural object or event is presented, it is impossible for us, by any sagacity or penetration, to discover, or even conjecture, without experience, what event will result from it, or to carry our foresight beyond that object which is immediately present to the memory and senses. Even after one instance or experiment where we have observed a particular event to follow upon another, we are not entitled to form a general rule, or foretell what will happen in like cases; it being justly esteemed an unpardonable temerity to judge of the whole course of nature from one single experiment, however accurate or certain. But when one particular species of event has always, in all instances, been conjoined with another, we make no longer any scruple of foretelling one upon the appearance of the other, and of employing that reasoning, which can alone assure us of any matter of fact or existence. We then call the one object, *Cause*; the other, *Effect*. We suppose that there is some connexion between them; some power in the one, by which it infallibly produces the other, and operates with the greatest certainty and strongest necessity.

28. It appears, then, that this idea of a necessary connexion among events arises from a number of similar

ments semblent totalement détachés et séparés. Un événement en suit un autre ; mais nous n'observons jamais de lien entre eux. Nous en voyons la *conjonction*, mais jamais la *liaison*. Et comme nous ne pouvons pas avoir l'idée d'une chose qui n'apparaîtrait jamais ni à nos sens externes ni à notre sentiment interne, il *semble* nécessaire de conclure que nous n'avons aucune idée de liaison ou de pouvoir et que ces mots sont totalement dépourvus de sens, qu'on les emploie dans des raisonnements philosophiques ou dans la vie commune.

27. Cependant, il nous reste un moyen d'éviter cette conclusion ; il y a une source que nous n'avons pas encore explorée. Un objet ou un événement naturel se présentant, il nous est impossible, malgré toute notre sagacité ou notre pénétration, de découvrir ou même de conjecturer, sans expérience, quel événement en résultera : notre vue ne peut aller au-delà de l'objet qui est immédiatement présent à la mémoire et aux sens. Supposé même que, dans tel cas ou dans telle expérience, nous ayons observé qu'un événement particulier en suit un autre, cela ne nous donnerait pas le droit de former une règle générale ou de prédire ce qui adviendra en des cas semblables ; avec raison, l'on nous reprocherait cette impardonnable témérité de vouloir juger le cours entier de la nature à partir d'une seule expérience, toute précise et certaine qu'elle soit. Mais quand une espèce particulière d'événement a été toujours et partout jointe à une autre, nous ne nous faisons plus scrupule de prédire l'un quand l'autre apparaît et d'user de ce raisonnement qui seul peut nous assurer des choses de fait ou d'existence. Nous appelons alors un objet la *cause* et l'autre l'*effet*. Nous supposons qu'il y a une liaison entre eux et que dans l'un il y a un pouvoir par lequel il produit l'autre infailliblement et agit avec la plus grande certitude et la plus forte nécessité.

28. Il apparaît donc que cette idée de liaison nécessaire entre des événements naît quand surviennent plusieurs cas

instances which occur of the constant conjunction of these events; nor can that idea ever be suggested by any one of these instances, surveyed in all possible lights and positions. But there is nothing in a number of instances, different from every single instance, which is supposed to be exactly similar; except only, that after a repetition of similar instances, the mind is carried by habit, upon the appearance of one event, to expect its usual attendant, and to believe that it will exist. This connexion, therefore, which we *feel* in the mind, this customary transition of the imagination from one object to its usual attendant, is the sentiment or impression from which we form the idea of power or necessary connexion. Nothing farther is in the case. Contemplate the subject on all sides; you will never find any other origin of that idea. This is the sole difference between one instance, from which we can never receive the idea of connexion, and a number of similar instances, by which it is suggested. The first time a man saw the communication of motion by impulse, as by the shock of two billiard balls, he could not pronounce that the one event was *connected*: but only that it was *conjoined* with the other. After he has observed several instances of this nature, he then pronounces them to be *connected*. What alteration has happened to give rise to this new idea of *connexion*? Nothing but that he now *feels* these events to be *connected* in his imagination, and can readily foretell the existence of one from the appearance of the other. When we say, therefore, that one object is connected with another, we mean only that they have acquired a connexion in our thought, and give rise to this inference, by which they become proofs of each other's existence: A conclusion which is somewhat extraordinary, but which seems founded on sufficient evidence. Nor will its evidence be

semblables dans lesquels ces événements sont constamment conjoints, mais que cette idée ne peut être suggérée par aucun de ces cas pris en particulier, sous quelque lumière ou dans quelque position qu'on l'envisage. Mais entre une pluralité de cas et chaque cas pris séparément qu'on suppose exactement semblable, il n'y a aucune différence, sinon ceci que, après la répétition de cas semblables, l'esprit est porté par l'habitude, quand un événement se présente, à attendre celui qui l'accompagne ordinairement et à croire qu'il existera. Cette liaison que nous *sentons* dans l'esprit, cette transition coutumière de l'imagination qui va d'un objet à celui qui l'accompagne ordinairement, est donc le sentiment ou l'impression à partir de laquelle nous formons l'idée de pouvoir ou de liaison nécessaire. Il n'y a rien de plus en l'occurrence. Examinez la question de tous les côtés ; vous ne trouverez aucune autre origine à cette idée. C'est la seule différence qui soit entre un seul cas, qui ne nous donnera jamais l'idée d'une liaison, et une pluralité de cas où cette idée nous est suggérée. La première fois qu'un homme vit la communication du mouvement se faire par impulsion, comme dans le choc de deux boules de billard, il n'aurait su déclarer que l'un des deux événements est *lié* à l'autre, mais seulement qu'ils sont *joints ensemble*. Mais après avoir observé plusieurs exemples de cette sorte, il déclare que ces événements sont *liés*. Quel changement s'est fait pour donner naissance à cette nouvelle idée de *liaison* ? Rien, sinon qu'il *sent* maintenant que ces événements sont *liés* dans son imagination et qu'il peut aisément prédire l'existence de l'un quand l'autre apparaît. Quand donc nous disons qu'un objet est lié à un autre, nous voulons seulement dire qu'ils ont acquis une liaison dans notre pensée et qu'ils suscitent cette inférence qui fait de chacun d'eux la preuve de l'existence de l'autre. Conclusion assez extraordinaire, mais qui semble fondée sur une évidence suffisante. Et cette évidence ne sera

weakened by any general diffidence of the understanding, or sceptical suspicion concerning every conclusion which is new and extraordinary. No conclusions can be more agreeable to scepticism than such as make discoveries concerning the weakness and narrow limits of human reason and capacity.

29. And what stronger instance can be produced of the surprising ignorance and weakness of the understanding than the present? For surely, if there be any relation among objects which it imports to us to know perfectly, it is that of cause and effect. On this are founded all our reasonings concerning matter of fact or existence. By means of it alone we attain any assurance concerning objects which are removed from the present testimony of our memory and senses. The only immediate utility of all sciences, is to teach us, how to control and regulate future events by their causes. Our thoughts and enquiries are, therefore, every moment, employed about this relation. Yet so imperfect are the ideas which we form concerning it, that it is impossible to give any just definition of *cause*, except what is drawn from something extraneous and foreign to it. Similar objects are always conjoined with similar. Of this we have experience. Suitably to this experience, therefore, we may define a cause to be *an object, followed by another, and where all the objects similar to the first are followed by objects similar to the second*. Or in other words *where, if the first object had not been, the second never had existed*. The appearance of a cause always conveys the mind, by a customary transition, to the idea of the effect. Of this also we have experience. We may, therefore, suitably to this experience, form another definition of cause, and call it, *an object followed by another, and whose appearance always conveys the thought to*

pas affaiblie, quelque défiance générale qu'on marque envers l'entendement et si sceptique que soit le soupçon qu'on porte à tout ce qui est nouveau et extraordinaire. Car aucune conclusion ne peut être plus agréable au scepticisme que celles qui découvrent des marques de la faiblesse et de l'étroitesse des limites de la raison et de la capacité humaine.

29. Et pourrait-on donner un exemple plus frappant de l'ignorance et de la surprenante faiblesse de l'entendement? Car, assurément, s'il est une relation entre les objets qu'il nous importe de connaître parfaitement, c'est bien celle de cause et d'effet. C'est sur elle que sont fondés tous nos raisonnements touchant les questions de fait et d'existence. C'est par elle seule que nous pouvons gagner quelque assurance sur les objets qui échappent au témoignage présent de notre mémoire et de nos sens. La seule utilité immédiate des sciences, c'est de nous apprendre à contrôler et gouverner les événements futurs par leurs causes. Nos pensées et nos recherches roulent donc à tout moment sur cette relation. Et pourtant les idées que nous en formons sont si imparfaites qu'il nous est impossible de bien définir ce que c'est qu'une *cause*, sinon d'une manière qui lui est extérieure et étrangère. Des objets semblables sont toujours joints à des objets semblables. Nous en faisons l'expérience. Conformément à cette expérience, nous pouvons donc définir la *cause* comme *un objet qui est suivi d'un autre, et de telle sorte que tous les objets semblables au premier sont suivis par des objets semblables au second*. Ou, en d'autres mots: *de telle sorte que le second objet n'aurait jamais existé sans l'existence du premier*. Quand une cause apparaît, elle porte toujours l'esprit, par une transition coutumière, à l'idée de l'effet. De cela aussi nous faisons l'expérience. Nous pouvons donc, conformément à cette expérience, former une autre définition de la *cause* et en faire *un objet qui est suivi d'un autre et qui, lorsqu'il paraît, porte toujours la pensée à*

that other. But though both these definitions be drawn from circumstances foreign to the cause, we cannot remedy this inconvenience, or attain any more perfect definition, which may point out that circumstance in the cause, which gives it a connexion with its effect. We have no idea of this connexion, nor even any distinct notion what it is we desire to know, when we endeavour at a conception of it. We say, for instance, that the vibration of this string is the cause of this particular sound. But what do we mean by that affirmation? We either mean *that this vibration is followed by this sound, and that all similar vibrations have been followed by similar sounds*; or, *that this vibration is followed by this sound, and that upon the appearance of one the mind anticipates the senses, and forms immediately an idea of the other.* We may consider the relation of cause and effect in either of these two lights; but beyond these, we have no idea of it [g].

---

g. According to these explications and definitions, the idea of *power* is relative as much as that of *cause*; and both have a reference to an effect, or some other event constantly conjoined with the former. When we consider the *unknown* circumstance of an object, by which the degree or quantity of its effect is fixed and determined, we call that its power: And accordingly, it is allowed by all philosophers that the effect is the measure of the power. But if they had any idea of power, as it is in itself, why could not they Measure it in itself? The dispute whether the force of a body in motion be as its velocity, or the square of its velocity; this dispute, I say, need not be decided by comparing its effects in equal or unequal times; but by a direct mensuration and comparison.

As to the frequent use of the words, *force, power, energy,* &c., which every where occur in common conversation, as well as in philosophy; that is no proof, that we are acquainted, in any instance, with the connecting principle between cause and effect, or can account ultimately for the production of one thing by another. These words, as commonly used,

cet autre. Mais bien que ces deux définitions soient tirées de circonstances qui sont étrangères à la cause, nous ne pouvons porter remède à cet inconvénient ni parvenir à une définition plus parfaite qui indiquerait dans la cause cette circonstance qui la met en liaison avec son effet. Nous n'avons aucune idée de cette liaison ni même de notion distincte de ce en quoi consiste ce que nous désirons connaître, lorsque nous essayons de le concevoir. Nous disons par exemple que la vibration de cette corde est la cause de ce son particulier. Mais qu'entendons-nous en affirmant cela ? Ou bien ceci : *cette vibration est suivie par ce son et toutes les vibrations semblables ont été suivies par des sons semblables*. Ou bien cela : *cette vibration est suivie par ce son et lorsque l'un paraît, l'esprit, précédant les sens, forme immédiatement une idée de l'autre*. Nous pouvons envisager la relation de cause à effet sous l'un ou l'autre de ces jours ; mais hors de cela, nous n'en avons point d'idée [g].

g. Selon les explications et les définitions que nous venons de donner, l'idée de *pouvoir* est tout aussi relative que celle de cause ; toutes les deux se rapportent à un effet, à un événement, qui est constamment joint à un premier. Quand nous considérons la circonstance *inconnue* d'un objet par laquelle est fixé et déterminé le degré de quantité de son effet, nous l'appelons son *pouvoir* ; en conséquence de quoi tous les philosophes conviennent que le pouvoir se mesure par son effet. Mais s'ils avaient une idée du pouvoir, tel qu'il est en lui-même, pourquoi ne pourraient-ils pas le mesurer par lui-même ? La dispute, si la force d'un corps en mouvement est comme sa vitesse ou comme le carré de sa vitesse, cette dispute, dis-je, n'aurait pas besoin d'être tranchée par la compa-raison des effets produits dans des temps égaux ou inégaux, mais par une mesure et une comparaison directe.

Quant au fréquent emploi des mots *force*, *pouvoir*, *énergie*, etc., qui apparaissent partout dans les conversations ordinaires aussi bien qu'en philo-sophie, il ne faut pas y chercher la preuve que nous connaissions en tel ou tel cas le principe qui lie la cause et l'effet ou que nous puissions rendre compte de manière ultime de la production d'une chose par une autre. L'usage attache

30. To recapitulate, therefore, the reasonings of this section : every idea is copied from some preceding impression or sentiment; and where we cannot find any impression, we may be certain that there is no idea. In all single instances of the operation of bodies or minds, there is nothing that produces any impression, nor consequently can suggest any idea of power or necessary connexion. But when many uniform instances appear, and the same object is always followed by the same event; we then begin to entertain the notion of cause and connexion. We then *feel* a new sentiment or impression, to wit, a customary connexion in the thought or imagination between one object and its usual attendant; and this sentiment is the original of that idea which we seek for. For as this idea arises from a number of similar instances, and not from any

have very loose meanings annexed to them; and their ideas are very uncertain and confused. No animal can put external bodies in motion without the senti-ment of a *nisus* or endeavour; and every animal has a sentiment or feeling from the stroke or blow of an external object, that is in motion. These sensations, which are merely animal, and from which we can *a priori* draw no inference, we are apt to transfer to inanimate objects, and to suppose, that they have some such feelings, whenever they transfer or receive motion. With regard to energies, which are exerted, without our annexing to them any idea of communicated motion, we consider only the constant experienced conjunction of the events; and as we *feel* a customary connexion between the ideas, we transfer that feeling to the objects; as nothing is more usual than to apply to external bodies every internal sensation, which they occasion.

30. Récapitulons maintenant les raisonnements de cette section. Toute idée est copiée d'une impression ou d'un sentiment qui la précède ; et là où nous ne pouvons trouver d'impression, soyons assurés qu'il n'y a pas d'idée. Dans tout cas, pris séparément, d'une action des corps ou des esprits, il n'y a rien qui produise une impression ni puisse suggérer ainsi une idée de pouvoir ou de liaison nécessaire. Ce n'est qu'après plusieurs cas uniformes, quand le même objet est toujours suivi par le même événement, que nous commençons à entretenir les notions de cause et de liaison. Nous *sentons* alors un nouveau sentiment ou une nouvelle impression, à savoir une liaison coutumière dans la pensée ou l'imagination entre tel objet et tel autre qui l'accompagne ordinairement ; et ce sentiment est l'original de l'idée que nous recherchons. Car, cette idée naissant d'une pluralité de cas semblables, et non d'un cas

---

d'ordinaire à ces mots une signification très lâche ; et les idées qu'ils expriment sont très incertaines et confuses. Aucun être animé ne peut mettre en mouvement un corps extérieur sans avoir le sentiment d'un *nisus* ou d'un effort ; et tout être animé, quand il est heurté ou frappé par un objet extérieur en mouvement, éprouve un sentiment ou une impression. Ces sensations qui sont purement animales et desquelles nous ne pouvons *a priori* tirer aucune inférence, nous sommes portés à les communiquer aux objets inanimés et à supposer qu'ils ont quelque impression de cette sorte, lorsqu'ils communiquent ou reçoivent du mouvement. Quant aux énergies qui se dépensent sans que nous leur annexions l'idée d'un mouvement communiqué, nous considérons seulement la conjonction constante des événements qui fait la matière de notre expérience ; et comme nous *sentons* une liaison coutumière entre les idées, nous transférons cette impression aux objets, car rien n'est plus habituel que d'appliquer aux corps extérieurs la sensation intérieure qu'ils occasionnent [**].

single instance, it must arise from that circumstance, in which the number of instances differ from every individual instance. But this customary connexion or transition of the imagination is the only circumstance in which they differ. In every other particular they are alike. The first instance which we saw of motion communicated by the shock of two billiard balls (to return to this obvious illustration) is exactly similar to any instance that may, at present, occur to us; except only, that we could not, at first, *infer* one event from the other; which we are enabled to do at present, after so long a course of uniform experience. I know not whether the reader will readily apprehend this reasoning. I am afraid that, should I multiply words about it, or throw it into a greater variety of lights, it would only become more obscure and intricate. In all abstract reasonings there is one point of view which, if we can happily hit, we shall go farther towards illustrating the subject than by all the eloquence and copious expression in the world. This point of view we should endeavour to reach, and reserve the flowers of rhetoric for subjects which are more adapted to them.

unique, elle doit naître de cette circonstance qui fait la différence entre une pluralité de cas et un cas pris séparément. Mais cette liaison ou cette transition coutumière de l'imagination est la seule circonstance par laquelle ils diffèrent. Sous tout autre aspect, ils sont semblables. Le premier cas que nous ayons connu (pour reprendre cet exemple évident) d'un mouvement communiqué par le choc de deux boules de billard, est exactement semblable à tout autre cas qui peut se présenter à nous aujourd'hui; à cette différence près que nous n'aurions pu alors *inférer* un événement de l'autre, tandis que nous pouvons le faire à présent, après une longue suite d'expériences uniformes. Je ne sais si mes lecteurs saisiront bien ce raisonnement. Je crains qu'à multiplier les mots à son sujet et à le placer dans une plus grande variété d'aspects, je ne le rende plus obscur et plus compliqué. Tous les raisonnements abstraits ont leur point de vue; si nous avons le bonheur d'y parvenir, nous serons plus à même d'illustrer le sujet que par toute l'éloquence du monde ou l'expression la plus riche. C'est ce point de vue que nous devons essayer d'atteindre, réservant les fleurs de la rhétorique à des sujets qui leur conviennent mieux.

OF LIBERTY AND NECESSITY

Part I

1. It might reasonably be expected, in questions which have been canvassed and disputed with great eagerness, since the first origin of science and philosophy, that the meaning of all the terms, at least, should have been agreed upon among the disputants; and our enquiries, in the course of two thousand years, been able to pass from words to the true and real subject of the controversy. For how easy may it seem to give exact definitions of the terms employed in reasoning, and make these definitions, not the mere sound of words, the object of future scrutiny and examination? But if we consider the matter more narrowly, we shall be apt to draw a quite opposite conclusion. From this circumstance alone, that a controversy has been long kept on foot, and remains still undecided, we may presume that there is some ambiguity in the expression, and that the disputants affix different ideas to the terms employed in the controversy. For as the faculties of the mind are supposed to be naturally alike in every individual; otherwise nothing could be more fruitless than to reason or dispute together;

DE LA LIBERTÉ ET DE LA NÉCESSITÉ

Première partie

1. On pourrait raisonnablement attendre, dans des questions qui ont été agitées et tant disputées depuis la première origine de la science et de la philosophie – on pourrait attendre, dis-je, et ce serait le moins, que les parties adverses se soient enfin accordées sur le sens de tous les termes et que deux mille ans de recherches nous aient mis en état de passer des mots au sujet réel et véritable de la controverse. Car, enfin, est-il rien qui paraisse plus aisé que de donner la définition exacte des termes qu'on emploie dans le raisonnement et de faire de ces définitions, et non du seul bruit des mots, l'objet de l'étude ou de l'examen qui doit suivre? Cependant, en regardant les choses de plus près, on se trouvera porté à une conclusion tout à fait opposée. Si une controverse a été entretenue depuis longtemps sans avoir encore été décidée, cette seule circonstance laisse présumer qu'il s'est glissé quelque ambiguïté dans l'expression et que les parties adverses attachent des idées différentes aux termes qui sont employés dans la controverse. Car, les facultés de l'esprit étant supposées naturellement semblables en chaque individu – sans quoi rien ne serait plus stérile que de raisonner ou de discuter ensemble –

it were impossible, if men affix the same ideas to their terms, that they could so long form different opinions of the same subject; especially when they communicate their views, and each party turn themselves on all sides, in search of arguments which may give them the victory over their antagonists. It is true, if men attempt the discussion of questions which lie entirely beyond the reach of human capacity, such as those concerning the origin of worlds, or the economy of the intellectual system or region of spirits, they may long beat the air in their fruitless contests, and never arrive at any determinate conclusion. But if the question regard any subject of common life and experience, nothing, one would think, could preserve the dispute so long undecided but some ambiguous expressions, which keep the antagonists still at a distance, and hinder them from grappling with each other.

2. This has been the case in the long disputed question concerning liberty and necessity; and to so remarkable a degree that, if I be not much mistaken, we shall find, that all mankind, both learned and ignorant, have always been of the same opinion with regard to this subject, and that a few intelligible definitions would immediately have put an end to the whole controversy. I own that this dispute has been so much canvassed on all hands, and has led philosophers into such a labyrinth of obscure sophistry, that it is no wonder, if a sensible reader indulge his ease so far as to turn a deaf ear to the proposal of such a question, from which he can expect neither instruction or entertainment. But the state of the argument here proposed may, perhaps, serve to renew his attention; as it has more novelty, promises at least some decision of the controversy, and will not much disturb his ease by any intricate or obscure reasoning.

il paraît impossible qu'avec les mêmes idées attachées aux mêmes termes les hommes se soient formé pendant si longtemps des opinions différentes d'un même sujet ; spécialement, quand ils se communiquent leurs vues et que chaque partie cherche de tout côté des arguments propres à lui donner la victoire sur l'adversaire. Il est vrai que, quand ils entreprennent de traiter de questions qui sont entièrement hors de la portée des capacités humaines, comme celle de l'origine des mondes, celle de l'économie du système intellectuel ou de la région des esprits, ils peuvent longtemps battre l'air dans leurs dissensions stériles, sans jamais parvenir à une conclusion déterminée. Mais si la question roule sur un sujet de la vie et de l'expérience commune, on ne voit pas ce qui pourrait retarder si longtemps la décision, sinon des expressions ambiguës qui maintiennent à distance les adversaires et les empêchent de s'empoigner.

2. C'est ce qu'on observe dans la question depuis longtemps disputée de la liberté et de la nécessité ; et à un degré si remarquable qu'il va paraître, ou je me trompe fort, que tous les hommes, les savants aussi bien que les ignorants, ont toujours été du même avis sur ce sujet et qu'il n'aurait fallu que quelques définitions intelligibles pour mettre immédiatement fin à toute la controverse. Je l'avoue, cette dispute ayant été retournée par tant de mains et ayant jeté les philosophes dans un tel labyrinthe d'obscure sophistique, ce n'est pas merveille si le lecteur sensé cède à son désir de tranquillité, au point de ne plus vouloir entendre parler d'une question dont il ne saurait attendre ni instruction ni agrément. Mais le tour que je donne ici à l'argument permettra peut-être de ranimer son attention, puisque cet argument offre plus de nouveauté, qu'il promet un début de solution à la controverse, et peut-être davantage, et qu'il ne troublera guère la tranquillité de notre lecteur par des raisonnements obscurs et embrouillés.

3. I hope, therefore, to make it appear that all men have ever agreed in the doctrine both of necessity and of liberty, according to any reasonable sense, which can be put on these terms; and that the whole controversy has hitherto turned merely upon words. We shall begin with examining the doctrine of necessity.

4. It is universally allowed that matter, in all its operations, is actuated by a necessary force, and that every natural effect is so precisely determined by the energy of its cause that no other effect, in such particular circumstances, could possibly have resulted from it. The degree and direction of every motion is, by the laws of nature, prescribed with such exactness that a living creature may as soon arise from the shock of two bodies as motion in any other degree or direction than what is actually produced by it. Would we, therefore, form a just and precise idea of *necessity*, we must consider whence that idea arises when we apply it to the operation of bodies.

5. It seems evident that, if all the scenes of nature were continually shifted in such a manner that no two events bore any resemblance to each other, but every object was entirely new, without any similitude to whatever had been seen before, we should never, in that case, have attained the least idea of necessity, or of a connexion among these objects. We might say, upon such a supposition, that one object or event has followed another; not that one was produced by the other. The relation of cause and effect must be utterly unknown to mankind. Inference and reasoning concerning the operations of nature would, from that moment, be at an end; and the memory and senses remain the only canals, by which the knowledge of any real existence could possibly have access to the mind. Our idea, therefore, of necessity and causation arises

3. J'espère donc faire voir que tous les hommes se sont toujours accordés sur les doctrines de la nécessité et de la liberté, quelque sens raisonnable qu'ils attachent à ces termes, et que toute la controverse n'a porté jusqu'à présent que sur des mots. Nous commencerons par examiner la doctrine de la nécessité.

4. Tout le monde convient que la matière, dans toutes ses opérations, est agie par une force nécessaire et que tout effet naturel est si précisément déterminé par l'énergie de sa cause qu'aucun autre effet, dans les mêmes circonstances particulières, n'aurait pu en résulter. Le degré et la direction du mouvement sont prescrits par les lois de la nature avec une telle exactitude que, du choc de deux corps, il pourrait naître aussi bien une créature vivante qu'un mouvement différant par son degré et sa direction de celui qu'on connaît effectivement. Si donc nous voulons nous former une idée juste et précise de la *nécessité*, il faut examiner d'où vient cette idée quand nous l'appliquons à l'action des corps.

5. Si toutes les scènes de la nature changeaient perpétuellement et changeaient de façon qu'il n'y eût pas deux événements offrant une seule ressemblance, mais que tout objet fût entièrement nouveau sans rien de semblable à ce qui a été vu auparavant, il paraît évident que nous n'aurions jamais acquis la moindre idée de nécessité ou de liaison entre ces objets. Dans une telle hypothèse, nous pourrions dire qu'un objet ou un événement en a suivi un autre, mais non que l'un a produit l'autre. La relation de cause et d'effet resterait totalement inconnue aux hommes. Dès lors, toute inférence ou raisonnement sur les opérations de la nature tournerait court; et la mémoire et les sens resteraient les seuls canaux par où une connaissance de l'existence réelle pourrait encore entrer dans l'esprit. Notre idée de la nécessité et de la causalité naît donc

entirely from the uniformity observable in the operations of nature, where similar objects are constantly conjoined together, and the mind is determined by custom to infer the one from the appearance of the other. These two circumstances form the whole of that necessity, which we ascribe to matter. Beyond the constant *conjunction* of similar objects, and the consequent *inference* from one to the other, we have no notion of any necessity or connexion.

6. If it appear, therefore, that all mankind have ever allowed, without any doubt or hesitation, that these two circumstances take place in the voluntary actions of men, and in the operations of mind; it must follow, that all mankind have ever agreed in the doctrine of necessity, and that they have hitherto disputed, merely for not understanding each other.

7. As to the first circumstance, the constant and regular conjunction of similar events, we may possibly satisfy ourselves by the following considerations. It is universally acknowledged that there is a great uniformity among the actions of men, in all nations and ages, and that human nature remains still the same, in its principles and operations. The same motives always produce the same actions. The same events follow from the same causes. Ambition, avarice, self-love, vanity, friendship, generosity, public spirit: these passions, mixed in various degrees, and distributed through society, have been, from the beginning of the world, and still are, the source of all the actions and enterprises, which have ever been observed among mankind. Would you know the sentiments, inclinations, and course of life of the Greeks and Romans? Study well the temper and actions of the French and English: You cannot be much mistaken in transferring to the former *most* of the observations

entièrement de l'uniformité qui s'observe dans les opérations de la nature, les objets semblables étant constamment joints ensemble et l'esprit étant déterminé par l'habitude à inférer un objet de l'apparition de l'autre. Ces deux circonstances font le tout de la nécessité que nous attribuons à la matière. En dehors de la constante *conjonction* d'objets semblables et de l'*inférence* des uns aux autres, qui s'ensuit, nous n'avons aucune notion de nécessité ou de liaison.

6. S'il apparaît alors que tous les hommes ont toujours admis, sans doute ni hésitation, que ces deux circonstances se retrouvent dans les actes volontaires des hommes et dans les opérations de l'esprit, la conséquence est inévitable : tous les hommes se sont toujours accordés sur la doctrine de la nécessité et ils en ont disputé jusqu'ici, simplement pour ne s'être pas entendus.

7. Et voyons d'abord la première circonstance, la conjonction constante et régulière d'événements semblables. Nous pouvons peut-être nous satisfaire des considérations suivantes. Il est universellement reconnu qu'il y a une grande uniformité dans les actions des hommes, à toute époque et en toute nation, et que la nature humaine demeure toujours la même dans ses principes et dans ses opérations. Les mêmes motifs produisent toujours les mêmes actions. Les mêmes événements suivent des mêmes causes. L'ambition, l'avarice, l'amour de soi, la vanité, l'amitié, la générosité, l'esprit public, toutes ces passions, mêlées à des degrés divers et distribuées dans toute la société, ont été depuis le début du monde et sont encore aujourd'hui la source de toutes les actions et de toutes les entreprises qu'on a pu observer chez les hommes. Vous voulez connaître les sentiments, les inclinations et la façon de vivre des Grecs et des Romains ? Étudiez bien le tempérament et la conduite des Français et des Anglais : vous ne courez pas grand risque à transposer sur les premiers *la plupart* des obser-

which you have made with regard to the latter. Mankind are so much the same, in all times and places, that history informs us of nothing new or strange in this particular. Its chief use is only to discover the constant and universal principles of human nature, by showing men in all varieties of circumstances and situations, and furnishing us with materials from which we may form our observations and become acquainted with the regular springs of human action and behaviour. These records of wars, intrigues, factions, and revolutions, are so many collections of experiments, by which the politician or moral philosopher fixes the principles of his science, in the same manner as the physician or natural philosopher becomes acquainted with the nature of plants, minerals, and other external objects, by the experiments which he forms concerning them. Nor are the earth, water, and other elements, examined by Aristotle, and Hippocrates, more like to those which at present lie under our observation than the men described by Polybius and Tacitus are to those who now govern the world.

8. Should a traveller, returning from a far country, bring us an account of men, wholly different from any with whom we were ever acquainted; men, who were entirely divested of avarice, ambition, or revenge; who knew no pleasure but friendship, generosity, and public spirit; we should immediately, from these circumstances, detect the falsehood, and prove him a liar, with the same certainty as if he had stuffed his narration with stories of centaurs and dragons, miracles and prodigies. And if we would explode any forgery in history, we cannot make use of a more convincing argument, than to prove, that the actions ascribed to any person are directly

vations que vous avez faites sur les seconds. Les hommes sont tellement les mêmes en tout temps et en tout lieu que l'histoire ne nous apprend rien de nouveau ni d'étrange à cet égard. Sa principale utilité est seulement de montrer les principes constants et universels de la nature humaine, en faisant voir les hommes dans toute la variété des circonstances et des situations, et en nous procurant des matériaux d'où nous puissions tirer nos observations et prendre connaissance des ressorts réguliers de l'action et de la conduite des hommes. Ces récits de guerres, d'intrigues, de factions et de révolutions, sont autant de collections d'expériences qui permettent à l'homme politique ou au philosophe moral d'établir les principes de sa science, de la même manière que le médecin ou le philosophe naturel s'instruit de la nature des plantes, des minéraux et des autres objets extérieurs à la lumière des expériences qu'il fait à leur sujet. Et la terre, l'eau et les autres éléments étudiés par Aristote et Hippocrate ne ressemblent pas plus à ceux qui s'offrent aujourd'hui à notre observation, que les hommes décrits par Polybe et Tacite à ceux qui aujourd'hui gouvernent le monde.

8. Imaginez qu'un voyageur, de retour d'un lointain pays, vienne nous faire le récit d'hommes totalement différents de ceux que nous avons toujours connus, des hommes parfaitement dépourvus d'avarice, d'ambition ou d'esprit de revanche, et ignorants de tout autre plaisir que l'amitié, la générosité et l'attachement au bien public; il n'en faudrait pas plus pour nous faire découvrir sur le champ la supercherie, et nous convaincrions notre voyageur de mensonge avec autant de certitude que s'il avait rempli sa narration d'histoires de centaures et de dragons, de miracles et de prodiges. Et si nous voulons dénoncer dans l'histoire quelque faux récit, nous n'avons pas d'argument plus décisif que de prouver que les actions qu'on attribue aux personnages sont directement

contrary to the course of nature, and that no human motives, in such circumstances, could ever induce him to such a conduct. The veracity of Quintus Curtius is as much to be suspected, when he describes the supernatural courage of Alexander, by which he was hurried on singly to attack multitudes, as when he describes his supernatural force and activity, by which he was able to resist them. So readily and universally do we acknowledge a uniformity in human motives and actions as well as in the operations of body.

9. Hence likewise the benefit of that experience, acquired by long life and a variety of business and company, in order to instruct us in the principles of human nature, and regulate our future conduct, as well as speculation. By means of this guide, we mount up to the knowledge of men's inclinations and motives, from their actions, expressions, and even gestures; and again descend to the interpretation of their actions from our knowledge of their motives and inclinations. The general observations treasured up by a course of experience, give us the clue of human nature, and teach us to unravel all its intricacies. Pretexts and appearances no longer deceive us. Public declarations pass for the specious colouring of a cause. And though virtue and honour be allowed their proper weight and authority, that perfect disinterestedness, so often pretended to, is never expected in multitudes and parties; seldom in their leaders; and scarcely even in individuals of any rank or station. But were there no uniformity in human actions, and were every experiment which we could form of this kind irregular and anomalous, it were impossible to collect any general observations concerning mankind; and

contraires au cours de la nature et qu'aucun motif humain ne pourrait en de telles circonstances les pousser à une telle conduite. La véracité de Quinte-Curce est tout aussi suspecte quand il décrit le courage surnaturel d'Alexandre qui lui faisait attaquer seul des multitudes entières, que lorsqu'il décrit la force physique surnaturelle avec laquelle il était capable de leur résister. Tant nous nous hâtons tous d'admettre qu'il y a de l'uniformité dans les motifs et les actions humaines, comme dans les opérations des corps!

9. De là vient aussi le bénéfice de l'expérience, acquise au fil d'une longue vie, dans la pratique des affaires et l'usage de la société, si nous cherchons à nous instruire des principes de la nature humaine et à nous gouverner dans notre conduite future, aussi bien que dans nos pensées. Grâce à ce guide, nous nous élevons à la connaissance des inclinations et des motifs des hommes en observant leurs actions, leurs expressions et même leurs gestes; et, ayant la connaissance de leurs motifs et de leurs inclinations, nous redescendons à l'interprétation de leurs actions. Les observations générales que nous avons accumulées au fil de l'expérience nous donnent la clé de la nature humaine et nous permettent d'en débrouiller les labyrinthes. Nous ne sommes plus victimes des faux semblants et des apparences. Nous distinguons dans les déclarations publiques l'habillage spécieux d'une cause. Et tout en accordant à la vertu et à l'honneur le poids et l'autorité qui leur reviennent, nous n'attendons jamais de trouver dans les foules et les factions ce parfait désintéressement si souvent prétexté; nous le supposons rarement dans leurs chefs; et à grand peine l'accordons-nous aux individus, en tout rang et en toute condition. Mais s'il n'y avait pas d'uniformité dans les actions humaines et si les expériences que nous faisons en ce domaine étaient irrégulières ou capricieuses, il nous serait impossible de rassembler des observations générales sur les hommes; et

no experience, however accurately digested by reflection, would ever serve to any purpose. Why is the aged husbandman more skilful in his calling than the young beginner but because there is a certain uniformity in the operation of the sun, rain, and earth towards the production of vegetables; and experience teaches the old practitioner the rules by which this operation is governed and directed.

10. We must not, however, expect that this uniformity of human actions should be carried to such a length as that all men, in the same circumstances, will always act precisely in the same manner, without making any allowance for the diversity of characters, prejudices, and opinions. Such a uniformity in every particular is found in no part of nature. On the contrary, from observing the variety of conduct in different men, we are enabled to form a greater variety of maxims, which still suppose a degree of uniformity and regularity.

11. Are the manners of men different in different ages and countries? We learn thence the great force of custom and education, which mould the human mind from its infancy and form it into a fixed and established character. Is the behaviour and conduct of the one sex very unlike that of the other? It is thence we become acquainted with the different characters which nature has impressed upon the sexes, and which she preserves with constancy and regularity. Are the actions of the same person much diversified in the different periods of his life, from infancy to old age? This affords room for many general observations concerning the gradual change of our sentiments and inclinations, and the different maxims which prevail in the different ages of human creatures. Even the characters, which are peculiar to each individual, have a uniformity in their influence; otherwise

même l'expérience la plus soigneusement réfléchie ne servirait à aucun dessein. Pourquoi le vieux laboureur est-il plus habile dans son métier que le jeune débutant, sinon parce qu'il y a une certaine uniformité de l'action du soleil, de la pluie et de la terre, sur la production des végétaux, et que l'expérience enseigne à celui qui a une longue pratique les règles qui gouvernent et dirigent cette action ?

10. Nous ne devons pas toutefois pousser trop loin cette uniformité des actions humaines ni croire que tous les hommes, placés dans les mêmes circonstances, agissent toujours exactement de même ; il faut aussi tenir compte de la diversité des caractères, des préjugés et des opinions. Une telle uniformité dans le détail est une chose que la nature ne montre nulle part. Au contraire, la variété des conduites qu'on observe chez différents hommes nous pousse à varier davantage nos maximes, tout en leur supposant encore un certain degré d'uniformité et de régularité.

11. Les mœurs sont-elles différentes en différents siècles et en différents pays ? Cela nous apprend toute la force de la coutume et de l'éducation qui façonnent l'esprit humain dès sa plus tendre enfance et lui donnent le tour d'un caractère fixe et établi. La conduite et le comportement d'un sexe sont-ils très différents de ceux de l'autre ? C'est de cette manière que nous sommes instruits des différents caractères que la nature a imprimés dans chacun d'eux et qu'elle maintient avec constance et régularité. Les actions de la même personne varient-elles considérablement d'une période de sa vie à une autre, de l'enfance à la vieillesse ? Voilà matière à de nombreuses observations générales sur le changement graduel de nos sentiments et de nos inclinations et sur les diverses maximes qui dominent aux différents âges de l'être humain. Même les caractères qui sont particuliers à chaque individu ont de l'uniformité dans l'influence qu'ils exercent ; sans

our acquaintance with the persons and our observation of their conduct could never teach us their dispositions, or serve to direct our behaviour with regard to them.

12. I grant it possible to find some actions, which seem to have no regular connexion with any known motives, and are exceptions to all the measures of conduct which have ever been established for the government of men. But if we would willingly know what judgement should be formed of such irregular and extraordinary actions, we may consider the sentiments commonly entertained with regard to those irregular events which appear in the course of nature, and the operations of external objects. All causes are not conjoined to their usual effects with like uniformity. An artificer, who handles only dead matter, may be disappointed of his aim, as well as the politician, who directs the conduct of sensible and intelligent agents.

13. The vulgar, who take things according to their first appearance, attribute the uncertainty of events to such an uncertainty in the causes as makes the latter often fail of their usual influence; though they meet with no impediment in their operation. But philosophers, observing that, almost in every part of nature, there is contained a vast variety of springs and principles, which are hid, by reason of their minuteness or remoteness, find that it is at least possible the contrariety of events may not proceed from any contingency in the cause, but from the secret operation of contrary causes. This possibility is converted into certainty by farther observation, when they remark that, upon an exact scrutiny, a contrariety of effects always betrays a contrariety of causes, and proceeds from their mutual opposition. A peasant can give no better reason for the stopping of any clock or watch

quoi notre connaissance des personnes et notre observation de leur conduite ne pourraient jamais nous instruire de leurs dispositions ni nous aider à régler notre comportement à leur égard.

12. J'accorde qu'on peut trouver des actions qui paraissent n'avoir de liaison régulière avec aucun motif connu et qui font exception à toutes les maximes de conduite établies pour le gouvernement des hommes. Mais voulez-vous savoir quel jugement il faut porter sur des actions aussi irrégulières et extraordinaires? Étudiez les sentiments qu'on nourrit d'ordinaire à l'endroit des événements irréguliers qui apparaissent dans le cours de la nature et dans l'action des corps extérieurs. Toutes les causes ne sont pas jointes à leurs effets habituels avec une pareille uniformité. L'artisan qui travaille sur la matière morte peut voir ses attentes déçues, aussi bien que l'homme politique qui dirige la conduite d'agents doués de sentiment et d'intelligence.

13. Le vulgaire qui prend les choses dans leur première apparence, attribue l'incertitude des événements à une incertitude dans les causes, incertitude qui les prive souvent de leur influence habituelle, bien que leur action ne soit empêchée par aucun obstacle. Mais les philosophes, qui observent que presque toutes les parties de la nature renferment une grande variété de ressorts et de principes qui restent cachés en raison de leur petitesse ou de leur éloignement, soupçonnent qu'il est à tout le moins possible que la contrariété des événements ne vienne pas d'une quelconque contingence dans la cause, mais qu'elle soit due à l'opération de causes contraires. Davantage d'observation change bientôt cette possibilité en certitude, quand ils remarquent, à la lumière d'un examen précis, qu'une contrariété d'effets trahit toujours une contrariété des causes et résulte de leur mutuelle opposition. Un paysan ne donnera pas de meilleure raison à l'arrêt d'une horloge ou d'une montre

than to say that it does not commonly go right : But an artist easily perceives that the same force in the spring or pendulum has always the same influence on the wheels; but fails of its usual effect, perhaps by reason of a grain of dust, which puts a stop to the whole movement. From the observation of several parallel instances, philosophers form a maxim that the connexion between all causes and effects is equally necessary, and that its seeming uncertainty in some instances proceeds from the secret opposition of contrary causes.

14. Thus, for instance, in the human body, when the usual symptoms of health or sickness disappoint our expectation; when medicines operate not with their wonted powers; when irregular events follow from any particular cause; the philosopher and physician are not surprised at the matter, nor are ever tempted to deny, in general, the necessity and uniformity of those principles by which the animal economy is conducted. They know that a human body is a mighty complicated machine : That many secret powers lurk in it, which are altogether beyond our comprehension : That to us it must often appear very uncertain in its operations : And that therefore the irregular events, which outwardly discover themselves, can be no proof that the laws of nature are not observed with the greatest regularity in its internal operations and government.

15. The philosopher, if he be consistent, must apply the same reasoning to the actions and volitions of intelligent agents. The most irregular and unexpected resolutions of men may frequently be accounted for by those who know every particular circumstance of their character and situation. A person of an obliging disposition gives a peevish answer : But he has the toothache, or has not dined. A stupid fellow discovers an uncommon alacrity in his carriage : But he has

que de dire qu'elle ne marche pas bien d'ordinaire; mais
l'homme de l'art aperçoit aisément que la même force dans le
ressort ou le pendule a toujours la même influence sur les
roues, mais qu'elle manque à son effet habituel, peut-être à
cause d'un grain de poussière qui bloque tout le mouvement.
C'est sur de pareilles observations concordantes que les philosophes forment la maxime que la liaison des causes et des
effets est partout nécessaire et que telle ou telle incertitude
apparente procède de l'opposition secrète de causes contraires.

14. Prenons l'exemple du corps humain. Quand les
symptômes ordinaires de la santé ou de la maladie trompent
notre attente, quand les remèdes n'agissent pas avec leur efficace habituelle, quand des événements irréguliers suivent
d'une cause particulière, le philosophe et le médecin n'en sont
pas surpris ni ne sont tentés de nier, d'une manière générale, la
nécessité et l'uniformité des principes qui gouvernent l'économie animale. Ils savent qu'un corps humain est une machine
extraordinairement complexe, que s'y dissimulent maints
pouvoirs secrets qui dépassent entièrement notre compréhension, que ses opérations doivent souvent nous apparaître très
incertaines et donc que les événements irréguliers qui se
découvrent extérieurement ne prouvent aucunement que les
lois de la nature ne soient pas observées avec la plus grande
régularité dans son gouvernement et ses opérations intérieures.

15. Le philosophe, s'il veut être conséquent, doit appliquer
le même raisonnement aux actions et aux volitions des agents
qui sont doués d'intelligence. Souvent les résolutions les plus
inattendues et les plus irrégulières des hommes se laissent
expliquer par ceux qui connaissent chaque circonstance particulière de leur caractère et de leur situation. Celui-ci qui est
d'un naturel avenant répond avec irritation; mais il a mal aux
dents ou n'a pas dîné; celui-là, d'ordinaire stupide, montre
dans son air une vivacité inaccoutumée, mais il lui est arrivé

met with a sudden piece of good fortune. Or even when an action, as sometimes happens, cannot be particularly accounted for, either by the person himself or by others; we know, in general, that the characters of men are, to a certain degree, inconstant and irregular. This is, in a manner, the constant character of human nature; though it be applicable, in a more particular manner, to some persons who have no fixed rule for their conduct, but proceed in a continued course of caprice and inconstancy. The internal principles and motives may operate in a uniform manner, notwithstanding these seeming irregularities; in the same manner as the winds, rain, clouds, and other variations of the weather are supposed to be governed by steady principles; though not easily discoverable by human sagacity and enquiry.

16. Thus it appears, not only that the conjunction between motives and voluntary actions is as regular and uniform as that between the cause and effect in any part of nature; but also that this regular conjunction has been universally acknowledged among mankind, and has never been the subject of dispute, either in philosophy or common life. Now, as it is from past experience that we draw all inferences concerning the future, and as we conclude that objects will always be conjoined together which we find to have always been conjoined; it may seem superfluous to prove that this experienced uniformity in human actions is a source whence we draw *inferences* concerning them. But in order to throw the argument into a greater variety of lights we shall also insist, though briefly, on this latter topic.

17. The mutual dependence of men is so great in all societies that scarce any human action is entirely complete in itself, or is performed without some reference to the actions

soudain quelque bonne fortune. Et même, la chose arrive, quand une action ne peut recevoir ni de son auteur ni d'autrui une explication particulière, nous savons, d'une manière générale, que les caractères humains font preuve jusqu'à un certain point d'inconstance et d'irrégularité. C'est là, en quelque façon, le caractère constant de la nature humaine, bien qu'il s'applique d'une manière plus particulière à certains individus qui n'ont pas de règle établie dans leur conduite et qui vont de caprice en caprice, d'inconstance en inconstance. Les principes et les motifs intérieurs ne laissent pas d'agir de manière uniforme, malgré ces apparentes irrégularités, de la même manière qu'on suppose que les vents, la pluie, les nuages et les autres changements du temps sont gouvernés par des principes stables, quoique ne se découvrant pas aisément à la sagacité et à la recherche humaine.

16. Il apparaît ainsi que la conjonction entre les motifs et les actions volontaires n'est ni moins régulière ni moins uniforme qu'entre la cause et l'effet en toute autre partie de la nature ; il apparaît aussi que cette conjonction régulière a été universellement admise chez les hommes et qu'elle n'a jamais été contestée ni en philosophie ni dans la vie commune. Or, comme c'est de l'expérience passée que nous tirons toutes nos inférences concernant le futur et comme nous concluons que seront toujours joints ensemble les objets que nous avons toujours trouvés joints ensemble, il paraît superflu de prouver que cette uniformité dont nous faisons l'expérience dans les actions humaines est la source d'où nous tirons *nos inférences* à leur sujet. Mais afin de placer notre argument sous des jours plus variés, arrêtons-nous brièvement à ce dernier point.

17. La dépendance des hommes entre eux est si grande dans toutes les sociétés qu'on ne compte guère d'action humaine qui soit par elle-même entièrement complète ou qui s'accomplisse sans aucune liaison aux actions

of others, which are requisite to make it answer fully the intention of the agent. The poorest artificer, who labours alone,
expects at least the protection of the magistrate, to ensure him
the enjoyment of the fruits of his labour. He also expects that,
when he carries his goods to market, and offers them at a
reasonable price, he shall find purchasers, and shall be able, by
the money he acquires, to engage others to supply him with
those commodities which are requisite for his subsistence. In
proportion as men extend their dealings, and render their intercourse with others more complicated, they always comprehend, in their schemes of life, a greater variety of voluntary
actions, which they expect, from the proper motives, to
co-operate with their own. In all these conclusions they take
their measures from past experience, in the same manner as in
their reasonings concerning external objects; and firmly
believe that men, as well as all the elements, are to continue, in
their operations, the same that they have ever found them. A
manufacturer reckons upon the labour of his servants for the
execution of any work as much as upon the tools which he
employs, and would be equally surprised were his expectations disappointed. In short, this experimental inference and
reasoning concerning the actions of others enters so much
into human life that no man, while awake, is ever a moment
without employing it. Have we not reason, therefore, to affirm
that all mankind have always agreed in the doctrine of necessity according to the foregoing definition and explication of it ?

18. Nor have philosophers ever entertained a different
opinion from the people in this particular. For, not to mention
that almost every action of their life supposes that opinion,
there are even few of the speculative parts of learning to which
it is not essential. What would become of *history*, had we not
a dependence on the veracity of the historian according to

d'autrui qui la font répondre pleinement à l'intention de son auteur. Le pauvre artisan qui travaille seul attend du moins du magistrat qu'il le protège et lui assure la jouissance des fruits de son travail. Il attend aussi qu'en portant ses produits au marché et les offrant à un prix raisonnable, il trouve des acheteurs et puisse ensuite, avec l'argent gagné, obtenir d'autrui les denrées dont il a besoin pour sa subsistance. À mesure que les hommes étendent leurs relations et rendent leur commerce mutuel plus compliqué, ils incluent toujours dans leurs plans de vie une plus grande variété d'actions volontaires dont ils attendent que, tout en poursuivant leurs motifs propres, elles coopèrent avec les leurs. Toutes leurs conclusions se règlent sur leur expérience passée, de la même façon que leurs raisonnements sur les objets extérieurs ; elles reposent sur la croyance ferme que les hommes, aussi bien que les éléments, vont dans leurs opérations rester les mêmes que ce qu'ils ont toujours connu. Un manufacturier, pour exécuter un ouvrage, ne compte pas moins sur le travail de ses employés que sur les outils qu'il emploie ; et, dans les deux cas, il serait surpris de voir son attente trompée. En un mot, cette inférence, ce raisonnement expérimental sur les actions d'autrui, entre si fort dans la vie humaine qu'il n'est personne qui, étant éveillé, soit un moment sans y recourir. N'avons-nous donc point raison d'affirmer que tous les hommes se sont toujours accordés sur la doctrine de la nécessité, dans le sens où nous l'avons définie et expliquée ?

18. Et les philosophes n'ont pas entretenu d'autre opinion que le peuple sur ce point. En effet, sans compter que presque toute action dans leur vie suppose cette opinion, il n'est guère de parties spéculatives de la connaissance à laquelle elle ne soit pas essentielle. Qu'adviendrait-il de *l'histoire* si l'expérience que nous avons des hommes ne nous incitait à nous fier

the experience which we have had of mankind? How could *politics* be a science, if laws and forms of goverment had not a uniform influence upon society? Where would be the foundation of *morals*, if particular characters had no certain or determinate power to produce particular sentiments, and if these sentiments had no constant operation on actions? And with what pretence could we employ our *criticism* upon any poet or polite author, if we could not pronounce the conduct and sentiments of his actors either natural or unnatural to such characters, and in such circumstances? It seems almost impossible, therefore, to engage either in science or action of any kind without acknowledging the doctrine of necessity, and this *inference* from motive to voluntary actions, from characters to conduct.

19. And indeed, when we consider how aptly *natural* and *moral* evidence link together, and form only one chain of argument, we shall make no scruple to allow that they are of the same nature, and derived from the same principles. A prisoner who has neither money nor interest, discovers the impossibility of his escape, as well when he considers the obstinacy of the gaoler, as the walls and bars with which he is surrounded; and, in all attempts for his freedom, chooses rather to work upon the stone and iron of the one, than upon the inflexible nature of the other. The same prisoner, when conducted to the scaffold, foresees his death as certainly from the constancy and fidelity of his guards, as from the operation of the axe or wheel. His mind runs along a certain train of ideas : The refusal of the soldiers to consent to his escape; the action of the executioner; the separation of the head and body; bleeding, convulsive motions, and death. Here is a connected chain of natural causes and voluntary actions; but the mind feels no

à la véracité de l'historien ? Comment *la politique* pourrait-elle être une science si les lois et les formes de gouvernement n'avaient pas une influence uniforme sur la société ? Quel fondement aurait *la morale* si certains caractères n'avaient pas le pouvoir indéniable et déterminé de causer certains senti-ments et si ces sentiments n'avaient pas un effet constant sur les actions ? Sous quel prétexte enfin exercerions-nous notre *critique* sur un morceau de poésie ou de belles-lettres, si nous ne pouvions affirmer que la conduite et les sentiments des personnages sont naturels ou ne le sont pas à tels caractères et dans telles circonstances ? Il semble donc presque impossible de s'adonner à aucune science ni de s'engager dans une action d'aucune sorte, sans admettre la doctrine de la nécessité et *l'inférence* qui va des motifs aux actions volontaires, des caractères à la conduite.

19. Et, à la vérité, quand nous considérons avec quelle exactitude l'évidence *naturelle* et l'évidence *morale* se complètent l'une l'autre de manière à ne former qu'une seule chaîne d'arguments, nous ne ferons pas de difficulté à convenir qu'elles sont de même nature et qu'elles dérivent des mêmes principes. Un prisonnier qui n'a ni argent ni crédit découvre l'impossibilité de sa fuite, qu'il considère la dureté du geôlier ou les murs et les barreaux qui l'entourent ; et dans tous les essais qu'il fait pour sa liberté il préfère agir sur la pierre et le fer plutôt que sur un cœur inflexible. Le même prisonnier, quand il est conduit à l'échafaud, a l'assurance de sa mort prochaine, qu'il se représente la vigilance et la fidélité de ses gardiens ou l'œuvre de la hache et de la roue. Son esprit parcourt une certaine suite d'idées : le refus des soldats de le laisser s'échapper, l'action du bourreau, la séparation de la tête et du corps, le sang qui coule, les dernières convulsions et la mort. Il y a là un enchaînement de causes naturelles et d'actions volontaires entremêlées, mais l'esprit ne perçoit pas

difference between them in passing from one link to another: Nor is less certain of the future event than if it were connected with the objects present to the memory or senses, by a train of causes, cemented together by what we are pleased to call a *physical* necessity. The same experienced union has the same effect on the mind, whether the united objects be motives, volition, and actions; or figure and motion. We may change the name of things; but their nature and their operation on the understanding never change.

20. Were a man, whom I know to be honest and opulent, and with whom I live in intimate friendship, to come into my house, where I am surrounded with my servants, I rest assured that he is not to stab me before he leaves it in order to rob me of my silver standish; and I no more suspect this event than the falling of the house itself, which is new, and solidly built and founded. – *But he may have been seized with a sudden and unknown frenzy.* – So may a sudden earthquake arise, and shake and tumble my house about my ears. I shall therefore change the suppositions. I shall say that I know with certainty that he is not to put his hand into the fire and hold it there till it be consumed: And this event, I think I can foretell with the same assurance, as that, if he throw himself out at the window, and meet with no obstruction, he will not remain a moment suspended in the air. No suspicion of an unknown frenzy can give the least possibility to the former event, which is so contrary to all the known principles of human nature. A man who at noon leaves his purse full of gold on the pavement at Charing-Cross, may as well expect that it will fly away like a feather, as that he will find it untouched an hour after. Above one half of human reasonings contain inferences of a similar nature, attended with more or less degrees of certainty

de différence lorsqu'il passe d'un maillon à l'autre. Et il n'est pas moins sûr de ce qui va se passer que si l'événement était rattaché aux objets de la mémoire et des sens par une suite de causes soudées les unes aux autres par ce qu'il nous plaît d'appeler la nécessité *physique*. La même union dont on fait l'expérience a le même effet sur l'esprit, que les objets unis soient des motifs, des volitions et des actions ou des figures et des mouvements. Nous pouvons changer le nom des choses, mais ni leur nature ni leur action sur l'entendement ne changent jamais.

20. Supposez qu'un homme dont je connais l'honnêteté et l'opulence et avec lequel je vis en étroite amitié, entre dans ma maison où tous mes serviteurs m'entourent ; irai-je croire qu'il va me poignarder avant d'en sortir, afin de me voler mon encrier d'argent ? Je n'imagine pas plus cet événement que l'effondrement de la maison elle-même, laquelle est neuve, solidement bâtie et fondée. – *Mais il peut avoir été saisi d'une folie soudaine et inconnue.* – Ainsi peut survenir un soudain tremblement de terre qui secoue ma maison et la fait crouler sur ma tête. Je change donc mes suppositions. Et je dirai : je sais de manière certaine qu'il ne va pas mettre sa main dans le feu et l'y laisser jusqu'à ce qu'elle soit consumée. Et cet événement, je crois que je puis le prédire avec la même assurance que cet autre : s'il se jette par la fenêtre et n'est retenu par rien, il ne restera pas un instant suspendu en l'air. Nul soupçon d'une folie inconnue ne peut venir ici donner la moindre possibilité à un tel événement qui est si contraire à tous les principes connus de la nature humaine. Celui qui, en plein midi, laisse sa bourse pleine d'or sur le pavé de Charing-Cross, peut aussi bien s'attendre à la voir s'envoler comme une plume qu'à la retrouver intacte une heure après. Plus de la moitié des raisonnements humains contiennent des inférences d'une pareille nature, d'un degré de certitude plus ou moins élevé

proportioned to our experience of the usual conduct of mankind in such particular situations.

21. I have frequently considered, what could possibly be the reason why all mankind, though they have ever, without hesitation, acknowledged the doctrine of necessity in their whole practice and reasoning, have yet discovered such a reluctance to acknowledge it in words, and have rather shown a propensity, in all ages, to profess the contrary opinion. The matter, I think, may be accounted for after the following manner. If we examine the operations of body, and the production of effects from their causes, we shall find that all our faculties can never carry us farther in our knowledge of this relation than barely to observe that particular objects are *constantly conjoined* together, and that the mind is carried, by a *customary transition*, from the appearance of one to the belief of the other. But though this conclusion concerning human ignorance be the result of the strictest scrutiny of this subject, men still entertain a strong propensity to believe that they penetrate farther into the powers of nature, and perceive something like a necessary connexion between the cause and the effect. When again they turn their reflections towards the operations of their own minds, and *feel* no such connexion of the motive and the action; they are thence apt to suppose, that there is a difference between the effects which result from material force, and those which arise from thought and intelligence. But being once convinced that we know nothing farther of causation of any kind than merely the *constant conjunction* of objects, and the consequent *inference* of the mind from one to another, and finding that these two circumstances are universally allowed to have place in voluntary actions; we may be more easily led to own the same necessity common to all causes. And though this reasoning

en proportion de l'expérience que nous avons de la conduite habituelle des hommes dans telles ou telles situations particulières *.

21. Je me suis souvent demandé quelle pouvait être la raison pour laquelle les hommes, qui n'ont jamais hésité à avouer la doctrine de la nécessité dans toute leur pratique et leurs raisonnements, ont pourtant marqué tant de répugnance à l'avouer dans les mots et ont été, en tout temps, bien plus enclins à professer l'opinion contraire. Je crois qu'on peut donner l'explication suivante. En examinant les actions des corps et la production des effets par leurs causes, nous voyons que toutes nos facultés ne sauraient jamais nous porter plus loin que cette observation : certains objets sont *constamment joints* ensemble et l'esprit est porté par une *transition coutumière* de la vue de l'un à la croyance de l'autre. Mais bien que cette conclusion concernant l'ignorance humaine soit le dernier résultat du strict examen de cette question, les hommes restent fort enclins à croire qu'ils pénètrent plus avant dans les puissances de la nature et qu'ils perçoivent quelque chose comme une liaison nécessaire entre la cause et l'effet. Quand après cela, ramenant leur réflexion sur les opérations de leur propre esprit, ils ne *sentent* pas une telle liaison entre leurs motifs et leurs actions, ils sont portés à supposer qu'il y a une différence entre les effets qui résultent d'une force matérielle et ceux qui naissent de la pensée et de l'intelligence. Mais, une fois que nous serons convaincus que toute notre connaissance en fait de causalité, quel qu'en soit le genre, se résume à la *constante conjonction des objets* et à *l'inférence* qui s'ensuit d'un objet à l'autre, et observant que ces deux circonstances sont universellement reconnues dans les actions volontaires, nous serons plus aisément conduits à admettre une même nécessité commune à toutes les causes. Et bien que ce raison-

may contradict the systems of many philosophers, in ascribing necessity to the determinations of the will, we shall find, upon reflection, that they dissent from it in words only, not in their real sentiment. Necessity, according to the sense in which it is here taken, has never yet been rejected, nor can ever, I think, be rejected by any philosopher. It may only, perhaps, be pretended that the mind can perceive, in the operations of matter, some farther connexion between the cause and effect; and connexion that has not place in voluntary actions of intelligent beings. Now whether it be so or not, can only appear upon examination; and it is incumbent on these philosophers to make good their assertion, by defining or describing that necessity, and pointing it out to us in the operations of material causes.

22. It would seem, indeed, that men begin at the wrong end of this question concerning liberty and necessity, when they enter upon it by examining the faculties of the soul, the influence of the understanding, and the operations of the will. Let them first discuss a more simple question, namely, the operations of body and of brute unintelligent matter; and try whether they can there form any idea of causation and necessity, except that of a constant conjunction of objects, and subsequent inference of the mind from one to another. If these circumstances form, in reality, the whole of that necessity, which we conceive in matter, and if these circumstances be also universally acknowledged to take place in the operations of the mind, the dispute is at an end; at least, must be owned to be thenceforth merely verbal. But as long as we will rashly suppose that we have some farther idea of necessity and causation in the operations of external objects; at the same time, that we can find nothing farther in the voluntary actions of the mind; there is no possibility of bringing the question to

nement puisse contredire les systèmes de beaucoup de philosophes, en attribuant la nécessité aux déterminations de la
volonté, nous verrons à la réflexion qu'ils ne s'en écartent que
dans les mots, et non dans leur sentiment véritable. La nécessité, au sens où elle est prise ici, n'a jamais été rejetée ni ne peut
l'être, je crois, par aucun philosophe. La seule chose qu'on
pourrait prétendre serait que l'esprit peut percevoir, dans les
opérations de la matière, une liaison additionnelle entre la
cause et l'effet : une liaison qui n'a pas lieu dans les actions
volontaires des êtres intelligents. Or, s'il en est ainsi ou non,
cela doit apparaître à l'examen ; et il appartient à ces philosophes de justifier leur assertion en définissant ou décrivant
cette nécessité et en nous la montrant dans les opérations des
causes matérielles.

22. Ne serait-ce pas en effet commencer par le mauvais
bout de la question de la liberté et de la nécessité, que d'y entrer
en examinant les facultés de l'âme, l'influence de l'entendement et les opérations de la volonté ? Qu'on aborde d'abord
une question plus simple, celle des opérations des corps et de la
matière brute et inintelligente, et qu'on essaie alors de former
une idée de causalité et de nécessité qui ne soit pas celle d'une
constante conjonction des objets, à quoi se joint l'inférence qui
mène l'esprit d'un objet à l'autre. Si ces circonstances forment
en réalité le tout de cette nécessité que nous concevons dans la
matière et si ces circonstances, de l'aveu général, sont aussi
celles qui ont lieu dans les opérations de l'esprit, alors la
dispute est finie ; du moins, faut-il la tenir désormais pour
purement verbale. Mais aussi longtemps que nous suppose-
rons inconsidérément que nous avons quelque autre idée de
nécessité et de causalité dans les opérations des objets extérieurs, sans trouver rien de plus dans les actions volontaires de
l'esprit, cette supposition erronée nous mettra toujours dans

any determinate issue, while we proceed upon so erroneous a supposition. The only method of undeceiving us is to mount up higher; to examine the narrow extent of science when applied to material causes; and to convince ourselves that all we know of them is the constant conjunction and inference above mentioned. We may, perhaps, find that it is with difficulty we are induced to fix such narrow limits to human understanding : But we can afterwards find no difficulty when we come to apply this doctrine to the actions of the will. For as it is evident that these have a regular conjunction with motives and circumstances and characters, and as we always draw inferences from one to the other, we must be obliged to acknowledge in words that necessity, which we have already avowed, in every deliberation of our lives, and in every step of our conduct and behaviour[a].

a. The prevalence of the doctrine of liberty may be accounted for, from another cause, viz. a false sensation or seeming experience which we have, or may have, of liberty or indifference, in many of our actions. The necessity of any action, whether of matter or of mind, is not, properly speaking, a quality in the agent, but in any thinking or intelligent being, who may consider the action; and it consists chiefly in the determination of his thoughts to infer the existence of that action from some preceding objects; as liberty, when opposed to necessity, is nothing but the want of that determination, and a certain looseness or indifference, which we feel, in passing, or not passing, from the idea of one object to that of any succeeding one. Now we may observe, that, though, in *reflecting* on human actions, we seldom feel such a looseness, or indifference, but are commonly able to infer them with considerable certainty from their motives, and from the dispositions of the agent; yet it frequently happens, that, in *performing* the actions themselves, we are sensible of something like it : And as all resembling objects are readily taken for each other, this has been employed as a demonstrative and even intuitive proof of human liberty. We feel, that our actions are

l'impossibilité de rien conclure de déterminé sur cette question. Le seul moyen de nous détromper, c'est, en remontant plus haut, d'examiner l'étroite portée de la science, quand elle s'applique aux causes matérielles, et de nous convaincre que tout ce que nous en connaissons est la conjonction constante et l'inférence dont nous avons parlé ci-dessus. Peut-être éprouverons-nous d'abord de la difficulté à resserrer si fort les limites de l'entendement humain ; mais nous n'en trouverons plus ensuite, quand nous viendrons à appliquer cette doctrine aux actions de la volonté. Car, de même qu'il est évident qu'elles sont régulièrement jointes à des motifs, des circonstances et des caractères, et que nous ne cessons de tirer des inférences des unes aux autres, nous devons reconnaître dans les mots cette nécessité que nous avons déjà admise dans toutes nos délibérations et dans le train de nos conduites et de nos comportements [a].

a. On peut expliquer le succès de la doctrine de la liberté par une autre cause qui est la fausse sensation de liberté ou d'indifférence dans beaucoup de nos actions, ou le semblant d'expérience que nous en avons ou pouvons en avoir. La nécessité d'une action, soit des corps soit de l'esprit, n'est pas, à proprement parler, une qualité dans l'agent, mais dans l'être pensant et intelligent qui considère l'action ; et elle consiste principalement dans la détermination de ses pensées à inférer l'existence de cette action à partir d'objets antécédents ; tout comme la liberté, quand elle est opposée à la nécessité, n'est rien que le défaut de cette détermination : un certain vague, une sorte d'indifférence que nous éprouvons à passer ou ne pas passer de l'idée d'un objet à celle d'un autre qui lui succède. Or, nous pouvons observer que si, en *réfléchissant* sur les actions humaines, nous éprouvons rarement un tel vague ou une telle indifférence et sommes ordinairement capables de les inférer avec une grande certitude de leurs motifs et de la disposition de l'agent, toutefois, il arrive souvent, lorsque nous *accomplissons* ces mêmes actions, que nous ressentions quelque chose de ce genre. Et comme tous les objets qui se ressemblent sont volontiers pris les uns pour les autres, on en a fait une preuve démonstrative et même intuitive de la liberté humaine. Nous sentons que nos actions sont

23. But to proceed in this reconciling project with regard to the question of liberty and necessity; the most contentious question of metaphysics, the most contentious science; it will not require many words to prove, that all mankind have ever agreed in the doctrine of liberty as well as in that of necessity, and that the whole dispute, in this respect also, has been hitherto merely verbal. For what is meant by *liberty*, when applied to voluntary actions? We cannot surely mean that actions have so little connexion with motives, inclinations, and circumstances, that one does not follow with a certain degree of uniformity from the other, and that one affords no inference by which we can conclude the existence of the other. For these are plain and acknowledged matters of fact. By *liberty*, then, we can only mean *a power of acting or not acting, according to the determinations of the will*; that is, if we choose to remain at rest, we may; if we choose to

subject to our will, on most occasions; and imagine we feel, that the will itself is subject to nothing, because, when by a denial of it we are provoked to try, we feel, that it moves easily every way, and produces an image of itself (or a *Velleïty*, as it is called in the schools) even on that side, on which it did not settle. This image, or faint motion, we persuade ourselves, could, at that time, have been compleated into the thing itself; because, should that be denied, we find, upon a second trial, that, at present, it can. We consider not, that the fantastical desire of shewing liberty, is here the motive of our actions. And it seems certain, that, however we may imagine we feel a liberty within ourselves, a spectator can commonly infer our actions from our motives and character; and even where he cannot, he concludes in general, that he might, were he perfectly acquainted with every circumstance of our situation and temper, and the most secret springs of our complexion and disposition. Now this is the very essence of necessity, according to the foregoing doctrine.

23. Mais avançons dans notre projet de réconciliation touchant cette question de la liberté et de la nécessité, la plus contentieuse des questions qui se soient élevées dans la plus contentieuse des sciences, la métaphysique. Il ne faudra pas beaucoup de mots pour prouver que tous les hommes se sont toujours accordés sur la doctrine de la liberté, comme ils le font sur celle de la nécessité, et que toute la dispute est également sur ce point purement verbale. Car que signifie-t-on par *liberté*, quand on applique ce mot aux actions volontaires? Nous ne voulons certainement pas dire que les actions ont si peu de liaison avec les motifs, les inclinations et les circonstances, que les unes ne suivraient pas des autres avec un certain degré d'uniformité ni ne prêteraient à une inférence permettant de conclure à l'existence des autres. Car ce sont là des faits évidents et avoués. Nous ne pouvons donc entendre par *liberté* que *le pouvoir d'agir ou de ne pas agir selon les détermina-tions de la volonté*; c'est-à-dire, si nous choisissons de rester au repos, nous le pouvons; si nous choisissons de nous

soumises à notre volonté en la plupart des occasions et nous nous figurons sentir que la volonté elle-même n'est soumise à rien, parce que, lorsque par l'affir-mation contraire nous sommes provoqués à faire une tentative, nous sentons qu'elle se meut aisément de tout côté et qu'elle produit une image d'elle-même (ou une *velléité*, comme on dit dans les Ecoles), même du côté où elle ne s'est pas fixée. Et cette image ou ce mouvement ébauché, nous nous persuadons qu'il aurait pu alors être rendu complet et devenir réalité; parce que, si on le nie, nous trouvons à un second essai qu'il le peut à présent. Nous ne prenons pas garde que le désir fantasque de faire preuve de liberté est ici le motif de nos actions. Et nous avons beau nous imaginer sentir de la liberté au-dedans de nous, il paraît certain que le spectateur peut ordinairement inférer nos actions à partir de nos motifs et de notre caractère; et même quand il ne le peut, il conclut en général qu'il le pourrait, s'il avait une pleine connaissance de chaque circonstance de notre état et de notre tempérament et des ressorts les plus secrets de notre complexion et de notre disposition. Or c'est précisément en quoi consiste la nécessité, selon la doctrine que nous proposons.

move, we also may. Now this hypothetical liberty is universally allowed to belong to every one who is not a prisoner and in chains. Here, then, is no subject of dispute.

24. Whatever definition we may give of *liberty*, we should be careful to observe two requisite circumstances; *first*, that it be consistent with plain matter of fact; *secondly*, that it be consistent with itself. If we observe these circumstances, and render our definition intelligible, I am persuaded that all mankind will be found of one opinion with regard to it.

25. It is universally allowed that nothing exists without a cause of its existence, and that *chance*, when strictly examined, is a mere negative word, and means not any real power which has anywhere a being in nature. But it is pretended that some causes are necessary, some not necessary. Here then is the advantage of definitions. Let any one *define* a cause, without comprehending, as a part of the definition, a *necessary connexion* with its effect; and let him show distinctly the origin of the idea, expressed by the definition; and I shall readily give up the whole controversy. But if the foregoing explication of the matter be received, this must be absolutely impracticable. Had not objects a regular conjunction with each other, we should never have entertained any notion of cause and effect; and this regular conjunction produces that inference of the understanding, which is the only connexion, that we can have any comprehension of. Whoever attempts a definition of *cause*, exclusive of these circumstances, will be obliged either to employ unintelligible terms or such as are synonymous to the term which he endeavours to define[b]. And if the definition

---

b. Thus, if a cause be defined, *that which produces any thing*; it is easy to observe, that *producing* is synonymous to *causing*. In like manner, if a

mouvoir, nous le pouvons aussi. Or cette liberté hypothétique, personne ne nie qu'elle appartienne à quiconque n'est pas en prison ou dans les chaînes. Il n'y a donc pas matière à dispute.

24. Quelque définition que nous donnions de la *liberté*, il nous faut respecter soigneusement deux conditions : *premièrement* qu'elle ne contredise pas l'évidence des faits, *secondement* qu'elle ne se contredise pas elle-même. Si nous observons ces conditions et rendons notre définition intelligible, je suis persuadé qu'on verra tous les hommes de la même opinion à son sujet.

25. On convient universellement que rien n'existe sans qu'il y ait une cause à cette existence et que le *hasard*, à bien l'examiner, n'est qu'un mot négatif qui ne signifie aucun pouvoir réel, ayant une quelconque existence dans la nature. Mais on prétend que certaines causes sont nécessaires et d'autres non. Et voici l'avantage des définitions. Qu'on *définisse* donc une cause sans comprendre à titre de partie de la définition sa *liaison nécessaire* avec l'effet et qu'on montre distinctement l'origine de l'idée qui est exprimée par la définition ; j'abandonne immédiatement toute la controverse. Mais c'est une chose impraticable, si l'on accepte les explications précédentes. S'il n'y avait pas de liaison régulière entre les objets, nous n'aurions jamais eu les notions de cause et d'effet ; et c'est cette liaison régulière qui produit l'inférence de l'entendement, inférence qui est la seule liaison dont nous puissions avoir une compréhension. Quiconque tente de définir la *cause*, sans retenir ces circonstances, sera contraint d'employer soit des termes inintelligibles soit des termes qui sont synonymes du terme à définir[b]. Et si la définition que

b. Ainsi, quand la cause est définie comme *ce qui produit une chose*, *ce qui produit* est manifestement synonyme de *cause*. De la même façon, quand la

above mentioned be admitted; liberty, when opposed to necessity, not to constraint, is the same thing with chance; which is universally allowed to have no existence.

Part II

26. There is no method of reasoning more common, and yet none more blameable, than, in philosophical disputes, to endeavour the refutation of any hypothesis, by a pretence of its dangerous consequences to religion and morality. When any opinion leads to absurdities, it is certainly false; but it is not certain that an opinion is false, because it is of dangerous consequence. Such topics, therefore, ought entirely to be forborne; as serving nothing to the discovery of truth, but only to make the person of an antagonist odious. This I observe in general, without pretending to draw any advantage from it. I frankly submit to an examination of this kind, and shall venture to affirm that the doctrines, both of necessity and of liberty, as above explained, are not only consistent with morality, but are absolutely essential to its support.

27. *Necessity* may be defined two ways, conformably to the two definitions of *cause*, of which it makes an essential part. It consists either in the constant conjunction of like objects, or in the inference of the understanding from one object to another. Now necessity, in both these senses, (which, indeed,

---

cause be defined, *that by which any thing exists*; this is liable to the same objection. For what is meant by these words, *by which*? Had it been said, that a cause is *that* after which *any thing constantly exists*; we should have understood the terms. For this is, indeed, all we know of the matter. And this constancy forms the very essence of necessity, nor have we any other idea of it.

nous avons donnée plus haut est admise, la liberté, opposée à la nécessité et non à la contrainte, sera la même chose que le hasard qui, de l'aveu général, n'a pas d'existence.

Deuxième partie

26. Il n'est pas de méthode de raisonner plus commune, et cependant il n'en est pas de plus blâmable dans les disputes philosophiques que d'essayer de réfuter une hypothèse en alléguant ses conséquences dangereuses pour la religion et la morale. Quand une opinion conduit à des absurdités, elle est certainement fausse; mais il n'est pas certain qu'une opinion soit fausse du seul fait qu'elle est dangereuse dans ses conséquences. On devrait donc totalement bannir de tels procédés qui ne contribuent en rien à la découverte de la vérité et ne servent qu'à forger l'image d'un adversaire odieux. Je fais cette observation en général et je ne prétends pas en tirer avantage. Je me soumets volontiers à un examen de cette sorte et j'ose affirmer que les doctrines de la nécessité et de la liberté, telles que je viens de les exposer, non seulement s'accordent avec la morale, mais aussi qu'elles sont absolument essentielles à sa défense.

27. La *nécessité* peut être définie de deux façons, prises de la double définition de la *cause* dont elle fait une part essentielle. Elle consiste soit dans la conjonction constante d'objets semblables, soit dans l'inférence tirée par l'entendement d'un objet à un autre. Or, en ces deux sens (qui fondamentalement

cause est définie comme *ce par quoi une chose existe*, la même objection a lieu. Car que signifie-t-on par *ce par quoi* ? Si l'on avait dit que la cause est *ce après quoi une chose existe constamment*, nous aurions compris ces termes, puisque c'est là tout ce que nous savons sur le sujet. Et cette constance constitue l'essence même de la nécessité ; nous n'en avons pas d'autre idée.

are at bottom the same) has universally, though tacitly, in the schools, in the pulpit, and in common life, been allowed to belong to the will of man; and no one has ever pretended to deny that we can draw inferences concerning human actions, and that those inferences are founded on the experienced union of like actions, with like motives, inclinations, and circumstances. The only particular in which any one can differ, is, that either, perhaps, he will refuse to give the name of *necessity* to this property of human actions. But as long as the meaning is understood, I hope the word can do no harm ; or that he will maintain it possible to discover something farther in the operations of matter. But this, it must be acknowledged, can be of no consequence to morality or religion, whatever it may be to natural philosophy or metaphysics. We may here be mistaken in asserting that there is no idea of any other necessity or connexion in the actions of body. But surely we ascribe nothing to the actions of the mind, but what everyone does, and must readily allow of. We change no circumstance in the received orthodox system with regard to the will, but only in that with regard to material objects and causes. Nothing, therefore, can be more innocent, at least, than this doctrine.

28. All laws being founded on rewards and punishments, it is supposed as a fundamental principle, that these motives have a regular and uniform influence on the mind, and both produce the good and prevent the evil actions. We may give to this influence what name we please; but, as it is usually conjoined with the action, it must be esteemed a *cause*, and be looked upon as an instance of that necessity, which we would here establish.

ne diffèrent pas), la nécessité a été universellement, quoique tacitement, attribuée à la volonté humaine, que ce soit dans les écoles, en chaire ou dans la vie commune; et personne n'a jamais prétendu nier que nous puissions faire des inférences sur les actions humaines et que ces inférences soient fondées sur l'union, dont nous avons l'expérience, d'actions semblables à des motifs, des inclinations et des circonstances semblables. Le seul point sur lequel on peut marquer une différence, c'est peut-être qu'on refuse de donner le nom de *nécessité* à cette propriété des actions humaines; mais dès lors que le sens est compris, le mot, je l'espère, ne peut faire de mal. Ou bien, l'on soutiendra qu'il est possible de découvrir quelque chose de plus dans les opérations de la matière; mais cela, on le reconnaîtra, ne peut avoir de conséquence sur la moralité ou la religion, quelque conséquence qu'il y ait pour la philosophie naturelle ou la métaphysique. Nous pouvons être dans l'erreur quand nous affirmons qu'il n'y a pas d'autre idée de nécessité ou de liaison dans les actions des corps; mais il est sûr que nous n'attribuons rien aux actions de l'esprit que ce que chacun leur attribue et dont il doit convenir sans réticence. Nous ne changeons pas une seule circonstance dans le système reçu et orthodoxe qui concerne la volonté, mais seulement dans le système relatif aux objets matériels et à leurs causes. Rien donc, pour le moins, ne peut être plus innocent que cette doctrine.

28. Toutes les lois étant fondées sur les récompenses et les châtiments, on pose comme principe fondamental que ces motifs exercent sur l'esprit une influence régulière et uniforme, et qu'ils servent à produire les bonnes actions et prévenir les mauvaises. Nous pouvons donner à cette influence le nom qu'il nous plaira, mais comme elle est jointe d'ordinaire à l'action, il faut en faire une *cause* et y voir un exemple de cette nécessité que nous voudrions ici établir.

29. The only proper object of hatred or vengeance is a person or creature, endowed with thought and consciousness; and when any criminal or injurious actions excite that passion, it is only by their relation to the person, or connexion with him. Actions are, by their very nature, temporary and perishing; and where they proceed not from some *cause* in the character and disposition of the person who performed them, they can neither redound to his honour, if good; nor infamy, if evil. The actions themselves may be blameable; they may be contrary to all the rules of morality and religion. But the person is not answerable for them; and as they proceeded from nothing in him that is durable and constant, and leave nothing of that nature behind them, it is impossible he can, upon their account, become the object of punishment or vengeance. According to the principle, therefore, which denies necessity, and consequently causes, a man is as pure and untainted, after having committed the most horrid crime, as at the first moment of his birth, nor is his character anywise concerned in his actions, since they are not derived from it, and the wickedness of the one can never be used as a proof of the depravity of the other.

30. Men are not blamed for such actions as they perform ignorantly and casually, whatever may be the consequences. Why? but because the principles of these actions are only momentary, and terminate in them alone. Men are less blamed for such actions as they perform hastily and unpremeditately than for such as proceed from deliberation. For what reason? but because a hasty temper, though a constant cause or principle in the mind, operates only by intervals, and infects not the whole character. Again, repentance wipes off every crime, if attended with a reformation of life and manners. How is this to

29. La haine et le ressentiment ne peuvent avoir pour objet propre que des personnes ou des êtres doués de pensée et de conscience; et quand des actions qui sont criminelles ou outrageantes suscitent ces passions, c'est seulement par le rapport ou la liaison qu'elles ont avec eux. Par leur nature même, les actions sont temporaires et passagères; et quand elles ne procèdent pas de quelque cause renfermée dans le caractère et la disposition de la personne qui les accomplit, elles ne sauraient tourner ni à son honneur, si elles sont bonnes, ni à sa honte, si elles sont mauvaises. Les actions elles-mêmes peuvent être blâmables, elles peuvent être contraires à toutes les règles de la moralité et de la religion; mais la personne n'a pas à en répondre; et comme elles ne procèdent de rien qui soit en elle durable et constant ni ne laisse rien de cette nature derrière elles, il est impossible qu'à cause d'elles la personne devienne l'objet d'un châtiment ou d'une vengeance. Ainsi, dans le principe qui nie la nécessité et donc les causes, un homme, après avoir commis le crime le plus horrible, est aussi pur et irréprochable qu'il l'était au premier moment de sa naissance; son caractère n'est nullement concerné par ses actions, puisqu'elles n'en dérivent pas, et leur méchanceté ne peut valoir comme la preuve de sa dépravation.

30. On ne blâme personne pour des actions qui seraient accomplies par ignorance et par accident, quelles qu'en soient les conséquences. Pourquoi cela, si ce n'est parce que les principes de ces actions ne sont que momentanés et se terminent avec elles? On blâme moins celui-ci qui agit mal par précipitation et sans préméditation que celui-là qui agit de manière délibérée. Pour quelle raison, si ce n'est parce qu'un tempérament impatient, quoique étant dans l'esprit une cause et un principe constant, n'agit que par intervalles et ne contamine pas tout le caractère? Le repentir, accompagné d'une réforme de la vie et des mœurs, efface-t-il le crime? Comment expliquer

be accounted for? but by asserting that actions render a person criminal merely as they are proofs of criminal principles in the mind; and when, by an alteration of these principles, they cease to be just proofs, they likewise cease to be criminal. But, except upon the doctrine of necessity, they never were just proofs, and consequently never were criminal.

31. It will be equally easy to prove, and from the same arguments, that *liberty*, according to that definition above mentioned, in which all men agree, is also essential to morality, and that no human actions, where it is wanting, are susceptible of any moral qualities, or can be the objects either of approbation or dislike. For as actions are objects of our moral sentiment, so far only as they are indications of the internal character, passions, and affections; it is impossible that they can give rise either to praise or blame, where they proceed not from these principles, but are derived altogether from external violence.

32. I pretend not to have obviated or removed all objections to this theory, with regard to necessity and liberty. I can foresee other objections, derived from topics which have not here been treated of. It may be said, for instance, that, if voluntary actions be subjected to the same laws of necessity with the operations of matter, there is a continued chain of necessary causes, pre-ordained and pre-determined, reaching from the original cause of all to every single volition of every human creature. No contingency anywhere in the universe; no indifference; no liberty. While we act, we are, at the same time, acted upon. The ultimate Author of all our volitions is the Creator of the world, who first bestowed motion on this immense machine, and placed all beings in that particular position, whence every subsequent event, by an inevitable necessity, must

cela, sinon en affirmant que les actions rendent leur auteur criminel dans l'exacte mesure où elles sont la preuve des principes criminels qui occupent son esprit et que, lorsque ces principes changent, elles cessent d'être de bonnes preuves et cessent pareillement d'être criminelles? Mais, hors de la doctrine de la nécessité, elles ne seraient jamais de bonnes preuves et par conséquent ne seraient jamais criminelles.

31. Il sera tout aussi facile de prouver, et par les mêmes arguments, que la *liberté*, selon la définition qui a été donnée ci-dessus et où tous les hommes tombent d'accord, est également essentielle à la moralité et qu'aucune action humaine où elle manque n'est susceptible d'être qualifiée moralement ni ne peut être un objet d'approbation ou de rejet. Car, les actions n'étant les objets de notre sentiment moral qu'autant qu'elles sont les signes du caractère intérieur, des passions et des affections, il est impossible qu'elles prêtent à l'éloge ou au blâme quand elles ne suivent pas de ces principes, mais sont entièrement produites d'une violence extérieure.

32. Je ne prétends pas avoir prévenu ou écarté toutes les objections qu'on peut faire à ma théorie de la nécessité et de la liberté. Je puis en prévoir d'autres qui sont tirées de considérations qui n'ont pas été abordées ici. On dira, par exemple, que si les actions volontaires sont soumises aux mêmes lois de nécessité que les opérations de la matière, il y a une chaîne continue de causes nécessaires, préordonnées et prédéterminées, qui mène de la cause primitive à toutes les volitions particulières de toutes les créatures humaines. Nulle contingence dans l'univers, nulle indifférence, nulle liberté. Tandis que nous agissons, nous sommes au même moment agis. L'auteur dernier de toutes nos volitions est le Créateur du monde qui, le premier, mit en branle cette immense machine et plaça tous les êtres dans la position particulière d'où devait résulter, par une stricte nécessité, tous les événements subsé-

result. Human actions, therefore, either can have no moral turpitude at all, as proceeding from so good a cause; or if they have any turpitude, they must involve our Creator in the same guilt, while he is acknowledged to be their ultimate cause and author. For as a man, who fired a mine, is answerable for all the consequences whether the train he employed be long or short; so wherever a continued chain of necessary causes is fixed, that Being, either finite or infinite, who produces the first, is likewise the author of all the rest, and must both bear the blame and acquire the praise which belong to them. Our clear and unalterable ideas of morality establish this rule, upon unquestionable reasons, when we examine the consequences of any human action; and these reasons must still have greater force when applied to the volitions and intentions of a Being infinitely wise and powerful. Ignorance or impotence may be pleaded for so limited a creature as man; but those imperfections have no place in our Creator. He foresaw, he ordained, he intended all those actions of men, which we so rashly pronounce criminal. And we must therefore conclude, either that they are not criminal, or that the Deity, not man, is accountable for them. But as either of these positions is absurd and impious, it follows, that the doctrine from which they are deduced cannot possibly be true, as being liable to all the same objections. An absurd consequence, if necessary, proves the original doctrine to be absurd; in the same manner as criminal actions render criminal the original cause, if the connexion between them be necessary and evitable.

33. This objection consists of two parts, which we shall examine separately; *First*, that, if human actions can be traced up, by a necessary chain, to the Deity, they

quents. Par conséquent, ou il ne saurait y avoir de turpitude morale dans les actions humaines, puisqu'elles procèdent d'une cause si bonne, ou, s'il s'en trouve, il faut en faire rejaillir la culpabilité sur notre Créateur dont on fait leur premier auteur et leur cause ultime. Car, de même que celui qui met le feu à une mine est responsable de toutes les conséquences, que le cordon employé soit long ou court, de même, partout où l'on peut établir une chaîne continue de causes nécessaires, l'être fini ou infini qui est à l'origine de la première, est semblablement l'auteur de tout le reste et doit en porter le blâme aussi bien qu'en recevoir l'éloge. Nos idées de la moralité, claires et inaltérables, établissent cette règle sur des raisons incontestables, quand nous examinons les conséquences d'une action humaine; et ces raisons doivent avoir plus de force encore quand elles s'appliquent aux volitions et aux intentions d'un Être infiniment sage et puissant. L'ignorance et la faiblesse peuvent être invoquées quand il s'agit d'une créature aussi limitée que l'homme; mais ces imperfections n'ont aucune place dans notre Créateur. Il a prévu, il a ordonné, il a voulu toutes ces actions humaines que nous déclarons si témérairement criminelles. Et nous devons donc conclure soit qu'elles ne sont pas criminelles, soit que la Divinité, et non l'homme, en est responsable. Mais comme l'une et l'autre de ces deux affirmations sont absurdes et impies, il s'ensuit que la doctrine d'où elles sont déduites ne peut être vraie, étant ouverte aux mêmes objections. Une conséquence absurde, si elle est nécessaire, prouve l'absurdité de la thèse qui est à son origine, de la même façon qu'une action criminelle rend criminelle la cause qui est à son origine, quand elle a avec elle une liaison nécessaire et inévitable.

33. Cette objection est faite de deux parties que j'examinerai séparément. *Premièrement* : si par une chaîne nécessaire on peut faire remonter les actions humaines jusqu'à la Divinité,

can never be criminal; on account of the infinite perfection of that Being from whom they are derived, and who can intend nothing but what is altogether good and laudable. Or, *secondly*, if they be criminal, we must retract the attribute of perfection, which we ascribe to the Deity, and must acknowledge him to be the ultimate author of guilt and moral turpitude in all his creatures.

34. The answer to the first objection seems obvious and convincing. There are many philosophers who, after an exact scrutiny of all the phenomena of nature, conclude, that the Whole, considered as one system, is, in every period of its existence, ordered with perfect benevolence; and that the utmost possible happiness will, in the end, result to all created beings, without any mixture of positive or absolute ill or misery. Every physical ill, say they, makes an essential part of this benevolent system, and could not possibly be removed, even by the Deity himself, considered as a wise agent, without giving entrance to greater ill, or excluding greater good, which will result from it. From this theory, some philosophers, and the ancient *Stoics* among the rest, derived a topic of consolation under all afflictions, while they taught their pupils that those ills under which they laboured were, in reality, goods to the universe; and that to an enlarged view, which could comprehend the whole system of nature, every event became an object of joy and exultation. But though this topic be specious and sublime, it was soon found in practice weak and ineffectual. You would surely more irritate than appease a man lying under the racking pains of the gout by preaching up to him the rectitude of those general laws, which produced the malignant humours in his body, and led them through the proper canals, to the sinews and nerves, where they now excite such acute torments.

alors elles ne sauraient être criminelles, au vu de l'infinie perfection de cet Être dont elles dérivent et qui ne peut rien vouloir qui ne soit bon et digne d'éloge. *Deuxièmement*: supposé que ces actions soient criminelles, nous devons retirer à la Divinité l'attribut de la perfection que nous lui accordons et la tenir pour l'auteur premier de la turpitude morale et de la culpabilité qui sont dans ses créatures.

34. Il me paraît qu'on peut répondre à la première objection de manière évidente et convaincante. Nombreux sont les philosophes qui, après un examen soigneux de tous les phénomènes de la nature, concluent que le Tout, considéré comme un système, est réglé avec une parfaite bienveillance dans chaque période de son existence et que le dernier résultat en sera le plus grand bonheur possible pour tous les êtres créés, sans aucun mélange de mal positif ou de malheur absolu. Tout mal physique, ajoutent-ils, est une partie essentielle de ce système bienveillant et ne pourrait être ôté même par la Divinité, si on la considère comme un agent sage, sans faire entrer des maux plus grands encore ou sans exclure de plus grands biens qui doivent en naître. De cette théorie, certains philosophes et entre autres les Stoïciens de l'Antiquité ont tiré un motif de consolation pour toutes les afflictions, enseignant à leurs disciples que les maux qu'ils enduraient étaient en réalité des biens pour l'univers et qu'à un regard assez vaste pour embrasser tout le système de la nature, chaque événement devenait un objet de joie et d'exultation. Mais quoique cette pensée fût séduisante et sublime, elle montra vite sa faiblesse et son peu d'influence dans la pratique. Assurément, vous irriteriez plus que vous n'apaiseriez un malheureux torturé par la goutte en lui prêchant la rectitude de ces lois générales qui ont produit les humeurs malignes de son corps et les ont fait couler par des canaux faits pour cela, jusqu'aux tendons et aux nerfs où elles leur créent maintenant des tourments aussi aigus.

These enlarged views may, for a moment, please the imagination of a speculative man, who is placed in ease and security; but neither can they dwell with constancy on his mind, even though undisturbed by the emotions of pain or passion; much less can they maintain their ground when attacked by such powerful antagonists. The affections take a narrower and more natural survey of their object; and by an economy, more suitable to the infirmity of human minds, regard alone the beings around us, and are actuated by such events as appear good or ill to the private system.

35. The case is the same with *moral* as with *physical* ill. It cannot reasonably be supposed, that those remote considerations, which are found of so little efficacy with regard to one, will have a more powerful influence with regard to the other. The mind of man is so formed by nature that, upon the appearance of certain characters, dispositions, and actions, it immediately feels the sentiment of approbation or blame; nor are there any emotions more essential to its frame and constitution. The characters which engage our approbation are chiefly such as contribute to the peace and security of human society; as the characters which excite blame are chiefly such as tend to public detriment and disturbance. Whence it may reasonably be presumed, that the moral sentiments arise, either mediately or immediately, from a reflection of these opposite interests. What though philosophical meditations establish a different opinion or conjecture, that everything is right with regard to the Whole, and that the qualities, which disturb society, are, in the main, as beneficial, and are as suitable to the primary intention of nature as those which more directly promote its happiness and welfare? Are such remote and uncertain speculations able to counterbalance the sentiments which arise from the

Ces grandes vues peuvent un moment complaire à l'imagination d'un esprit spéculatif qui se trouve à son aise et en sûreté; mais elles ne sauraient s'installer durablement dans son âme, fût-elle exempte des émotions de la douleur et de la passion; encore moins peuvent-elles se conserver quand elles sont attaquées par des adversaires aussi puissants. Nos affections voient leur objet de plus près et de manière plus naturelle; et, par une économie plus conforme à l'infirmité de l'esprit humain, elles n'ont d'égard que pour les objets qui nous environnent, et sont mues par ces événements qui paraissent bons ou mauvais dans le système propre à chacun.

35. Il en va pour le mal *moral* comme pour le mal *physique*. On ne peut raisonnablement penser que ces considérations prises de si loin, qui se montrent si peu efficaces touchant le mal physique, aient davantage d'influence touchant le mal moral. La nature a ainsi formé l'esprit humain que, à la vue de certains caractères, de certaines dispositions, de certaines actions, il éprouve immédiatement un sentiment d'approbation ou de blâme; et il n'y a pas d'émotions plus essentielles à sa structure et sa constitution. Les caractères qui emportent notre approbation sont principalement ceux qui contribuent à la paix et à la sécurité de la société humaine; les caractères qui excitent le blâme sont principalement ceux qui tendent à nuire au public et à le troubler. D'où l'on peut raisonnablement supposer que les sentiments moraux naissent médiatement ou immédiatement de la réflexion sur ces intérêts opposés. Qu'importe que de grandes méditations philosophiques viennent établir une opinion différente, conjecturant que tout est bien concernant le Tout et que les qualités qui troublent la société sont au fond aussi bénéfiques et aussi conformes à la première intention de la nature, que celles qui en favorisent le bonheur et le bien-être! Des spéculations aussi éloignées et aussi incertaines sont-elles capables de contrebalancer les sentiments qui naissent de la

natural and immediate view of the objects? A man who is robbed of a considerable sum; does he find his vexation for the loss anywise diminished by these sublime reflections? Why then should his moral resentment against the crime be supposed incompatible with them? Or why should not the acknowledgment of a real distinction between vice and virtue be reconcileable to all speculative systems of philosophy, as well as that of a real distinction between personal beauty and deformity? Both these distinctions are founded in the natural sentiments of the human mind : And these sentiments are not to be controuled or altered by any philosophical theory or speculation whatsoever.

36. The *second* objection admits not of so easy and satisfactory an answer; nor is it possible to explain distinctly, how the Deity can be the mediate cause of all the actions of men, without being the author of sin and moral turpitude. These are mysteries, which mere natural and unassisted reason is very unfit to handle; and whatever system she embraces, she must find herself involved in inextricable difficulties, and even contradictions, at every step which she takes with regard to such subjects. To reconcile the indifference and contingency of human actions with prescience; or to defend absolute decrees, and yet free the Deity from being the author of sin, has been found hitherto to exceed all the power of philosophy. Happy, if she be thence sensible of her temerity, when she pries into these sublime mysteries; and leaving a scene so full of obscurities and perplexities, return, with suitable modesty, to her true and proper province, the examination of common life; where she will find difficulties enough to employ her enquiries, without launching into so boundless an ocean of doubt, uncertainty, and contradiction!

vue naturelle et immédiate des objets? Un homme à qui on a volé une somme considérable, sera-t-il aucunement soulagé du tourment que lui cause cette perte, par ces sublimes réflexions? Pourquoi donc supposer que le ressentiment moral qu'il éprouve contre ce crime leur est contraire? Ou pourquoi ne pas avouer que la distinction réelle entre le vice et la vertu est tout aussi conciliable avec tous les systèmes spéculatifs de philosophie que l'est la distinction réelle entre la beauté et la laideur personnelle? Ces deux distinctions sont également fondées dans les sentiments naturels de l'esprit humain; et de tels sentiments ne sauraient être réprimés ou modifiés par quelque théorie ou spéculation philosophique qu'on voudra.

36. La *seconde* objection n'admet pas une réponse aussi facile et satisfaisante; et il est impossible d'expliquer distinctement comment la Divinité peut être la cause médiate de toutes les actions humaines sans être l'auteur du péché et de la turpitude morale. Ce sont des mystères dont la simple raison, naturelle et privée de secours, est impuissante à traiter; et quelque système qu'elle embrasse, il faut qu'elle tombe dans des difficultés inextricables, et même de réelles contradictions, à chaque pas qu'elle fait vers de tels sujets. Concilier l'indifférence et la contingence des actions humaines avec la prescience, décharger la Divinité d'être l'auteur du péché tout en défendant les décrets absolus, sont des entreprises, on l'a toujours vu, qui dépassent tous les moyens de la philosophie. Heureuse si elle prend par là conscience de sa témérité à vouloir s'introduire dans ces mystères sublimes! Heureuse si, quittant cette scène si pleine de ténèbres et de perplexités, elle retourne avec une modestie de bon aloi à son domaine propre et véritable, je veux dire l'étude de la vie commune, où elle trouvera bien assez de difficultés pour occuper ses recherches, sans se lancer sur cet océan sans limite où règnent le doute, l'incertitude et la contradiction!

OF THE REASON OF ANIMALS

1. All our reasonings concerning matter of fact are founded on a species of *analogy*, which leads us to expect from any cause the same events, which we have observed to result from similar causes. Where the causes are entirely similar, the analogy is perfect, and the inference, drawn from it, is regarded as certain and conclusive; nor does any man ever entertain a doubt, where he sees a piece of iron, that it will have weight and cohesion of parts; as in all other instances, which have ever fallen under his observation. But where the objects have not so exact a similarity, the analogy is less perfect, and the inference is less conclusive; though still it has some force, in proportion to the degree of similarity and resemblance. The anatomical observations, formed upon one animal, are, by this species of reasoning, extended to all animals; and it is certain, that when the circulation of the blood, for instance, is clearly proved to have place in one creature, as a frog, or fish, it forms a strong presumption, that the same principle has place in all. These analogical observations may be carried farther, even to this science, of which we are now treating; and any theory, by which

DE LA RAISON DES ANIMAUX

1. Tous nos raisonnements concernant les choses de fait sont fondés sur une espèce d'*analogie* qui nous fait attendre d'une cause les mêmes événements que nous avons vu résulter de causes semblables. Si les causes sont entièrement semblables, l'analogie est parfaite et l'inférence qu'on en tire est regardée comme certaine et concluante. En voyant une pièce de fer, personne ne doute de la réalité de son poids ni de la cohésion de ses parties, comme dans tous les autres exemples d'observation qu'on a pu faire. Mais quand la similitude des objets n'est pas aussi exacte, l'analogie est moins parfaite et l'inférence moins concluante, bien qu'elle conserve une certaine force, proportionnée au degré de similitude et de ressemblance. Les observations anatomiques qu'on fait sur un animal sont par cette sorte de raisonnement étendues à tous les animaux ; et il est certain que lorsque la circulation du sang, si l'on prend cet exemple, a été clairement prouvée dans une bête, une grenouille, un poisson, il en naît une forte présomption que le même principe se trouve en toutes. Ces observations analogiques peuvent être poussées plus loin, et même à cette science dont nous parlons à présent ; et toute théorie qui

we explain the operations of the understanding, or the origin and connexion of the passions in man, will acquire additional authority, if we find that the same theory is requisite to explain the same phænomena in all other animals. We shall make trial of this, with regard to the hypothesis, by which we have, in the foregoing discourse, endeavoured to account for all experimental reasonings; and it is hoped, that this new point of view will serve to confirm all our former observations.

2. *First*, It seems evident, that animals as well as men learn many things from experience, and infer that the same events will always follow from the same causes. By this principle they become acquainted with the more obvious properties of external objects, and gradually, from their birth, treasure up a knowledge of the nature of fire, water, earth, stones, heights, depths, &c., and of the effects which result from their operation. The ignorance and inexperience of the young are here plainly distinguishable from the cunning and sagacity of the old, who have learned, by long observation, to avoid what hurt them, and to pursue what gave ease or pleasure. A horse, that has been accustomed to the field, becomes acquainted with the proper height which he can leap, and will never attempt what exceeds his force and ability. An old greyhound will trust the more fatiguing part of the chace to the younger, and will place himself so as to meet the hare in her doubles; nor are the conjectures, which he forms on this occasion, founded in any thing but his observation and experience.

3. This is still more evident from the effects of discipline and education on animals, who, by the proper application of rewards and punishments, may be taught any course of action, and most contrary to their natural instincts and propensities. Is it not experience, which renders a dog apprehensive of pain,

nous permet d'expliquer les opérations de l'entendement ou l'origine et la liaison des passions dans l'homme, recevra une autorité additionnelle, si nous trouvons que la même théorie est requise pour expliquer les même phénomènes chez tous les autres animaux. Nous allons faire cet essai sur l'hypothèse par laquelle nous avons tâché, dans le précédent discours, d'expliquer tous les raisonnements expérimentaux ; en espérant que ce nouveau point de vue aidera à confirmer toutes les observations que nous avons déjà faites.

2. *Premièrement*, il semble évident que les animaux, comme les hommes, apprennent beaucoup de choses de l'expérience et qu'ils infèrent que les mêmes événements suivront toujours des mêmes causes. C'est par ce principe qu'ils se familiarisent avec les propriétés les plus manifestes des objets extérieurs et que depuis leur naissance ils amassent peu à peu des connaissances sur la nature du feu, de l'eau, de la terre, des pierres, des hauteurs, des profondeurs, etc., et sur les effets qui résultent de leur action. L'ignorance et l'inexpérience des jeunes animaux se distinguent aisément de la ruse et de la sagacité des vieux qui ont appris par une longue observation à éviter ce qui les a blessés, à rechercher ce qui leur a procuré plaisir et aise. Un cheval habitué au champ connaît la hauteur qu'il peut franchir et ne tentera rien qui dépasse sa force et sa capacité. Un vieux lévrier, abandonnant aux plus jeunes la fatigue de la chasse, se postera de manière à couper les détours du lièvre ; et les conjectures qu'il forme à cette occasion ne sont fondées sur rien, sinon sur l'observation et l'expérience.

3. La chose est rendue plus évidente encore par les effets que produisent sur les animaux la discipline et l'éducation, quand, par des récompenses et des punitions dispensées à propos, on les dresse aux actions les plus contraires à leurs instincts et à leurs penchants naturels. N'est-ce pas l'expérience qui fait craindre au chien la douleur,

when you menace him, or lift up the whip to beat him? Is it not even experience, which makes him answer to his name, and infer, from such an arbitrary sound, that you mean him rather than any of his fellows, and intend to call him, when you pronounce it in a certain manner, and with a certain tone and accent?

4. In all these cases, we may observe that the animal infers some fact beyond what immediately strikes his senses; and that this inference is altogether founded on past experience, while the creature expects from the present object the same consequences, which it has always found in its observation to result from similar objects.

5. *Secondly*, It is impossible, that this inference of the animal can be founded on any process of argument or reasoning, by which he concludes that like events must follow like objects, and that the course of nature will always be regular in its operations. For if there be in reality any arguments of this nature, they surely lie too abstruse for the observation of such imperfect understandings; since it may well employ the utmost care and attention of a philosophic genius to discover and observe them. Animals, therefore, are not guided in these inferences by reasoning. Neither are children. Neither are the generality of mankind, in their ordinary actions and conclusions. Neither are philosophers themselves, who, in all the active parts of life, are, in the main, the same with the vulgar, and are governed by the same maxims. Nature must have provided some other principle, of more ready, and more general use and application; nor can an operation of such immense consequence in life, as that of inferring effects from causes, be trusted to the uncertain process of reasoning and argumentation. Were this doubtful with regard to men, it seems to admit of

quand vous le menacez ou levez le fouet pour le battre ? N'est-ce pas l'expérience encore qui le fait répondre à son nom et conclure de ce son arbitraire que c'est à lui que vous vous adressez, plutôt qu'à l'un de ses compagnons, et que vous voulez l'appeler quand vous prononcez le nom d'une certaine manière, sur un certain ton et avec un certain accent ?

4. Dans tous ces cas, nous pouvons voir que l'animal infère un fait qui est au-delà de ce qui frappe immédiatement ses sens, et que cette inférence est entièrement fondée sur l'expérience passée, la bête attendant de l'objet présent les mêmes conséquences qu'elle a toujours observé résulter d'objets semblables.

5. *Deuxièmement*, il est impossible que cette inférence de l'animal soit fondée sur aucun argument ou raisonnement suivi, par lequel il conclurait que des événements semblables doivent toujours être la suite d'objets semblables et que le cours de la nature sera toujours régulier dans ses opérations. S'il y avait en effet des arguments de cette sorte, ils seraient certainement trop abstrus pour être observés par des entendements aussi imparfaits ; car il ne faut pas moins que l'attention et tout le soin d'un génie philosophique pour les découvrir et les observer. Les animaux ne sont donc pas guidés par le raisonnement dans ces inférences ; ni les enfants ; ni le commun des hommes dans leurs actions et leurs conclusions ordinaires ; ni les philosophes eux-mêmes qui, dans toutes les parties actives de la vie, font généralement comme le vulgaire et sont gouvernés par les mêmes maximes. Il faut que la nature ait fourni quelque autre principe, d'un emploi plus accessible et d'une application plus générale ; et une opération d'une importance aussi considérable dans la vie que celle d'inférer des effets à partir des causes, ne saurait être confiée à la marche incertaine du raisonnement et de l'argumentation. Pourrait-on en douter à propos des hommes, que cela semble ne faire

no question with regard to the brute creation; and the conclusion being once firmly established in the one, we have a strong presumption, from all the rules of analogy, that it ought to be universally admitted, without any exception or reserve. It is custom alone, which engages animals, from every object, that strikes their senses, to infer its usual attendant, and carries their imagination, from the appearance of the one, to conceive the other, in that particular manner, which we denominate *belief*. No other explication can be given of this operation, in all the higher, as well as lower classes of sensitive beings, which fall under our notice and observation[a].

a. Since all reasonings concerning facts or causes is derived merely from custom, it may be asked how it happens, that men so much surpass animals in reasoning, and one man so much surpasses another? Has not the same custom the same influence on all?

We shall here endeavour briefly to explain the great difference in human understandings. After which the reason of the difference between men and animals will easily be comprehended.

1. When we have lived any time, and have been accustomed to the uniformity of nature, we acquire a general habit, by which we always transfer the known to the unknown, and conceive the latter to resemble the former. By means of this general habitual principle, we regard even one experiment as the foundation of reasoning, and expect a similar event with some degree of certainty, where the experiment has been made accurately, and free from all foreign circumstances. It is therefore considered as a matter of great importance to observe the consequences of things; and as one man may very much surpass another in attention and memory and observation, this will make a very great difference in their reasoning.

2. Where there is a complication of causes to produce any effect, one mind may be much larger than another, and better able to comprehend the whole system of objects, and to infer justly their consequences.

3. One man is able to carry on a chain of consequences to a greater length than another.

aucune question à propos des brutes. Or, cette conclusion une fois solidement établie de ce côté, toutes les lois de l'analogie nous font fortement présumer qu'elle doit être admise universellement et sans exception ni réserve. C'est la coutume seule qui pousse les animaux à inférer les suites ordinaires des objets qui frappent leur sens ; c'est elle qui, de l'apparition de l'un, porte leur imagination à concevoir l'autre, de cette manière particulière que nous appelons *croyance*. Et l'on ne saurait expliquer autrement cette opération, ni dans les classes supérieures, ni dans les classes inférieures des êtres doués de sensation que nous sommes amenés à considérer et à observer [a].

a. Puisque tous les raisonnements sur les faits et les causes dérivent uniquement de l'habitude, on peut demander comment il se fait que les hommes surpassent si fort les animaux dans le raisonnement et qu'un homme surpasse si fort un autre homme. La même habitude n'a-t-elle pas la même influence sur tous ? *

Tâchons ici d'expliquer brièvement la grande différence qui existe entre les entendements des hommes ; après quoi, il sera facile de saisir la raison de la différence entre les hommes et les animaux.

1. Lorsque, ayant vécu un certain temps, nous nous sommes accoutumés à l'uniformité de la nature, nous acquérons l'habitude générale de toujours transposer le connu à l'inconnu et de concevoir le second à l'image du premier. C'est par ce principe général d'habitude que nous sommes à même de regarder une unique expérience comme le fondement du raisonnement et d'attendre avec un certain degré de certitude un événement semblable, si l'expérience a été faite exactement et si n'interfère aucune circonstance étrangère. On considère donc comme un point de grande importance d'observer les conséquences des choses ; et comme un homme peut surpasser grandement un autre homme en attention, en mémoire et en observation, cela fera une grande différence dans leur raisonnement.

2. Quand pour produire un effet il faut une complication des causes, un esprit peut être beaucoup plus large qu'un autre et plus capable d'embrasser tout le système des objets ou d'inférer correctement leurs conséquences.

3. Un homme peut suivre une chaîne de conséquences plus loin qu'un autre.

6. But though animals learn many parts of their knowledge from observation, there are also many parts of it, which they derive from the original hand of nature; which much exceed the share of capacity they possess on ordinary occasions; and in which they improve, little or nothing, by the longest practice and experience. These we denominate *instincts*, and are so apt to admire as something very extraordinary, and inexplicable by all the disquisitions of human understanding. But our wonder will, perhaps, cease or diminish, when we consider, that the experimental reasoning itself, which we possess in common with beasts, and on which the whole conduct of life depends, is nothing but a species of instinct or mechanical power, that acts in us unknown to ourselves;

4. Few men can think long without running into a confusion of ideas, and mistaking one for another; and there are various degrees of this infirmity.

5. The circumstance, on which the effect depends, is frequently involved in other circumstances, which are foreign and extrinsic. The separation of it often requires great attention, accuracy, and subtilty.

6. The forming of general maxims from particular observation is a very nice operation; and nothing is more usual, from haste or a narrowness of mind, which sees not on all sides, than to commit mistakes in this particular.

7. When we reason from analogies, the man, who has the greater experience or the greater promptitude of suggesting analogies, will be the better reasoner.

8. Byasses from prejudice, education, passion, party, &c. hang more upon one mind than another.

9. After we have acquired a confidence in human testimony, books and conversation enlarge much more the sphere of one man's experience and thought than those of another.

10. It would be easy to discover many other circumstances that make a difference in the understandings of men.

6. Bien que les animaux apprennent beaucoup de leurs connaissances de l'observation, ils en reçoivent beaucoup d'autres, dès le départ, de la main même de la nature, qui vont bien au-delà du degré de capacité dont ils font preuve dans les occasions ordinaires; connaissances où ils ne font pas ou peu de progrès, tout instruits qu'ils soient par une longue pratique et une large expérience. C'est ce que nous appelons des *instincts*, instincts que nous sommes si portés à admirer comme des choses tout à fait extraordinaires et inexplicables, échappant à toutes les recherches de l'entendement humain. Mais notre étonnement disparaîtra peut-être ou sera plus modéré, si nous considérons que le raisonnement expérimental lui-même, que nous partageons avec les bêtes et dont dépend toute la conduite de la vie, n'est rien qu'une espèce d'instinct ou de force mécanique qui agit en nous à notre insu

4. Peu d'hommes sont capables de penser longtemps sans mêler les idées et les prendre l'une pour l'autre. Et on connaît différents degrés à cette faiblesse.

5. Il n'est pas rare que la circonstance dont l'effet dépend soit emmêlée à d'autres qui sont étrangères et extrinsèques. La séparer demande souvent beaucoup d'attention, de précision et de subtilité.

6. C'est une opération très délicate que de former des maximes générales à partir d'observations particulières; et rien n'est plus commun pour un esprit qui, par hâte et étroitesse d'esprit, ne voit pas les choses par toutes leurs faces, que de commettre des fautes sur ce point.

7. Quand le raisonnement se fait par analogie, celui qui a la plus grande expérience ou qui est le plus prompt à appeler les analogies, sera celui qui raisonne le mieux.

8. Les préventions qui naissent du préjugé, de l'éducation, de la passion, de l'esprit de parti, etc., pèsent sur certains esprits plus que sur d'autres.

9. Foi et confiance étant accordées au témoignage humain, les livres et la conversation étendent la sphère de l'expérience et de la pensée des uns au-delà de celle des autres.

10. Il serait facile de découvrir beaucoup d'autres circonstances qui introduisent de la différence entre les entendements des hommes.

and in its chief operations, is not directed by any such relations or comparisons of ideas, as are the proper objects of our intellectual faculties. Though the instinct be different, yet still it is an instinct, which teaches a man to avoid the fire; as much as that which teaches a bird, with such exactness, the art of incubation, and the whole economy and order of its nursery.

et qui, dans ses principales opérations, n'est dirigée par aucune de ces relations ou comparaisons d'idées qui sont l'objet propre de nos facultés intellectuelles. Et quoiqu'il y ait de la différence, ce qui enseigne à l'homme à éviter le feu n'est pas moins un instinct que ce qui enseigne si exactement à l'oiseau l'art de l'incubation, en même temps que l'économie et tout l'ordre de ses soins maternels.

OF MIRACLES

Part I

1. There is, in Dr. Tillotson's writings, an argument against the *real presence*, which is as concise, and elegant, and strong as any argument can possibly be supposed against a doctrine, so little worthy of a serious refutation. It is acknowledged on all hands, says that learned prelate, that the authority, either of the scripture or of tradition, is founded merely in the testimony of the apostles, who were eye-witnesses to those miracles of our Saviour, by which he proved his divine mission. Our evidence, then, for the truth of the *Christian* religion is less than the evidence for the truth of our senses; because, even in the first authors of our religion, it was no greater; and it is evident it must diminish in passing from them to their disciples; nor can any one rest such confidence in their testimony, as in the immediate object of his senses. But a weaker evidence can never destroy a stronger; and therefore, were the doctrine

DES MIRACLES

Première partie

1. Il y a dans les écrits du Docteur Tillotson[1] un argument contre la *présence réelle* qui est aussi concis, aussi élégant et fort, qu'on en puisse imaginer contre une doctrine qui mérite si peu d'être sérieusement réfutée. Il est reconnu de toute part, dit le savant prélat, que l'autorité de l'Ecriture ou de la Tradition est entièrement fondée sur le témoignage des apôtres, qui furent les témoins oculaires des miracles par lesquels notre Sauveur apporta la preuve de sa mission divine. L'évidence que nous avons de la vérité de la *religion chrétienne* est donc moindre que l'évidence qui supporte la vérité de nos sens; car elle n'était pas plus forte même chez les premiers auteurs de notre religion; et il est manifeste qu'elle dut diminuer en passant d'eux à leurs disciples, et que personne ne peut avoir autant de confiance en leur témoignage que dans l'objet immédiat de ses sens. Or une moindre évidence ne peut détruire une évidence supérieure; et donc, si clairement que la doctrine

---

1. John Tillotson, *A Discourse against transubstantiation* (1684), dans *Works* (1696) (Sermon 26); *The Hazard of being Saved in the Church of Rome* (Sermon 11).

of the real presence ever so clearly revealed in scripture, it were directly contrary to the rules of just reasoning to give our assent to it. It contradicts sense, though both the scripture and tradition, on which it is supposed to be built, carry not such evidence with them as sense; when they are considered merely as external evidences, and are not brought home to every one's breast, by the immediate operation of the Holy Spirit.

2. Nothing is so convenient as a decisive argument of this kind, which must at least *silence* the most arrogant bigotry and superstition, and free us from their impertinent solicitations. I flatter myself, that I have discovered an argument of a like nature, which, if just, will, with the wise and learned, be an everlasting check to all kinds of superstitious delusion, and consequently, will be useful as long as the world endures. For so long, I presume, will the accounts of miracles and prodigies be found in all history, sacred and profane.

3. Though experience be our only guide in reasoning concerning matters of fact; it must be acknowledged, that this guide is not altogether infallible, but in some cases is apt to lead us into errors. One, who in our climate, should expect better weather in any week of June than in one of December, would reason justly, and conformably to experience; but it is certain that he may happen, in the event, to find himself mistaken. However, we may observe that, in such a case, he would have no cause to complain of experience; because it commonly informs us before-hand of the uncertainty, by that contrariety of events, which we may learn from a diligent observation. All effects follow not with like certainty from their supposed causes. Some events are found, in all countries and all ages, to have been constantly conjoined together; others are found to have

de la présence réelle eût été révélée dans l'Écriture, il serait directement contraire aux règles du juste raisonnement de lui accorder son assentiment. Elle contredit les sens, sans que l'Écriture ni la Tradition sur lesquelles on l'estime fondée n'apportent avec elles autant d'évidence que les sens – quand elles sont considérées comme des preuves externes et qu'elles ne sont pas introduites dans le cœur de chacun par l'opération immédiate du Saint-Esprit.

2. Rien ne vaut un argument décisif de cette sorte qui, et ce sera son moindre effet, doit réduire *au silence* la bigoterie et la superstition, malgré toute leur arrogance, et nous libérer de leurs sollicitations importunes. Je me flatte d'avoir découvert un argument de même nature qui, s'il est juste, sera pour les sages et les savants un frein perpétuel à toute espèce d'illusion superstitieuse; un argument qui sera donc utile tant que le monde durera. Car, je le présume, tout aussi longtemps les récits de miracles et de prodiges peupleront les histoires sacrées et les histoires profanes.

3. Bien que l'expérience soit notre seul guide dans nos raisonnements sur les choses de fait, il faut avouer que ce guide n'est pas totalement infaillible et que dans certains cas il est propre à nous induire en erreur. Attendre sous nos climats un temps meilleur dans une semaine de juin que dans une semaine de décembre, c'est raisonner correctement et conformément à l'expérience; il est sûr cependant que l'événement pourrait tromper notre attente. Remarquons néanmoins que, dans ce cas, nous n'aurions pas lieu de nous plaindre de l'expérience, car elle nous informe communément à l'avance d'une telle incertitude, par cette contrariété d'événements qui se découvre à une observation attentive. Tous les effets ne suivent pas avec la même certitude de leurs causes supposées. Il y a des événements qui se sont trouvés, en tout temps et en tout lieu, constamment joints ensemble; d'autres se sont montrés

been more variable, and sometimes to disappoint our expectations; so that, in our reasonings concerning matter of fact, there are all imaginable degrees of assurance, from the highest certainty to the lowest species of moral evidence.

4. A wise man, therefore, proportions his belief to the evidence. In such conclusions as are founded on an infallible experience, he expects the event with the last degree of assurance, and regards his past experience as a full *proof* of the future existence of that event. In other cases, he proceeds with more caution; he weighs the opposite experiments; he considers which side is supported by the greater number of experiments; to that side he inclines, with doubt and hesitation; and when at last he fixes his judgement, the evidence exceeds not what we properly call *probability*. All probability, then, supposes an opposition of experiments and observations, where the one side is found to overbalance the other, and to produce a degree of evidence, proportioned to the superiority. A hundred instances or experiments on one side, and fifty on another, afford a doubtful expectation of any event; though a hundred uniform experiments, with only one that is contradictory, reasonably beget a pretty strong degree of assurance. In all cases, we must balance the opposite experiments, where they are opposite, and deduct the smaller number from the greater, in order to know the exact force of the superior evidence.

5. To apply these principles to a particular instance; we may observe, that there is no species of reasoning more common, more useful, and even necessary to human life, than that which is derived from the testimony of men, and the reports of eye-witnesses and spectators. This species of reasoning, perhaps, one may deny to be founded on the relation of cause and effect. I shall not dispute about a word. It will be

plus variables et ont parfois déçu nos attentes ; de sorte que, dans nos raisonnements sur les choses de fait, il y a tous les degrés imaginables d'assurance, depuis le plus haut degré de certitude jusqu'à l'espèce la plus basse d'évidence morale.

4. Le sage proportionne donc sa croyance à l'évidence. Quand une expérience infaillible soutient la conclusion, il attend l'événement avec la plus grande assurance et il prend son expérience passée comme la *preuve* complète de l'existence future de l'événement. Dans d'autres cas, il use de plus de précautions : il pèse les expériences opposées, il considère de quel côté se portent le plus grand nombre d'expériences ; ce n'est pas sans hésitation ni doute qu'il penche vers ce côté ; et quand à la fin il détermine son jugement, l'évidence ne dépasse pas ce qui s'appelle proprement *probabilité*. Toute probabilité suppose donc une opposition entre plusieurs expériences ou observations, chaque fois qu'un côté s'avère plus fort que l'autre et produit un degré d'évidence proportionné à cette supériorité. Cent cas, cent expériences d'un côté, contre cinquante de l'autre, rendent l'attente de l'événement douteuse ; au lieu que cent expériences uniformes contre une seule contraire fait naître raisonnablement un assez fort degré d'assurance. Dans tous les cas, nous devons mettre en balance les expériences contraires, quand il y en a de contraires, et retrancher le plus petit nombre du plus grand, afin de connaître la force exacte de l'évidence supérieure.

5. Pour appliquer ces principes à un cas particulier, observons qu'il n'est pas de raisonnement plus commun, plus utile, ni même plus nécessaire à la vie humaine, que celui qui se tire du témoignage des hommes et du récit des témoins oculaires et des spectateurs. On niera peut-être que cette espèce de raisonnement soit fondée sur la relation de cause à effet. Je ne disputerai pas sur le mot. C'est assez

sufficient to observe that our assurance in any argument of this kind is derived from no other principle than our observation of the veracity of human testimony, and of the usual conformity of facts to the reports of witnesses. It being a general maxim, that no objects have any discoverable connexion together, and that all the inferences, which we can draw from one to another, are founded merely on our experience of their constant and regular conjunction; it is evident that we ought not to make an exception to this maxim in favour of human testimony, whose connexion with any event seems, in itself, as little necessary as any other. Were not the memory tenacious to a certain degree ; had not men commonly an inclination to truth and a principle of probity; were they not sensible to shame, when detected in a falsehood ; were not these, I say, discovered by *experience* to be qualities, inherent in human nature, we should never repose the least confidence in human testimony. A man delirious, or noted for falsehood and villany, has no manner of authority with us.

6. And as the evidence, derived from witnesses and human testimony, is founded on past experience, so it varies with the experience, and is regarded either as a *proof* or a *probability*, according as the conjunction between any particular kind of report and any kind of object has been found to be constant or variable. There are a number of circumstances to be taken into consideration in all judgements of this kind; and the ultimate standard, by which we determine all disputes, that may arise concerning them, is always derived from experience and obser-vation. Where this experience is not entirely uniform on any side, it is attended with an unavoidable contrariety in our judge-ments, and with the same opposition and mutual destruction of

si l'on remarque que l'assurance que nous attachons à cette sorte d'argument n'a point d'autre principe que l'observation de la véracité du témoignage humain et de la conformité ordinaire des faits avec le récit des témoins. Comme c'est une maxime générale que les objets n'ont aucune liaison entre eux que nous puissions découvrir et que toutes les inférences que nous pouvons faire de l'un à l'autre sont seulement fondées sur l'expérience que nous avons de leur conjonction régulière et constante, il est clair qu'il n'y a pas d'exception à faire en faveur du témoignage humain, sa liaison avec les événements paraissant d'elle-même aussi peu nécessaire que toute autre liaison. Si la mémoire n'était pas tenace à un certain point, si les hommes n'avaient pas communément en eux un penchant à la vérité et un principe de probité, s'ils n'étaient pas sensibles à la honte quand ils sont convaincus de mensonge ; si ce n'était pas là, dis-je, des qualités dont *l'expérience* montre qu'elles sont attachées à la nature humaine, nous ne pourrions accorder la moindre confiance au témoignage humain. Un homme pris de délire ou connu pour sa fausseté et sa scélératesse n'a auprès de nous aucune sorte d'autorité.

6. Comme l'évidence tirée du témoignage humain et de toute attestation est fondée sur l'expérience passée, elle ne manque pas de varier avec l'expérience, devenant *preuve* ou *probabilité* selon que la conjonction observée entre une certaine sorte de narration et une certaine sorte d'objet a été trouvée constante ou variable. Il y a un grand nombre de circonstances à prendre en compte dans tous les jugements de ce genre ; et l'ultime règle par laquelle trancher les disputes qui peuvent naître à leur sujet, est toujours tirée de l'expérience et de l'observation. Quand cette expérience n'est pas entièrement uniforme d'un côté ou de l'autre, elle s'accompagne d'une inévitable contrariété dans nos jugements ; on y rencontre la même opposition, la même destruction mutuelle des

argument as in every other kind of evidence. We frequently hesitate concerning the reports of others. We balance the opposite circumstances, which cause any doubt or uncertainty; and when we discover a superiority on any side, we incline to it; but still with a diminution of assurance, in proportion to the force of its antagonist.

7. This contrariety of evidence, in the present case, may be derived from several different causes; from the opposition of contrary testimony; from the character or number of the witnesses; from the manner of their delivering their testimony; or from the union of all these circumstances. We entertain a suspicion concerning any matter of fact, when the witnesses contradict each other; when they are but few, or of a doubtful character; when they have an interest in what they affirm; when they deliver their testimony with hesitation, or on the contrary, with too violent asseverations. There are many other particulars of the same kind, which may diminish or destroy the force of any argument, derived from human testimony.

8. Suppose, for instance, that the fact, which the testimony endeavours to establish, partakes of the extraordinary and the marvellous; in that case, the evidence, resulting from the testimony, admits of a diminution, greater or less, in proportion as the fact is more or less unusual. The reason why we place any credit in witnesses and historians, is not derived from any *connexion*, which we perceive *a priori*, between testimony and reality, but because we are accustomed to find a conformity between them. But when the fact attested is such a one as has seldom fallen under our observation, here is a contest of two opposite experiences; of which the one destroys the other, as far as its force goes, and the superior can only operate on the mind by the force, which remains.

arguments que dans toute autre espèce d'évidence. Nous hésitons souvent sur les rapports d'autrui. Nous mettons en balance les circonstances opposées qui suscitent un doute ou une incertitude ; nous penchons du côté qui nous paraît l'emporter, mais toujours avec une assurance moindre, en proportion de la force du côté adverse.

7. Cette contrariété d'évidence peut, dans le cas présent, venir de différentes causes : de l'opposition de témoignages contraires, du caractère ou du nombre des témoins, de la façon dont ils délivrent leur témoignage ou de l'union de toutes ces circonstances. Un fait nous devient suspect quand les témoins se contredisent, quand ils sont peu nombreux ou d'un caractère douteux, quand ils sont intéressés à ce qu'ils affirment, quand ils livrent leur témoignage avec hésitation ou, au contraire, avec des protestations trop véhémentes. Il y a bien d'autres considérations de cette nature qui peuvent diminuer ou détruire la force des arguments qu'on tire du témoignage humain.

8. Supposez, par exemple, que le fait que le témoignage tente d'établir, tienne de l'extraordinaire et du merveilleux ; l'évidence qu'apporte alors le témoignage perd plus ou moins de force, selon que ce fait est plus ou moins inhabituel. La raison pour laquelle nous accordons foi aux témoins et aux historiens ne dérive pas d'une *liaison* que nous apercevrions *a priori* entre le témoignage et la réalité, mais de ce que nous avons l'habitude de trouver entre eux de la conformité. Mais quand le fait attesté est de ceux que nous n'avons observés que rarement, un conflit naît entre deux expériences opposées ; l'une détruit l'autre à proportion de sa force et celle qui l'emporte ne peut agir sur l'esprit qu'avec la force qui lui reste.

The very same principle of experience, which gives us a certain degree of assurance in the testimony of witnesses, gives us also, in this case, another degree of assurance against the fact, which they endeavour to establish; from which contradition there necessarily arises a counterpoize, and mutual destruction of belief and authority.

9. *I should not believe such a story were it told me by Cato*, was a proverbial saying in Rome, even during the lifetime of that philosophical patriot[a]. The incredibility of a fact, it was allowed, might invalidate so great an authority.

10. The Indian prince, who refused to believe the first relations concerning the effects of frost, reasoned justly; and it naturally required very strong testimony to engage his assent to facts, that arose from a state of nature, with which he was unacquainted, and which bore so little analogy to those events, of which he had had constant and uniform experience. Though they were not contrary to his experience, they were not conformable to it[b].

a. Plutarch, *in vita Catonis*.

b. No Indian, it is evident, could have experience that water did not freeze in cold climates. This is placing nature in a situation quite unknown to him; and it is impossible for him to tell *a priori* what will result from it. It is making a new experiment, the consequence of which is always uncertain. One may sometimes conjecture from analogy what will follow; but still this is but conjecture. And it must be confessed, that, in the present case of freezing, the event follows contrary to the rules of analogy, and is such as a rational Indian would not look for. The operations of cold upon water are not

Le même principe de l'expérience qui nous donne un certain degré d'assurance en faveur de la déposition des témoins, nous donne ici aussi un autre degré d'assurance, cette fois en défaveur du fait qu'ils essaient d'établir; et de cette contradiction résultent nécessairement un contrepoids et une destruction réciproque de croyance et d'autorité.

9. *Je ne croirais pas une telle histoire si elle m'était dite par Caton* était à Rome une expression proverbiale, du vivant même de ce patriote philosophe[a]. On avouait ainsi que l'incrédibilité d'un fait pouvait invalider une autorité aussi reconnue[*].

[**] 10. Ce prince indien[1] qui refusa de croire aux premières relations qu'on lui fit des effets du gel, raisonna très justement; il était naturel qu'il n'ajoutât pas foi, sans de très forts témoignages, à des faits relevant d'un état de la nature dont il n'avait pas connaissance et qui avait si peu d'analogie avec les événements dont il était instruit par une expérience constante et uniforme. Quoique ces faits ne fussent pas contraires à son expérience, ils ne s'accordaient pas avec elle[b].

---

a. Plutarque, *Vies parallèles*, « Vie de Caton », XIX, 4.

b. Il est évident qu'aucun Indien ne saurait apprendre par expérience que l'eau ne gèle pas sous les climats froids. C'est là placer la nature dans une situation qui lui est totalement inconnue; et il lui est impossible de dire *a priori* ce qui en résultera. C'est faire une nouvelle expérience dont la conséquence est toujours incertaine. On peut parfois conjecturer par analogie ce qui suivra; mais ce n'est encore qu'une conjecture. Et il faut convenir que dans le cas présent du gel, l'événement s'ensuit contrairement aux règles de l'analogie et ne correspond pas à ce qu'un Indien rationnel attendrait. L'action du froid sur l'eau n'est

---

1. Plusieurs versions de l'histoire ont été données, notamment dans l'*Essai sur l'entendement humain* de Locke (IV, 15, 5), dans l'introduction de l'*Analogie de la religion* de Butler, etc.

11. But in order to encrease the probability against the testimony of witnesses, let us suppose, that the fact, which they affirm, instead of being only marvellous, is really miraculous; and suppose also, that the testimony considered apart and in itself, amounts to an entire proof; in that case, there is proof against proof, of which the strongest must prevail, but still with a diminution of its force, in proportion to that of its antagonist.

12. A miracle is a violation of the laws of nature; and as a firm and unalterable experience has established these laws, the proof against a miracle, from the very nature of the fact, is as entire as any argument from experience can possibly be imagined. Why is it more than probable, that all men must die; that lead cannot, of itself, remain suspended in the air; that fire consumes wood, and is extinguished by water; unless it be, that these events are found agreeable to the laws of nature, and there is required a violation of these laws, or in other words, a miracle to prevent them? Nothing is esteemed a miracle,

gradual, according to the degrees of cold; but whenever it comes to the freezing point, the water passes in a moment, from the utmost liquidity to perfect hardness. Such an event, therefore, may be denominated *extraordinary*, and requires a pretty strong testimony, to render it credible to people in a warm climate; but still it is not *miraculous*, nor contrary to uniform experience of the course of nature in cases where all the circumstances are the same. The inhabitants of Sumatra have always seen water fluid in their own climate, and the freezing of their rivers ought to be deemed a prodigy; but they never saw water in Muscovy during the winter; and therefore they cannot reasonably be positive what would there be the consequence.

11. Mais afin d'augmenter la probabilité contre la déposition des témoins, supposons que le fait dont ils affirment la réalité, au lieu d'être seulement merveilleux, soit réellement miraculeux ; supposons également que le témoignage, considéré à part et en lui-même, s'élève à une preuve entière. Alors, c'est preuve contre preuve ; la plus forte doit l'emporter, quoique avec une force diminuée, en proportion de celle de son adversaire.

12. Un miracle est une violation des lois de la nature ; et ces lois ayant été établies sur une expérience ferme et inaltérable, la preuve contre le miracle est, par la nature même du fait, aussi entière qu'aucun argument qu'on imagine pouvoir tirer de l'expérience. Pourquoi est-il plus que probable que tous les hommes doivent mourir, que le plomb ne peut pas rester de lui-même suspendu en l'air, que le feu consume le bois et est éteint par l'eau ? N'est-ce pas parce que ces événements apparaissent conformes aux lois de la nature et qu'il faut une violation de ces lois ou, en d'autres mots, un miracle pour les prévenir ? Rien qui arrive dans le cours ordinaire de la nature

pas progressive, elle n'est pas proportionnelle aux degrés de froid ; mais chaque fois qu'elle arrive au point de congélation, l'eau passe d'un coup d'une complète liquidité à une parfaite dureté. Un pareil événement peut donc être dit *extraordinaire* ; et il faut un témoignage plus que fort pour le rendre croyable à des gens vivant sous un climat chaud ; mais il n'est pas encore *miraculeux* ni contraire à l'expérience uniforme du cours de la nature dans les cas où toutes les circonstances sont les mêmes. Les habitants de Sumatra ont toujours vu l'eau à l'état liquide sous leur propre climat et la congélation de leurs rivières devrait passer pour un prodige ; mais ils n'ont jamais vu de l'eau en Moscovie, durant l'hiver ; et donc ils ne sauraient raisonnablement se déclarer quant au résultat[***].

if it ever happen in the common course of nature. It is no miracle that a man, seemingly in good health, should die on a sudden; because such a kind of death, though more unusual than any other, has yet been frequently observed to happen. But it is a miracle, that a dead man should come to life; because that has never been observed in any age or country. There must, therefore, be a uniform experience against every miraculous event, otherwise the event would not merit that appellation. And as a uniform experience amounts to a proof, there is here a direct and full *proof*, from the nature of the fact, against the existence of any miracle; nor can such a proof be destroyed, or the miracle rendered credible, but by an opposite proof, which is superior[c].

c. Sometimes an event may not, *in itself*, seem to be contrary to the laws of nature, and yet, if it were real, it might, by reason of some circumstances, be denominated a miracle; because, in *fact*, it is contrary to these laws. Thus if a person, claiming a divine authority, should command a sick person to be well, a healthful man to fall down dead, the clouds to pour rain, the winds to blow, in short, should order many natural events, which immediately follow upon his command; these might justly be esteemed miracles, because they are really, in this case, contrary to the laws of nature. For if any suspicion remain, that the event and command concurred by accident, there is no miracle and no transgression of the laws of nature. If this suspicion be removed, there is evidently a miracle, and a transgression of these laws; because nothing can be more contrary to nature than that the voice or command of a man should have such an influence. A miracle may be accurately defined, *a transgression of a law of nature by a particular volition of the Deity, or by the interposition of some invisible agent.* A miracle may either be discoverable by men or not. This alters not its nature and essence. The raising of a house or ship into the air is a visible miracle. The raising of a feather, when the wind wants ever so little of a force requisite for that purpose, is as real a miracle, though not so sensible with regard to us.

n'est tenu pour un miracle. Ce n'est pas un miracle qu'un homme qui paraissait en bonne santé meure soudainement, parce que cette sorte de mort, quoique moins habituelle que les autres, a été pourtant souvent constatée. Mais c'est un miracle qu'un homme qui est mort revienne à la vie, parce que cela ne s'est jamais vu en aucun pays ni à aucune époque. Il faut donc qu'une expérience uniforme s'oppose à l'événement miraculeux, pour qu'il mérite ce nom. Et comme une expérience uniforme s'élève à une preuve, l'on a ici, tirée de la nature même du fait, une *preuve* directe et entière contre l'existence du miracle ; et une telle preuve ne peut être détruite ni le miracle devenir croyable, sinon par une preuve opposée d'une force supérieure [c].

---

c. Quelquefois un événement peut ne pas *paraître en lui-même* contraire aux lois de la nature ; toutefois, s'il venait à se réaliser, il pourrait en raison de certaines circonstances s'appeler un miracle, étant, *en fait*, contraire à ces lois. Ainsi, si une personne se réclamant d'une autorité divine commandait à un malade de se bien porter, à un homme en bonne santé de tomber raide mort, aux nuages de verser de la pluie, aux vents de souffler, en un mot si elle ordonnait maint événement naturel, répondant immédiatement à son commandement, on aurait raison de tenir ces événements pour des miracles, parce que dans ce cas ils seraient réellement contraires aux lois de la nature. S'il restait le moindre soupçon que l'événement et le commandement se fussent rencontrés par accident, il n'y aurait alors pas de miracle ni de transgression des lois de la nature. Mais si ce soupçon est écarté, il y a évidemment miracle et transgression de ces lois, puisque rien ne peut être plus contraire à la nature que la voix ou le commandement d'un homme ait un tel effet. Le miracle peut être exactement défini comme *la transgression des lois de la nature par une volition particulière de la Divinité ou par l'intervention de quelque agent invisible*. Le miracle peut se découvrir ou non aux hommes ; ceci ne modifie pas sa nature et son essence. Qu'une maison ou un bateau s'élève dans les airs est un miracle visible ; qu'une plume s'élève quand le vent n'a même pas la force utile à cet effet, c'est aussi un vrai miracle, quoiqu'il ne nous soit pas aussi sensible.

13. The plain consequence is (and it is a general maxim worthy of our attention), « That no testimony is sufficient to establish a miracle, unless the testimony be of such a kind that its falsehood would be more miraculous, than the fact which it endeavours to establish; and even in that case there is a mutual destruction of arguments, and the superior only gives us an assurance suitable to that degree of force which remains, after deducting the inferior ». When anyone tells me that he saw a dead man restored to life, I immediately consider with myself, whether it be more probable that this person should either deceive or be deceived, or that the fact, which he relates, should really have happened. I weigh the one miracle against the other; and according to the superiority, which I discover, I pronounce my decision, and always reject the greater miracle. If the falsehood of his testimony would be more miraculous, than the event which he relates; then, and not till then, can he pretend to command my belief or opinion.

Part II

14. In the foregoing reasoning we have supposed, that the testimony, upon which a miracle is founded, may possibly amount to an entire proof, and that the falsehood of that testimony would be a real prodigy ; but it is easy to show, that we have been a great deal too liberal in our concession, and that there never was a miraculous event established on so full an evidence.

15. For *first*, there is not to be found, in all history, any miracle attested by a sufficient number of men, of such unquestioned good-sense, education, and learning, as to secure us against all delusion in themselves; of such undoubted integrity, as to place them beyond all suspicion of any design

13. On en conclut manifestement ceci, qui fait une maxime générale digne de toute notre attention : « nul témoignage ne suffit à établir un miracle, à moins que ce témoignage ne soit de telle sorte que sa fausseté serait plus miraculeuse que ne l'est le fait qu'il s'efforce d'établir ; et, même dans ce cas, il y a destruction réciproque des arguments et l'argument qui l'emporte ne nous donne qu'une assurance proportionnée au degré de force qui reste, soustraction faite du plus faible ». Si quelqu'un me dit qu'il a vu un mort ramené à la vie, je me demande immédiatement lequel des deux faits est plus probable, que cette personne s'abuse ou veuille m'abuser ou que le fait qu'elle rapporte se soit vraiment passé. Je pèse un miracle contre l'autre et, selon la supériorité que je découvre, je rends ma décision, en rejetant toujours le plus grand. Si la fausseté de son témoignage s'avère plus miraculeuse encore que l'événement qu'elle rapporte, alors, et seulement alors, cette personne peut prétendre gagner ma croyance et commander mon opinion.

Deuxième partie

14. Dans le raisonnement qui précède, nous avons supposé que le témoignage sur lequel le miracle est fondé, pouvait faire une preuve entière et que la fausseté de ce témoignage serait un vrai prodige. Mais il est facile de montrer que nous avons beaucoup trop accordé et qu'il n'y a jamais eu d'événement miraculeux établi sur une évidence aussi forte.

15. *D'abord*, on ne saurait trouver dans toute l'histoire un seul miracle qui soit attesté par un nombre suffisant de témoins, d'un bon sens, d'une éducation et d'un savoir assez reconnus pour nous protéger de toute illusion de leur part ; d'une intégrité assez incontestée pour les placer au dessus du soupçon de

to deceive others; of such credit and reputation in the eyes of mankind, as to have a great deal to lose in case of their being detected in any falsehood; and at the same time, attesting facts performed in such a public manner and in so celebrated a part of the world, as to render the detection unavoidable: All which circumstances are requisite to give us a full assurance in the testimony of men.

16. *Secondly*. We may observe in human nature a principle which, if strictly examined, will be found to diminish extremely the assurance, which we might, from human testimony, have, in any kind of prodigy. The maxim, by which we commonly conduct ourselves in our reasonings, is that the objects, of which we have no experience, resembles those, of which we have; that what we have found to be most usual is always most probable; and that where there is an opposition of arguments, we ought to give the preference to such as are founded on the greatest number of past observations. But though, in proceeding by this rule, we readily reject any fact which is unusual and incredible in an ordinary degree; yet in advancing farther, the mind observes not always the same rule; but when anything is affirmed utterly absurd and miraculous, it rather the more readily admits of such a fact, upon account of that very circumstance, which ought to destroy all its authority. The passion of *surprise* and *wonder*, arising from miracles, being an agreeable emotion, gives a sensible tendency towards the belief of those events, from which it is derived. And this goes so far, that even those who cannot enjoy this pleasure immediately, nor can believe those miraculous events, of which they are informed, yet love to partake of the satisfaction

vouloir tromper autrui ; d'une réputation et d'un crédit assez établis aux yeux des hommes pour avoir beaucoup à perdre s'ils étaient convaincus de fausseté ; et en même temps attestant de faits survenus d'une manière assez publique, dans une partie du monde assez illustre, pour rendre inévitable la détection d'une telle fausseté. Ce sont autant de circonstances requises pour nous donner une totale assurance dans le témoignage des hommes.

16. *En second lieu*, il est facile d'observer dans la nature humaine un principe qui, examiné de plus près, rabattra extrêmement l'assurance que nous pourrions, sur la foi d'un témoignage humain, nourrir à l'égard de toute espèce de prodiges. Nous avons cette maxime, dans la conduite ordinaire de nos raisonnements, que les objets dont nous n'avons pas d'expérience ressemblent à ceux dont nous avons l'expérience, que ce que nous avons trouvé être le plus habituel est toujours le plus probable, et que, quand les arguments s'opposent, il nous faut donner la préférence à ceux qui sont fondés sur le plus grand nombre d'observations passées. Mais, quoique en suivant cette règle nous rejetions promptement tous les faits qui sont insolites ou incroyables dans un degré commun, toutefois, lorsqu'il se porte plus avant, l'esprit n'observe pas toujours la même règle et, quand on lui annonce quelque chose de totalement absurde et miraculeux, il admet d'autant plus facilement le fait, eu égard à cette circonstance même qui devrait détruire toute son autorité. La passion de *surprise* et d'*émerveillement* que suscitent les miracles, est une émotion agréable et, de là, une disposition sensible qui nous pousse à croire aux événements qui la causent. Et la chose va si loin que ceux mêmes qui ne peuvent goûter ce plaisir immédiatement ni croire aux événements miraculeux dont ils sont informés, aiment cependant à en partager la satisfaction,

at second-hand or by rebound, and place a pride and delight in exciting the admiration of others.

17. With what greediness are the miraculous accounts of travellers received, their descriptions of sea and land monsters, their relations of wonderful adventures, strange men, and uncouth manners? But if the spirit of religion join itself to the love of wonder, there is an end of common sense; and human testimony, in these circumstances, loses all pretensions to authority. A religionist may be an enthusiast, and imagine he sees what has no reality: he may know his narrative to be false, and yet persevere in it, with the best intentions in the world, for the sake of promoting so holy a cause; or even where this delusion has not place, vanity, excited by so strong a temptation, operates on him more powerfully than on the rest of mankind in any other circumstances; and self-interest with equal force. His auditors may not have, and commonly have not, sufficient judgement to canvass his evidence; what judgement they have, they renounce by principle, in these sublime and mysterious subjects; or if they were ever so willing to employ it, passion and a heated imagination disturb the regularity of its operations. Their credulity increases his impudence; and his impudence overpowers their credulity.

18. Eloquence, when at its highest pitch, leaves little room for reason or reflection; but addressing itself entirely to the fancy or the affections, captivates the willing hearers, and subdues their understanding. Happily, this pitch it seldom attains. But what a Tully or a Demosthenes could scarcely effect over a Roman or Athenian audience, every *Capuchin*, every itinerant or stationary teacher can perform over the generality of

de seconde main et comme par rebond, en mettant leur orgueil et leur délectation à exciter l'admiration d'autrui.

17. Avec quelle avidité sont reçues les relations miraculeuses des voyageurs, leurs descriptions de monstres terrestres et marins, les récits qu'ils font d'aventures merveilleuses, d'hommes étranges et de mœurs singulières! Mais si l'esprit de religion vient se joindre à l'amour du merveilleux, c'en est fini du sens commun; le témoignage humain perd toute prétention à une quelconque autorité. Un homme de religion peut être enthousiaste et s'imaginer voir ce qui n'a pas de réalité; il peut savoir que ce qu'il raconte est faux, et pourtant y persévérer avec les meilleures intentions du monde, afin d'avancer les intérêts d'une si sainte cause; et lors même que cette illusion n'a pas lieu, la vanité qu'excite une tentation aussi forte agit sur lui plus puissamment qu'elle ne le fait sur les autres hommes, en d'autres circonstances; sans compter son intérêt personnel qui agit avec une égale force. Ses auditeurs pourront ne pas avoir, et communément n'ont pas assez de jugement pour interroger l'évidence qu'il présente. Quelque jugement qu'ils aient, ils y renoncent par principe dans des sujets aussi sublimes et mystérieux; et supposé qu'ils voulussent en faire usage, la passion et une imagination ardente troubleraient bientôt la régularité des opérations de cette faculté. Leur crédulité accroît son impudence; et son impudence subjugue leur crédulité.

18. L'éloquence, à son plus haut sommet, laisse peu de place à la raison ou à la réflexion; s'adressant entièrement à l'imagination ou aux affections, elle captive l'auditeur qui y consent et gouverne son entendement. Heureusement, un tel sommet est rarement atteint. Mais ce qu'un Cicéron ou un Démosthène pouvaient faire avec peine sur un auditoire romain ou athénien, le moindre *capucin*, le moindre missionnaire ou prédicateur, peuvent l'obtenir de la grande majorité des

mankind, and in a higher degree, by touching such gross and vulgar passions.

19. The many instances of forged miracles, and prophecies, and supernatural events, which, in all ages, have either been detected by contrary evidence, or which detect themselves by their absurdity, prove sufficiently the strong propensity of mankind to the extraordinary and the marvellous, and ought reasonably to beget a suspicion against all relations of this kind. This is our natural way of thinking, even with regard to the most common and most credible events. For instance : there is no kind of report which rises so easily, and spreads so quickly, especially in country places and provincial towns, as those concerning marriages ; insomuch that two young persons of equal condition never see each other twice, but the whole neighbourhood immediately join them together. The pleasure of telling a piece of news so interesting, of propagating it, and of being the first reporters of it, spreads the intelligence. And this is so well known, that no man of sense gives attention to these reports, till he find them confirmed by some greater evidence. Do not the same passions, and others still stronger, incline the generality of mankind to believe and report, with the greatest vehemence and assurance, all religious miracles ?

20. *Thirdly*. It forms a strong presumption against all supernatural and miraculous relations, that they are observed chiefly to abound among ignorant and barbarous nations ; or if a civilized people has ever given admission to any of them, that people will be found to have received them from ignorant and barbarous ancestors, who transmitted them with that inviolable sanction and authority, which always attend received opinions. When we peruse the first histories of all

hommes, et à un degré plus élevé, en remuant ces sortes de passions grossières et vulgaires.

19. Les nombreux exemples, en tout temps, de faux miracles, de prophéties forgées, d'événements surnaturels prétendus, qui ont été dévoilés par un témoignage contraire ou qui se sont dénoncés par leur propre absurdité, prouvent plus qu'il ne faut le grand penchant des hommes à l'extraordinaire et au merveilleux, et devraient raisonnablement mettre en garde contre toutes les relations de cette sorte. N'est-ce pas là notre façon naturelle de penser, même pour ce qui touche les événements les plus communs et les plus croyables ? Il n'y a point, par exemple, d'espèce de bruits qui naissent plus facilement et se répandent plus promptement, surtout à la campagne et dans les villes de province, que ceux qui concernent les mariages : deux jeunes personnes de condition égale ne se verront pas deux fois que tout le voisinage les aura déjà unies l'une à l'autre. Le plaisir de conter une nouvelle aussi intéressante, de la propager, d'être le premier à la rapporter, la fait courir de bouche en bouche. Le phénomène est si bien connu qu'aucun homme de sens ne prête attention à cette sorte de bruits qu'il ne les voie confirmés par une évidence supérieure. Les mêmes passions, et d'autres plus fortes encore, ne portent-elles pas la plupart des hommes à croire et rapporter tous les miracles religieux, avec la plus grande véhémence et une assurance sans mesure ?

20. *En troisième lieu*, comment ne pas nourrir une forte présomption contre tous les récits surnaturels et miraculeux, quand on voit qu'ils abondent surtout parmi les nations ignorantes et barbares ; ou que, si l'un de ces récits a été admis d'un peuple civilisé, ce peuple l'a reçu de ses ancêtres ignorants et barbares qui le lui ont transmis, avec cette sanction et cette autorité inviolables qui accompagnent toujours les opinions reçues ? Quand nous parcourons la première histoire des

nations, we are apt to imagine ourselves transported into some
new world; where the whole frame of nature is disjointed, and
every element performs its operations in a different manner,
from what it does at present. Battles, revolutions, pestilence,
famine and death, are never the effect of those natural causes,
which we experience. Prodigies, omens, oracles, judgements,
quite obscure the few natural events, that are intermingled
with them. But as the former grow thinner every page, in
proportion as we advance nearer the enlightened ages, we soon
learn, that there is nothing mysterious or supernatural in the
case, but that all proceeds from the usual propensity of
mankind towards the marvellous, and that, though this
inclination may at intervals receive a check from sense and
learning, it can never be thoroughly extirpated from human
nature.

21. *It is strange*, a judicious reader is apt to say, upon the
perusal of these wonderful historians, *that such prodigious
events never happen in our days*. But it is nothing strange, I
hope, that men should lie in all ages. You must surely have
seen instances enough of that frailty. You have yourself heard
many such marvellous relations started, which, being treated
with scorn by all the wise and judicious, have at last been aban-
doned even by the vulgar. Be assured, that those renowned
lies, which have spread and flourished to such a monstrous
height, arose from like beginnings; but being sown in a more
proper soil, shot up at last into prodigies almost equal to those
which they relate.

22. It was a wise policy in that false prophet, Alexander,
who though now forgotten, was once so famous, to
lay the first scene of his impostures in Paphlagonia,

nations, nous pouvons nous croire transportés dans un monde nouveau où toute la machine naturelle serait en pièces et où chaque élément jouerait sa part, d'une manière différente de celle que nous connaissons à présent. Les batailles, les révolutions, la peste, la famine et la mort ne sont jamais l'effet des causes naturelles dont nous faisons l'expérience. Les prodiges, les présages, les oracles, les jugements divins, rendent totalement obscur le peu d'événements naturels qui y sont mêlés. Mais comme la part des premiers s'amoindrit à chaque page, à mesure que nous nous approchons davantage des âges éclairés, nous apprenons bientôt qu'il n'y a là rien de mystérieux ni de surnaturel, mais que tout vient du penchant ordinaire qui pousse les hommes au merveilleux et que ce penchant qui, par intervalles peut être, sans doute, combattu par le bon sens et le savoir, ne peut jamais être totalement extirpé de la nature humaine.

21. *Il est étrange*, pourrait dire un lecteur judicieux en lisant ces historiens merveilleux, *il est étrange qu'il n'arrive jamais de pareils événements de nos jours*. Mais il n'y a rien d'étrange, je suppose, à ce que les hommes mentent de tout temps. Je ne doute pas que vous ayez vu assez d'exemples de cette faiblesse. Vous-même, n'avez-vous pas entendu commencer maint récit merveilleux de cette sorte qui, traités avec mépris par les sages et les hommes de jugement, finissent par être abandonnés même du vulgaire? Soyez assurés que tous ces mensonges illustres qui se sont tant répandus et qui en fleurissant ont atteint une hauteur si monstrueuse, ont eu de pareils commencements; mais qu'ayant été semés dans une terre plus propice, ils ont pris un tel accroissement que c'est un prodige presque égal à ceux qu'ils relatent.

22. Ce fut une sage disposition d'Alexandre, ce faux prophète aujourd'hui oublié, mais autrefois si renommé, d'établir la première scène de ses impostures en Paphlagonie

where, as Lucian tells us, the people were extremely ignorant and stupid, and ready to swallow even the grossest delusion. People at a distance, who are weak enough to think the matter at all worth enquiry, have no opportunity of receiving better information. The stories come magnified to them by a hundred circumstances. Fools are industrious in propagating the imposture; while the wise and learned are contented, in general, to deride its absurdity, without informing themselves of the particular facts, by which it may be distinctly refuted. And thus the impostor above mentioned was enabled to proceed, from his ignorant Paphlagonians, to the enlisting of votaries, even among the Grecian philosophers, and men of the most eminent rank and distinction in Rome : nay, could engage the attention of that sage emperor Marcus Aurelius; so far as to make him trust the success of a military expedition to his delusive prophecies.

23. The advantages are so great, of starting an imposture among an ignorant people, that, even though the delusion should be too gross to impose on the generality of them (*which, though seldom, is sometimes the case*) it has a much better chance for succeeding in remote countries, than if the first scene had been laid in a city renowned for arts and knowledge. The most ignorant and barbarous of these barbarians carry the report abroad. None of their countrymen have a large correspondence, or sufficient credit and authority to contradict and beat down the delusion. Men's inclination to the marvellous has full opportunity to display itself. And thus a story, which is universally exploded in the place where it was first started, shall pass for certain at a thousand miles distance.

où, comme nous le rapporte Lucien[1], le peuple était
extrêmement ignorant et stupide, et prêt à avaler les tromperies
les plus grossières. Les personnes qui ne sont pas sur les lieux,
qui ont la faiblesse de penser l'affaire digne d'intérêt, n'ont
aucun moyen d'être mieux informées. Ces sortes d'histoires
leur parviennent grossies de mille circonstances. Les fous
s'emploient à répandre l'imposture, tandis que les sages et les
savants se contentent en général d'en railler l'absurdité, sans
s'informer des faits particuliers par lesquels on pourrait les
réfuter victorieusement. C'est ainsi que notre imposteur put
passer de ses ignorants Paphlagoniens à d'autres adeptes, qu'il
alla recruter parmi les philosophes grecs eux-mêmes et les
personnes qui étaient à Rome du rang le plus élevé et de la
meilleure distinction. Ne parvint-il pas à attirer l'attention de
Marc-Aurèle, ce sage empereur qui n'hésita pas à confier à ses
trompeuses prophéties le succès d'une expédition militaire ?

23. Il y a tant d'avantage, pour un imposteur, à commencer
par un peuple ignorant que, même si la fraude est trop grossière
pour en imposer au plus grand nombre (*chose rare, mais qui
arrive quelquefois*), elle a bien meilleure chance de réussir
dans des contrées reculées que si elle avait pris pour première
scène une cité renommée par ses arts et ses sciences. Les plus
ignorants et les plus barbares d'entre ces barbares colportent
ce bruit hors de chez eux. Aucun de leurs compatriotes n'a
de relations étendues ni assez de crédit ou d'autorité pour
contredire et abattre la fraude. Le penchant des hommes au
merveilleux a tout le loisir de se développer. Et c'est ainsi
qu'une histoire universellement décriée dans son lieu
d'origine passera pour certaine à mille lieux de distance.

---

1. Lucien, *Alexandre, ou le faux prophète* (voir en particulier § 13-14 et
47-48).

But had Alexander fixed his residence at Athens, the philosophers of that renowned mart of learning had immediately spread, throughout the whole Roman empire, their sense of the matter; which, being supported by so great authority, and displayed by all the force of reason and eloquence, had entirely opened the eyes of mankind. It is true, Lucian, passing by chance through Paphlagonia, had an opportunity of performing this good office. But, though much to be wished, it does not always happen, that every Alexander meets with a Lucian, ready to expose and detect his impostures.

24. I may add as a *fourth* reason, which diminishes the authority of prodigies, that there is no testimony for any, even those which have not been expressly detected, that is not opposed by an infinite number of witnesses; so that not only the miracle destroys the credit of testimony, but the testimony destroys itself. To make this the better understood, let us consider, that, in matters of religion, whatever is different is contrary; and that it is impossible the religions of ancient Rome, of Turkey, of Siam, and of China should, all of them, be established on any solid foundation. Every miracle, therefore, pretended to have been wrought in any of these religions (and all of them abound in miracles), as its direct scope is to establish the particular system to which it is attributed; so has it the same force, though more indirectly, to overthrow every other system. In destroying a rival system, it likewise destroys the credit of those miracles, on which that system was established; so that all the prodigies of different religions are to be regarded as contrary facts, and the evidences of these prodigies, whether weak or strong, as opposite to each other. According to this method of reasoning, when we believe any miracle of Mahomet or his successors, we have for our warrant the testimony of a few barbarous Arabians. And on the other hand,

Si Alexandre s'était installé à Athènes, les philosophes de ce séjour prestigieux du savoir eussent tôt fait de répandre par tout l'empire romain leur sentiment sur le sujet, sentiment qui, appuyé d'une aussi grande autorité et exposé avec toutes les forces de la raison et de l'éloquence, eût ouvert les yeux de tous. Il est vrai que Lucien qui passait par hasard en Paphlagonie eut occasion de rendre ce bon service. Mais si souhaitable que cela soit, il n'arrive pas toujours qu'un Alexandre rencontre un Lucien, prêt à exposer et dénoncer ses impostures****.

24. Je puis ajouter, comme une *quatrième* raison qui diminue encore l'autorité des prodiges, qu'il n'est pas de témoignage en leur faveur, même quand leur imposture n'a pas été expressément dénoncée, qui ne soit contrarié par un nombre infini de témoignages opposés; de sorte que non seulement le miracle détruit le crédit du témoignage, mais encore que le témoignage se détruit de lui-même. On me comprendra mieux si l'on considère que dans les affaires de religion tout ce qui est différent est contraire et qu'il est impossible que les religions de l'ancienne Rome, de la Turquie, du Siam et de la Chine, soient toutes également établies sur de solides fondements. Chaque miracle, prétendument accompli dans l'une de ces religions (et toutes en regorgent), a pour fin directe d'établir le système particulier auquel il est rapporté; et, de la sorte, il a la même force, quoique plus indirectement, pour renverser les autres systèmes. En détruisant un système rival, il détruit également le crédit des miracles sur lesquels ce système a été établi; de sorte que tous les prodiges des différentes religions doivent être tenus comme des faits contraires et les degrés d'évidence forts ou faibles qu'ont ces prodiges, comme s'opposant mutuellement. Selon cette façon de raisonner, si nous croyons à un miracle accompli par Mahomet ou l'un de ses successeurs, nous avons pour garantie le témoignage de quelques Arabes barbares; mais il nous faut de l'autre côté

we are to regard the authority of Titus Livius, Plutarch, Tacitus, and, in short, of all the authors and witnesses, Grecian, Chinese, and Roman Catholic, who have related any miracle in their particular religion; I say, we are to regard their testimony in the same light as if they had mentioned that Mahometan miracle, and had in express terms contradicted it, with the same certainty as they have for the miracle they relate. This argument may appear over subtile and refined; but is not in reality different from the reasoning of a judge, who supposes, that the credit of two witnesses, maintaining a crime against any one, is destroyed by the testimony of two others, who affirm him to have been two hundred leagues distant, at the same instant when the crime is said to have been committed.

25. One of the best attested miracles in all profane history, is that which Tacitus reports of Vespasian, who cured a blind man in Alexandria, by means of his spittle, and a lame man by the mere touch of his foot; in obedience to a vision of the god Serapis, who had enjoined them to have recourse to the Emperor, for these miraculous cures. The story may be seen in that fine historian[d]; where every circumstance seems to add weight to the testimony, and might be displayed at large with all the force of argument and eloquence, if any one were now concerned to enforce the evidence of that exploded and idolatrous superstition. The gravity, solidity, age, and probity of so great an emperor, who, through the whole course of his life, conversed in a familiar manner with his friends and courtiers, and never affected those extraordinary airs of

d. *Hist.* Lib. IV, cap. 81. Suetonius gives nearly the same account *in vita* Vesp.

considérer l'autorité de Tite-Live, de Plutarque, de Tacite et, en un mot, de tous les auteurs et témoins, grecs, chinois et catholiques romains, qui ont rapporté des miracles survenus dans leur propre religion; nous devons, dis-je, regarder leur témoignage sous le même jour que s'ils avaient mentionné le miracle mahométan et qu'ils l'eussent nié en termes exprès, avec la même certitude qu'ils nourrissent en faveur du miracle qu'eux-mêmes relatent. Cet argument peut sembler par trop subtil et raffiné, mais il n'est pas en réalité différent du raisonnement d'un juge qui estime que le crédit de deux témoins qui accuseraient quelqu'un d'un crime est détruit par le témoignage de deux autres affirmant que la même personne se trouvait à deux cents lieues, au moment même où le crime est dit avoir été commis.

25. L'un des miracles les mieux attestés de toute l'histoire profane est celui que Tacite rapporte de Vespasien qui, étant à Alexandrie, guérit un aveugle au moyen de sa salive et un boiteux par un simple attouchement de son pied; ce qu'il fit pour obéir au dieu Sérapis qui, dans une vision, avait enjoint aux deux personnes de recourir à l'Empereur pour ces guérisons miraculeuses. On peut lire ce récit chez ce bel historien[d]. Toutes les circonstances y paraissent ajouter au poids du témoignage et pourraient être longuement développées avec tous les secours du raisonnement et de l'éloquence, si l'on s'avisait aujourd'hui de renforcer le crédit de cette superstition idolâtre à laquelle plus personne ne croit. Un si grand empereur, dont la gravité, le sérieux, l'âge, la probité en imposent et qui, tout au long de sa vie, resta sur un pied familier avec ses amis et ses courtisans, et jamais n'affecta ces grands airs de

---

d. Tacite, *Histoires*, IV, 81. Suétone fait à peu près le même récit dans *vita Vesp*. [Suétone, *Vie des douze Césars*, « *Vespasien* », VII, 2-3].

divinity assumed by Alexander and Demetrius. The historian, a cotemporary writer, noted for candour and veracity, and withal, the greatest and most penetrating genius, perhaps, of all antiquity; and so free from any tendency to credulity, that he even lies under the contrary imputation, of atheism and profaneness. The persons, from whose authority he related the miracle, of established character for judgement and veracity, as we may well presume; eye-witnesses of the fact, and confirming their testimony, after the Flavian family was despoiled of the empire, and could no longer give any reward, as the price of a lie. *Utrumque, qui interfuere, nunc quoque memorant, postquam nullum mendacio pretium.* To which if we add the public nature of the facts, as related, it will appear, that no evidence can well be supposed stronger for so gross and so palpable a falsehood.

26. There is also a memorable story related by Cardinal de Retz, which may well deserve our consideration. When that intriguing politician fled into Spain, to avoid the persecution of his enemies, he passed through Saragossa, the capital of Arragon, where he was shown, in the cathedral, a man, who had served seven years as a door-keeper, and was well known to every body in town, that had ever paid his devotions at that church. He had been seen, for so long a time, wanting a leg; but recovered that limb by the rubbing of holy oil upon the stump; and the cardinal assures us that he saw him with two legs. This

divinité adoptés par Alexandre et Démétrius[1]. L'historien lui-même, contemporain de ce qu'il écrit, réputé pour sa candeur et sa véracité et, avec cela, peut-être le génie le plus grand et le plus pénétrant de toute l'antiquité, si éloigné d'être porté à la crédulité qu'il tombe plutôt sous l'accusation contraire d'athéisme et d'impiété. Les personnes, sur l'autorité desquelles il rapporte ce miracle, connues, on peut le supposer, par leur caractère de jugement et de véracité, témoins oculaires du fait et confirmant leur témoignage après que la famille Flavienne eut été dépouillée de l'Empire et ne fut plus en mesure de récompenser un mensonge. *Utrumque, qui interfuere, nunc quoque memorant, postquam nullum mendacio pretium*[2]. Si nous ajoutons à tout ceci la nature publique des faits tels que l'histoire les rapporte, il apparaîtra difficile d'imaginer une évidence plus forte, en faveur d'une fraude aussi grossière et palpable.

26. Il y a aussi cette histoire mémorable, racontée par le Cardinal de Retz[3] et qui ne manque pas d'intérêt. Tandis que cet intrigant politique fuyait en Espagne pour éviter la persécution de ses ennemis, il vint à passer par Saragosse, la capitale de l'Aragon, où on lui montra, dans la cathédrale, un homme qui avait servi sept ans comme portier et qui était bien connu en ville de quiconque avait fait ses dévotions dans cette église. On l'avait vu pendant tout ce temps privé d'une jambe, mais il la recouvra en frottant le moignon avec de l'huile sainte. Et le cardinal nous assure qu'il le vit avec ses deux jambes. Ce

---

1. Alexandre le Grand et Démétrios Ier, roi de Macédoine de 294 à 287 (pour ce dernier, voir Plutarque, *Vies parallèles*, « Démétrius », 10-13, 24-26).

2. Tacite, *Histoires*, IV, 81 : « Ceux qui furent présents rapportent encore aujourd'hui les deux faits, alors qu'il n'y a plus rien à gagner pour prix du mensonge ».

3. Cardinal de Retz, *Mémoires*, 2e partie.

miracle was vouched by all the canons of the church; and the whole company in town were appealed to for a confirmation of the fact; whom the cardinal found, by their zealous devotion, to be thorough believers of the miracle. Here the relater was also cotemporary to the supposed prodigy, of an incredulous and libertine character, as well as of great genius; the miracle of so *singular* a nature as could scarcely admit of a counterfeit, and the witnesses very numerous, and all of them, in a manner, spectators of the fact, to which they gave their testimony. And what adds mightily to the force of the evidence, and may double our surprise on this occasion, is, that the cardinal himself, who relates the story, seems not to give any credit to it, and consequently cannot be suspected of any concurrence in the holy fraud. He considered justly, that it was not requisite, in order to reject a fact of this nature, to be able accurately to disprove the testimony, and to trace its falsehood, through all the circumstances of knavery and credulity which produced it. He knew, that, as this was commonly altogether impossible at any small distance of time and place, so was it extremely difficult, even where one was immediately present, by reason of the bigotry, ignorance, cunning, and roguery of a great part of mankind. He therefore concluded, like a just reasoner, that such an evidence carried falsehood upon the very face of it, and that a miracle, supported by any human testimony, was more properly a subject of derision than of argument.

27. There surely never was a greater number of miracles ascribed to one person, than those, which were lately said to have been wrought in France upon the tomb of Abbé Paris, the famous Jansenist, with whose sanctity the people were so long deluded. The curing of the sick, giving hearing to the deaf, and

miracle fut attesté par tous les chanoines de l'église; et on en appela pour confirmer le fait à toute la société de la ville, où le Cardinal ne trouva, à en juger par le zèle de leur dévotion, que des gens pleinement convaincus du miracle. Voici donc un narrateur également contemporain du prétendu prodige, homme d'un caractère incrédule et libertin aussi bien qu'homme de grand génie. Voici un miracle d'une nature si *singulière* qu'on voit mal comment il aurait pu être contrefait; et des témoins très nombreux et tous, pour ainsi dire, spectateurs du fait auquel ils apportent leur témoignage. Et ce qui ajoute considérablement à l'évidence et redoublera notre surprise, c'est que le Cardinal lui-même qui raconte l'histoire paraît n'y ajouter aucune foi, de sorte qu'on ne peut le suspecter de participer à la pieuse fraude. Il considérait avec raison que, pour être en droit de rejeter un fait de cette nature, il n'était pas nécessaire d'en pouvoir réfuter exactement le témoignage ni d'en déceler la fraude, en rétablissant tout le détail des fourberies et de la crédulité qui y avait conduit. Il savait que c'est là d'ordinaire une chose tout à fait impossible, quand on se tient à quelque distance de lieu et de temps, et que c'est une chose extrêmement difficile, lors même qu'on est immédiatement présent, connaissant la bigoterie, l'ignorance, la friponnerie, le mensonge d'une grande partie des hommes. Il conclut donc en bon raisonneur qu'une pareille évidence portait, pour ainsi dire, sa fausseté sur son front et que tout miracle fondé sur le témoignage humain est plus proprement un sujet de dérision que de raisonnement.

27. Il n'y eut jamais assurément plus grand nombre de miracles attribués à une seule personne que ceux qu'on a rapporté récemment s'être produits en France, sur la tombe de l'abbé Paris, ce fameux Janséniste dont la sainteté en imposa si longtemps au peuple. On n'entendait parler que de malades guéris, de sourds retrouvant l'ouïe, d'aveugles

sight to the blind, were every where talked of as the usual effects of that holy sepulchre. But what is more extraordinary; many of the miracles were immediately proved upon the spot, before judges of unquestioned integrity, attested by witnesses of credit and distinction, in a learned age, and on the most eminent theatre that is now in the world. Nor is this all: a relation of them was published and dispersed every where; nor were the *Jesuits*, though a learned body, supported by the civil magistrate, and determined enemies to those opinions, in whose favour the miracles were said to have been wrought, ever able distinctly to refute or detect them [e]. Where

e. This book was writ by Mons. Montgeron, counsellor or judge of the parliament of Paris, a man of figure and character, who was also a martyr to the cause, and is now said to be somewhere in a dungeon on account of his book.

There is another book in three volumes (called *Recueil des Miracles de l'Abbé Paris*) giving an account of many of these miracles, and accompanied with prefatory discourses, which are very well written. There runs, however, through the whole of these a ridiculous comparison between the miracles of our Saviour and those of the Abbé; wherein it is asserted that the evidence for the latter is equal to that for the former. As if the testimony of men could ever be put in the balance with that of God himself, who conducted the pen of the inspired writers. If these writers, indeed, were to be considered merely as human testimony, the French author is very moderate in his comparison; since he might, with some appearance of reason, pretend, that the Jansenist miracles much surpass the other in evidence and authority. The following circumstances are drawn from authentic papers, inserted in the above-mentioned book.

Many of the miracles of Abbé Paris were proved immediately by witnesses before the officiality or bishop's court at Paris, under the eye of cardinal Noailles, whose character for integrity and capacity was never contested even by his enemies.

His successor in the archbishopric was an enemy to the Jansenists, and for that reason promoted to the see by the court. Yet 22 rectors or curés of Paris, with infinite earnestness, press him to examine those miracles, which

recouvrant la vue, tous effets ordinaires de ce saint sépulcre. Mais le plus extraordinaire est que beaucoup de ces miracles furent immédiatement prouvés sur les lieux, devant des juges d'une intégrité irréprochable, et attestés par des témoins connus pour leur crédit et leur qualité, dans un siècle éclairé et sur le théâtre le plus éminent qui soit aujourd'hui au monde. Et ce n'est pas tout : le récit en fut publié et partout divulgué ; même les *Jésuites*, cet ordre savant, soutenus par la puissance civile et ennemis déclarés des opinions en faveur desquelles ces miracles passaient pour avoir été opérés, ne furent jamais en état de les réfuter vraiment et d'en déceler la fausseté[e]. Où

e. Le livre fut écrit par Monsieur Montgeron, conseiller ou juge au Parlement de Paris, homme de qualité et de réputation, qui devint aussi un martyr de la cause ; on le dit maintenant au fond d'un donjon pour la publication de son livre.

Il y a un autre livre en trois volumes (intitulé *Recueil des miracles de l'Abbé Paris*) où l'on trouve la relation de beaucoup de ces miracles, avec des discours préliminaires très bien écrits. Il y court cependant tout du long une comparaison ridicule entre les miracles de notre Sauveur et ceux de l'Abbé : on soutient que l'évidence des derniers égale celle des premiers, comme si le témoignage des hommes pouvait jamais être mis en balance avec celui de Dieu lui-même, lorsqu'il conduisit la plume des écrivains inspirés. Il est vrai que si ces écrivains devaient être considérés comme des témoins purement humains, la comparaison de l'auteur français semblera bien modérée, puisqu'il pourrait, avec quelque apparence de raison, prétendre que les miracles jansénistes sont de beaucoup supérieurs aux autres en évidence et en autorité. Les circonstances suivantes sont tirées de papiers authentiques, insérés dans le livre mentionné.

Beaucoup des miracles de l'Abbé Paris furent prouvés immédiatement devant l'officialité, la cour épiscopale de Paris, sous l'œil du Cardinal de Noailles dont la réputation d'intégrité et de capacité ne fut jamais contestée, même par ses ennemis.

Son successeur à l'archevêché était un ennemi des jansénistes et il fut pour cette raison promu au siège par la Cour. Cependant vingt-deux recteurs ou curés de Paris, avec un sérieux infini, le pressèrent d'examiner ces miracles qui,

shall we find such a number of circumstances, agreeing to the corroboration of one fact? And what have we to oppose to such a cloud of witnesses, but the absolute impossibility or

they assert to be known to the whole world, and undisputably certain: But he wisely forbore.

The Molinist party had tried to discredit these miracles in one instance, that of Mademoiselle le Franc. But, besides that their proceedings were in many respects the most irregular in the world, particularly in citing only a few of the Jansenist witnesses, whom they tampered with. Besides this, I say, they soon found themselves overwhelmed by a cloud of new witnesses, one hundred and twenty in number, most of them persons of credit and substance in Paris, who gave oath for the miracle. This was accompanied with a solemn and earnest appeal to the parliament. But the parliament were forbidden by authority to meddle in the affair. It was at last observed, that where men are heated by zeal and enthusiasm, there is no degree of human testimony so strong as may not be procured for the greatest absurdity: And those who will be so silly as to examine the affair by that medium, and seek particular flaws in the testimony, are almost sure to be confounded. It must be a miserable imposture, indeed, that does not prevail in that contest.

All who have been in France about that time have heard of the reputation of Mons. Heraut, the *lieutenant de Police*, whose vigilance, penetration, activity, and extensive intelligence have been much talked of. This magistrate, who by the nature of his office is almost absolute, was vested with full powers, on purpose to suppress or discredit these miracles; and he frequently seized immediately, and examined the witnesses and subjects of them, but never could reach any thing satisfactory against them.

In the case of Mademoiselle Thibaut he sent the famous De Sylva to examine her; whose evidence is very curious. The physician declares, that it was impossible she could have been so ill as was proved by witnesses; because it was impossible she could, in so short a time, have recovered so perfectly as he found her. He reasoned, like a man of sense, from natural causes; but the opposite party told him, that the whole was a miracle, and that his evidence was the very best proof of it.

The Molinists were in a sad dilemma. They durst not assert the absolute insufficiency of human evidence, to prove a miracle. They were

trouver un tel nombre de circonstances, s'accordant toutes à corroborer le même fait? Et qu'avons-nous à opposer à une telle nuée de témoins, sinon l'impossibilité absolue ou la

disaient-ils, étaient connus du monde entier et indiscutablement certains. Mais sagement il s'abstint.

Le parti moliniste n'avait tenté de discréditer ces miracles que dans un seul cas, celui de Mademoiselle Le Franc. Mais, outre que leurs procédés furent à bien des égards les plus irréguliers du monde, en particulier en ne citant qu'un petit nombre de témoins jansénistes qu'ils avaient subornés; outre cela, dis-je, il se trouvèrent bientôt accablés par une nuée de témoins, au nombre de cent vingt, pour la plupart personnes de crédit et de grande fortune à Paris, qui firent serment en faveur du miracle. Le tout fut accompagné d'un appel solennel et pressant au Parlement. Mais il fut interdit à celui-ci, par autorité supérieure, de se mêler de l'affaire. Il fut finalement observé que, quand le zèle et l'enthousiasme échauffent les esprits, il n'y a pas de témoignage humain assez fort pour n'être pas mis au service de la plus grande absurdité. Et qui serait assez simple pour examiner l'affaire par ce biais et chercher une faille particulière dans les témoignages, est presque certain d'être déçu. Bien pitoyable, en vérité, serait l'imposture qui n'aurait pas le dessus en pareille contestation !

Tous ceux qui ont été en France à cette époque ont ouï dire la grande réputation de Monsieur Hérault, lieutenant de police, dont la vigilance, la pénétration, l'activité et la vaste intelligence ont beaucoup fait parler. Ce magistrat, déjà presque absolu par la nature de sa charge, fut investi des pleins pouvoirs dans le but d'éliminer ou de discréditer ces miracles. Intervenant souvent sur le champ, il en examina les témoins et les sujets. Mais il ne put jamais rien retenir contre eux de décisif.

Dans le cas de Mademoiselle Thibault, il envoya, pour l'examiner, le célèbre de Sylva, dont la déposition est très curieuse. Selon la déclaration de ce médecin, il était impossible qu'elle eût été aussi mal que l'attestaient les témoins, puisqu'il était impossible que dans un aussi court laps de temps elle se fût rétablie aussi parfaitement qu'il la trouva. Il raisonnait en homme de sens, par les causes naturelles; mais le parti adverse lui dit que le tout était un miracle et que sa déposition en était la meilleure preuve.

Les Molinistes en étaient réduits à un fâcheux dilemme. Ils n'osaient soutenir l'insuffisance absolue de l'évidence humaine à prouver un miracle. Ils

miraculous nature of the events, which they relate? And this surely, in the eyes of all reasonable people, will alone be regarded as a sufficient refutation.

obliged to say that these miracles were wrought by witchcraft and the devil. But they were told that this was the resource of the Jews of old.

No Jansenist was ever embarrassed to account for the cessation of the miracles, when the church-yard was shut up by the king's edict. It was the touch of the tomb, which produced these extraordinary effects; and when no one could approach the tomb, no effects could be expected. God, indeed, could have thrown down the walls in a moment; but he is master of his own graces and works, and it belongs not to us to account for them. He did not throw down the walls of every city like those of Jericho, on the sounding of the rams horns, nor break up the prison of every apostle, like that of St. Paul.

No less a man, than the Duc de Chatillon, a duke and peer of France, of the highest rank and family, gives evidence of a miraculous cure, performed upon a servant of his, who had lived several years in his house with a visible and palpable infirmity.

I shall conclude with observing, that no clergy are more celebrated for strictness of life and manners than the secular clergy of France, particularly the rectors or curés of Paris, who bear testimony to these impostures.

The learning, genius, and probity of the gentlemen, and the austerity of the nuns of Port-Royal, have been much celebrated all over Europe. Yet they all give evidence for a miracle, wrought on the niece of the famous Pascal, whose sanctity of life, as well as extraordinary capacity, is well known. The famous Racine gives an account of this miracle in his famous history of Port-Royal, and fortifies it with all the proofs, which a multitude of nuns, priests, physicians, and men of the world, all of them of undoubted credit, could bestow upon it. Several men of letters, particularly the bishop of Tournay, thought this miracle so certain, as to employ it in the refutation of atheists and free-thinkers. The queen-regent of France, who was extremely prejudiced against the Port-Royal, sent her own physician to examine the miracle, who returned an absolute convert. In short, the supernatural cure was so uncontestable, that it saved, for a time, that famous monastery from the ruin with which it was threatened by the Jesuits. Had it been a cheat, it had certainly been detected by such sagacious and

nature miraculeuse des événements qu'ils rapportent? Et cela, certainement, paraîtra une réfutation suffisante aux yeux de toute personne raisonnable.

furent obligés de dire que ces miracles étaient l'œuvre de la sorcellerie et du diable. Mais on leur répondit que telle avait été la ressource des Juifs de l'Antiquité.

On ne vit pas de janséniste embarrassé à expliquer la cessation des miracles, quand le cimetière fut fermé par un édit du roi. C'était l'attouchement de la tombe qui produisait ces effets extraordinaires; et, personne ne pouvant plus approcher la tombe, on ne pouvait plus attendre d'effets. Dieu, il est vrai, aurait pu renverser les murs en un instant; mais il est le maître de ses grâces et de ses œuvres et il ne nous appartient pas d'en rendre compte. Il n'a pas renversé les murs de toutes les villes, comme Il fit pour Jéricho, au son des cornes de bélier, ni n'a ouvert la prison de tous les apôtres, comme celle de saint Paul.

Le Duc de Châtillon en personne, pair de France, seigneur du rang le plus élevé et de la famille la plus illustre, atteste d'une guérison miraculeuse survenue à l'un de ses serviteurs qui avait vécu plusieurs années dans sa maison, avec une infirmité visible et palpable.

Je conclurai en observant qu'il n'est pas de clergé plus célébré pour la rigueur de sa vie et de ses mœurs que le clergé séculier de France, en particulier les recteurs ou les curés de Paris qui appuient de leur témoignage de ces impostures.

Le savoir, le génie et la probité des Messieurs de Port-Royal autant que l'austérité des religieuses du même monastère ont été en grand honneur par toute l'Europe. Ils ont pourtant tous attesté la réalité d'un miracle opéré sur la nièce du célèbre Pascal, bien connu pour la sainteté de sa vie et pour son extra-ordinaire génie. Le célèbre Racine donne le récit de ce miracle dans sa célèbre histoire de Port-Royal et l'appuie de toutes les preuves qu'une multitude de religieuses, de prêtres, de médecins et de gens du monde, tous d'un crédit indiscutable, y purent apporter. Plusieurs hommes de lettres, en particulier l'évêque de Tournai, estimèrent ce miracle assez certain pour l'employer dans la réfutation des athées et des libres penseurs. La reine régente de France, qui était extrêmement prévenue contre Port-Royal, envoya son propre médecin pour examiner le miracle, lequel médecin s'en revint totalement converti. En bref, la guérison surnaturelle était si incontestable qu'elle sauva, pour un temps, le célèbre monastère de la ruine dont le menaçaient les Jésuites. S'il y avait eu fraude, elle n'aurait pas manqué d'être détectée par des adversaires aussi intelli-

28. Is the consequence just, because some human testimony has the utmost force and authority in some cases, when it relates the battle of Philippi or Pharsalia for instance; that therefore all kinds of testimony must, in all cases, have equal force and authority? Suppose that the Caesarean and Pompeian factions had, each of them, claimed the victory in these battles, and that the historians of each party had uniformly ascribed the advantage to their own side; how could mankind, at this distance, have been able to determine between them? The contrariety is equally strong between the miracles related by Herodotus or Plutarch, and those delivered by Mariana, Bede, or any monkish historian.

powerful antagonists, and must have hastened the ruin of the contrivers. Our divines, who can build up a formidable castle from such despicable materials, what a prodigious fabric could they have reared from these and many other circumstances, which I have not mentioned! How often would the great names of Pascal, Racine, Amaud, Nicole, have resounded in our ears? But if they be wise, they had better adopt the miracle, as being more worth, a thousand times, than all the rest of the collection. Besides, it may serve very much to their purpose. For that miracle was really performed by the touch of an authentic holy prickle of the holy thorn, which composed the holy crown, which, &c.

28. Est-ce raisonner juste, sachant que le témoignage humain est de la plus grande force et de la plus grande autorité, dans certains cas, quand il relate par exemple la bataille de Philippes ou de Pharsale, de conclure que toute espèce de témoignage, dans tous les cas, doit avoir une égale force et autorité ? Supposez que les partisans de César et ceux de Pompée eussent également revendiqué la victoire dans ces batailles et les historiens de chaque côté donné uniformément l'avantage à leur parti, comment, à la distance où nous sommes, serions-nous capables de décider entre eux ? Or, il y a autant de contrariété entre les miracles rapportés par Hérodote ou Plutarque et ceux qui nous sont livrés par Mariana, par Bède ou tout autre historien monastique [1].

gents et puissants, et de précipiter la ruine de ses auteurs. Nos ecclésiastiques qui savent construire des châteaux redoutables avec les matériaux les plus méprisables, quel prodigieux édifice n'auraient-ils pu tirer de telles circonstances et de bien d'autres que je n'ai pas mentionnées ! Combien de fois les grands noms de Pascal, de Racine, d'Arnaud et de Nicole, n'auraient-ils pas résonné dans nos oreilles ? Mais s'ils étaient sages, ils feraient bien d'adopter le miracle ; car celui-ci vaut mille fois mieux que tout le reste de leur collection. De plus, il peut grandement servir leur dessein. Car, dans la réalité, ce miracle fut causé par le contact d'un authentique piquant, très saint, de la sainte épine qui formait la sainte couronne, qui etc.

[Louis-Basile Carré de Montgeron, *La vérité des miracles opérés par l'intercession de M. de Pâris, démontrée contre Monsieur l'archevêque de Sens*, (Utrecht, 1737) ; *Recueil des miracles opérés au tombeau de M. de Pâris, diacre*, auquel sont joints un *Second recueil des miracles opérés par l'intercession de M. de Pâris*, des *Réflexions sur les miracles opérés au tombeau de M. de Pâris, diacre*, et un *Acte passé par devant notaires, contenant plusieurs pièces au sujet du miracle opéré en la personne de mademoiselle Hardouin* (1732)].

1. Juan de Mariana (1536-1623), jésuite espagnol, qui rapporte plusieurs miracles dans son *Histoire générale de l'Espagne* ; Bède le Vénérable (672-735), auteur de plusieurs histoires, dont l'*Histoire ecclésiastique de la nation anglaise*.

29. The wise lend a very academic faith to every report which favours the passion of the reporter; whether it magnifies his country, his family, or himself, or in any other way strikes in with his natural inclinations and propensities. But what greater temptation than to appear a missionary, a prophet, an ambassador from heaven? Who would not encounter many dangers and difficulties, in order to attain so sublime a character? Or if, by the help of vanity and a heated imagination, a man has first made a convert of himself, and entered seriously into the delusion; who ever scruples to make use of pious frauds, in support of so holy and meritorious a cause?

30. The smallest spark may here kindle into the greatest flame; because the materials are always prepared for it. The *avidum genus auricularum*[f], the gazing populace, receive greedily, without examination, whatever sooths superstition, and promotes wonder.

31. How many stories of this nature have, in all ages, been detected and exploded in their infancy? How many more have been celebrated for a time, and have afterwards sunk into neglect and oblivion? Where such reports, therefore, fly about, the solution of the phenomenon is obvious; and we judge in conformity to regular experience and observation, when we account for it by the known and natural principles of credulity and delusion. And shall we, rather than have a recourse to so

f. Lucret.

29. Le sage n'accorde qu'une foi fort sceptique à tous les récits qui favorisent les passions du rapporteur, soit qu'ils donnent une plus haute idée de sa patrie, de sa famille ou de sa personne, soit qu'ils caressent de quelque autre manière ses inclinations et ses penchants naturels. Mais y a-t-il de plus grande tentation que d'apparaître comme le messager, le prophète, l'ambassadeur envoyé du ciel? Qui n'affronterait mille dangers et les pires difficultés, pour gagner une si sublime réputation? Et celui qui, étant poussé par la vanité autant qu'échauffé par une forte imagination, s'est d'abord converti lui-même et donne pour de bon dans l'illusion, aura-t-il scrupule d'employer de pieuses fraudes pour appuyer une cause aussi sainte et aussi méritoire?

30. La plus petite étincelle peut ici allumer la plus grande flamme, car le bois est toujours prêt. L'*avidum genus auricularum*[f], la populace ébahie, s'empresse d'accueillir, sans le moindre examen, tout ce qui flatte la superstition et provoque l'émerveillement.

31. Combien de contes de cette espèce ont été, de tous temps, dénoncés et démasqués à leurs commencements? Combien davantage furent célèbres pour un temps, puis sombrèrent dans le mépris et l'oubli? Ainsi, quand de tels récits se répandent, la solution du phénomène est évidente; et en rendre raison par les principes naturels et connus de la crédulité et de l'illusion, c'est juger conformément à l'expérience et à l'observation régulières. Pourquoi donc, là où nous pouvons avoir recours à une solution aussi naturelle, pourquoi irions-nous

---

f. Lucrèce, *De la nature*, livre IV, v. 594, écrit exactement : *ut omne humanum genus est avidum nimis auricularum*, « car l'espèce humaine est trop avide de tout ce qui flatte l'oreille » [*****].

natural a solution, allow of a miraculous violation of the most established laws of nature ?

32. I need not mention the difficulty of detecting a falsehood in any private or even public history, at the place, where it is said to happen; much more when the scene is removed to ever so small a distance. Even a court of judicature, with all the authority, accuracy, and judgement, which they can employ, find themselves often at a loss to distinguish between truth and falsehood in the most recent actions. But the matter never comes to any issue, if trusted to the common method of altercations and debate and flying rumours; especially when men's passions have taken part on either side.

33. In the infancy of new religions, the wise and learned commonly esteem the matter too inconsiderable to deserve their attention or regard. And when afterwards they would willingly detect the cheat, in order to undeceive the deluded multitude, the season is now past, and the records and witnesses, which might clear up the matter, have perished beyond recovery.

34. No means of detection remain, but those which must be drawn from the very testimony itself of the reporters; and these, though always sufficient with the judicious and knowing, are commonly too fine to fall under the comprehension of the vulgar.

35. Upon the whole, then, it appears, that no testimony for any kind of miracle has ever amounted to a probability, much less to a proof; and that, even supposing it amounted to a proof, it would be opposed by another proof, derived from the very nature of the fact, which it would endeavour to establish. It is experience only, which gives authority to human testimony; and it is the same experience, which assures us of the laws of nature. When, therefore, these two kinds of experience are

chercher une violation miraculeuse des lois les mieux établies
de la nature?

32. Je n'ai pas besoin de dire la difficulté qu'on trouve à
démasquer la falsification d'une histoire privée, ou même
publique, sur le lieu où elle est dite se passer; à plus forte
raison, quand la scène est tant soit peu éloignée. Même les
cours de justice, avec toute l'autorité, tout le soin, tout le jugement qu'on leur connaît, sont souvent en peine de distinguer le
vrai du faux, dans les actions les plus récentes. Mais l'affaire
ne connaîtra pas de fin, si l'on se fie à la méthode habituelle de
l'altercation, du débat ou de la rumeur ailée; surtout quand les
passions des hommes s'en sont mêlées des deux côtés.

33. Quand s'élèvent de nouvelles religions, la chose paraît
d'ordinaire trop peu importante aux sages et aux savants pour
retenir leur attention. Et quand ensuite ils voudraient démasquer la fraude, afin de détromper la multitude abusée, le temps
en est passé; et les documents et les témoins qui auraient pu
éclairer la question ont péri sans retour.

34. Il ne reste d'autres moyens pour démasquer
l'imposture que ceux qu'il faut prendre du témoignage
lui-même de ses propagateurs; et de tels moyens, qui suffisent
aux personnes de jugement et de savoir, sont d'ordinaire
trop subtils pour tomber sous la compréhension du vulgaire.

35. Il apparaît donc, pour nous résumer, qu'aucun
témoignage en faveur d'aucune sorte de miracle n'a jamais pu
atteindre le niveau d'une probabilité, encore moins d'une
preuve; et que, même s'il avait force de preuve, il serait
combattu par une autre preuve, tirée de la nature même du fait
à établir. C'est l'expérience seule qui donne autorité au témoignage humain; et c'est encore l'expérience qui nous instruit
des lois de la nature. Quand donc ces deux sortes d'expérience

contrary, we have nothing to do but substract the one from the other, and embrace an opinion, either on one side or the other, with that assurance which arises from the remainder. But according to the principle here explained, this substraction, with regard to all popular religions, amounts to an entire annihilation; and therefore we may establish it as a maxim, that no human testimony can have such force as to prove a miracle, and make it a just foundation for any such system of religion.

36. I beg the limitations here made may be remarked, when I say that a miracle can never be proved, so as to be the foundation of a system of religion. For I own, that otherwise, there may possibly be miracles, or violations of the usual course of nature, of such a kind as to admit of proof from human testimony; though, perhaps, it will be impossible to find any such in all the records of history. Thus, suppose, all authors, in all languages, agree, that, from the first of January 1600, there was a total darkness over the whole earth for eight days; suppose that the tradition of this extraordinary event is still strong and lively among the people, that all travellers, who return from foreign countries, bring us accounts of the same tradition, without the least variation or contradiction: it is evident, that our present philosophers, instead of doubting the fact, ought to receive it as certain, and ought to search for the causes whence it might be derived. The decay, corruption, and dissolution of nature, is an event rendered probable by so many analogies, that any phenomenon, which seems to have a tendency towards that catastrophe, comes within the reach of human testimony, if that testimony be very extensive and uniform.

37. But suppose, that all the historians who treat of England, should agree, that, on the first of January 1600, Queen Elizabeth died; that both before and after her death she was

se contredisent, nous n'avons rien d'autre à faire que soustraire l'une de l'autre et embrasser l'opinion qui l'emporte, d'un côté ou de l'autre, avec le degré d'assurance qui nous vient du reste. Mais, selon le principe qu'on vient d'exposer, cette soustraction, quand il s'agit des religions populaires, se ramène à zéro. Ainsi, nous pouvons établir la maxime qu'aucun témoignage humain ne peut avoir assez de force pour prouver un miracle et en faire la base solide de tels systèmes de religion ******.

36. Je prie le lecteur de remarquer la limitation que je fais ici, quand je dis qu'un miracle ne peut jamais être assez prouvé pour devenir le fondement d'un système de religion. Car j'accorde par ailleurs qu'il puisse y avoir des miracles ou des violations du cours habituel de la nature, susceptibles d'être prouvés par un témoignage humain, quoique peut-être on n'en saurait trouver un seul dans toutes les annales de l'histoire. Ainsi, supposez que tous les auteurs, dans toutes les langues, s'accordent sur le fait que pendant huit jours, à compter du 1er janvier 1600, il régna une obscurité totale sur toute la surface de la terre ; supposez que la tradition de cet événement extraordinaire soit encore vivante et vigoureuse parmi les gens et que tous les voyageurs qui reviennent de l'étranger nous fassent part de la même tradition, sans varier ni se contredire le moins du monde. Il est évident alors que nos philosophes, aujourd'hui, au lieu de douter du fait, devraient l'accepter comme entièrement certain et chercher les causes qui auraient pu le produire. Le déclin, la corruption, la dissolution de la nature sont un événement que tant d'analogies rendent probable que tout phénomène qui semble porter vers une telle catastrophe, rentre dans les limites du témoignage humain, pourvu que ce témoignage soit très étendu et très uniforme.

37. Mais supposez que tous les historiens qui traitent de l'Angleterre s'accordent sur le fait que ce même 1er janvier 1600 la reine Elisabeth mourut et qu'avant et après sa mort elle

seen by her physicians and the whole court, as is usual with persons of her rank; that her successor was acknowledged and proclaimed by the parliament; and that, after being interred a month, she again appeared, resumed the throne, and governed England for three years: I must confess that I should be surprised at the concurrence of so many odd circumstances, but should not have the least inclination to believe so miraculous an event. I should not doubt of her pretended death, and of those other public circumstances that followed it: I should only assert it to have been pretended, and that it neither was, nor possibly could be real. You would in vain object to me the difficulty, and almost impossibility of deceiving the world in an affair of such consequence; the wisdom and solid judgement of that renowned queen; with the little or no advantage which she could reap from so poor an artifice: all this might astonish me; but I would still reply, that the knavery and folly of men are such common phenomena, that I should rather believe the most extraordinary events to arise from their concurrence, than admit of so signal a violation of the laws of nature.

38. But should this miracle be ascribed to any new system of religion; men, in all ages, have been so much imposed on by ridiculous stories of that kind, that this very circumstance would be a full proof of a cheat, and sufficient, with all men of sense, not only to make them reject the fact, but even reject it without farther examination. Though the Being to whom the miracle is ascribed, be, in this case, Almighty, it does not, upon that account, become a whit more probable; since it is impossible for us to know the attributes or actions of such a Being, otherwise than from the experience which we have of his productions, in the usual course of nature. This still reduces us to past observation, and obliges us to compare the

fut vue par ses médecins et par toute la Cour, comme il est
d'usage pour les personnes de son rang; supposez que son
successeur fut désigné et proclamé par le Parlement; et que,
après avoir été enterrée un mois durant, elle réapparut, reprit
son trône et gouverna l'Angleterre pendant trois années encore.
J'avoue que je serais surpris par tant de circonstances étranges,
mais que je ne serais aucunement enclin à croire un événement
aussi miraculeux. Je ne douterais ni de la prétendue mort de la
reine ni de toutes les circonstances publiques qui l'auraient
suivie; je me bornerais à soutenir que cette mort n'était que
feinte et qu'elle n'était ni ne pouvait être réelle. C'est en vain
que vous m'objecteriez la difficulté et même l'impossibilité de
tromper le monde dans une affaire d'une telle importance; la
sagesse et le solide jugement de cette grande reine; le peu ou
l'absence d'avantage qu'elle eût recueilli d'un artifice aussi
misérable: tout cela pourrait m'étonner, mais je continuerais
de répondre que la fourberie et la folie des hommes sont des
phénomènes si communs que j'aimerais mieux attribuer à leur
concours les événements les plus extraordinaires qu'admettre
une violation aussi patente des lois de la nature.

38. Mais ce miracle serait à attribuer à un nouveau système
de religion? Au fil des âges, les hommes ont été si fort trompés
par des histoires ridicules de cette sorte, que cette circonstance
même serait une preuve pleine et entière de l'imposture
et qu'elle suffirait à tout homme de sens pour qu'il rejetât le
fait, et même qu'il le rejetât sans davantage d'examen. La
toute-puissance de l'Être auquel le miracle est ici attribué,
n'augmente en rien sa probabilité, puisqu'il nous est impossible de connaître les attributs ou les actions d'un tel Être,
autrement que par l'expérience que nous avons de ses œuvres
dans le cours habituel de la nature. Et nous voici de nouveau
réduits à nos observations passées et contraints de comparer

instances of the violation of truth in the testimony of men, with those of the violation of the laws of nature by miracles, in order to judge which of them is most likely and probable. As the violations of truth are more common in the testimony concerning religious miracles, than in that concerning any other matter of fact; this must diminish very much the authority of the former testimony, and make us form a general resolution, never to lend any attention to it, with whatever specious pretence it may be covered.

39. Lord Bacon seems to have embraced the same principles of reasoning. « We ought », says he, « to make a collection or particular history of all monsters and prodigious births or productions, and in a word of every thing new, rare, and extraordinary in nature. But this must be done with the most severe scrutiny, lest we depart from truth. Above all, every relation must be considered as suspicious, which depends in any degree upon religion, as the prodigies of Livy : And no less so, every thing that is to be found in the writers of natural magic or alchimy, or such authors, who seem, all of them, to have an unconquerable appetite for falsehood and fable » [g].

40. I am the better pleased with the method of reasoning here delivered, as I think it may serve to confound those dangerous friends or disguised enemies to the *Christian Religion*, who have undertaken to defend it by the principles of human reason. Our most holy religion is founded on *Faith*, not on reason; and it is a sure method of exposing it to put it to such a trial as it is, by no means, fitted to endure. To make this more evident, let us examine those miracles, related in scripture; and not to lose ourselves

g. *Nov. Org.* Lib. II, aph. 29.

les cas de violation de la vérité dans les témoignages humains avec les cas de violation des lois de la nature par les miracles, pour juger lesquels sont les plus vraisemblables et probables. Et comme les violations de la vérité sont plus communes dans les témoignages qui sont rendus en faveur des miracles religieux qu'en toute autre question de fait, c'est encore diminuer de beaucoup leur autorité et nous forcer à prendre la résolution générale de ne jamais leur prêter d'attention, quels que soient les faux semblants dont on veut les couvrir.

*******39. Lord Bacon semble avoir embrassé les mêmes principes de raisonnement. « Nous devons, dit-il, faire une collection, une histoire particulière de tous les monstres, de toutes les naissances et les productions prodigieuses, en un mot, de tout ce qui est nouveau, rare et extraordinaire dans la nature. Mais il faut le faire avec le discernement le plus strict, de peur de s'écarter de la vérité. Il faut surtout se défier de toute relation qui dépendrait en quelque degré de la religion, comme les prodiges de Tite-Live, et également de tout ce qu'on trouve chez les écrivains de magie naturelle ou d'alchimie et les auteurs de cette espèce, qui semblent tous avoir un insatiable appétit pour la fausseté et la fable » [g].

40. Je me plais d'autant plus à cette manière de raisonner, que je la crois capable de confondre tous ces dangereux amis, tous ces ennemis déguisés de la religion chrétienne, qui ont entrepris de la défendre par les principes de la raison humaine. Notre très sainte religion est fondée sur la *foi* et non sur la raison; et c'est un moyen très sûr de la mettre en péril que de la soumettre à une telle épreuve pour laquelle elle n'est aucunement faite. Pour rendre la chose plus évidente, examinons les miracles relatés dans l'Écriture; et pour ne point nous perdre

g. Bacon, *Novum Organum*, livre II, aphorisme 29.

in too wide a field, let us confine ourselves to such as we find in the *Pentateuch*, which we shall examine, according to the principles of these pretended Christians, not as the word or testimony of God himself, but as the production of a mere human writer and historian. Here then we are first to consider a book, presented to us by a barbarous and ignorant people, written in an age when they were still more barbarous, and in all probability long after the facts which it relates, corroborated by no concurring testimony, and resembling those fabulous accounts, which every nation gives of its origin. Upon reading this book, we find it full of prodigies and miracles. It gives an account of a state of the world and of human nature entirely different from the present : of our fall from that state ; of the age of man, extended to near a thousand years ; of the destruction of the world by a deluge ; of the arbitrary choice of one people, as the favourites of heaven; and that people the countrymen of the author ; of their deliverance from bondage by prodigies the most astonishing imaginable : I desire any one to lay his hand upon his heart, and after a serious consideration declare whether he thinks that the falsehood of such a book, supported by such a testimony, would be more extraordinary and miraculous than all the miracles it relates; which is, however, necessary to make it be received, according to the measures of probability above established.

41. What we have said of miracles may be applied, without any variation, to prophecies; and indeed, all prophecies are real miracles, and as such only can be admitted as proofs of any revelation. If it did not exceed the capacity of human nature to foretell future events, it would be absurd to employ any prophecy as an argument for a divine mission or authority from heaven. So that, upon the whole, we may conclude, that

dans un champ trop vaste, limitons-nous à ceux que nous trouvons dans le *Pentateuque* et que nous examinerons selon les principes de ces prétendus Chrétiens, non comme la parole ou le témoignage de Dieu lui-même, mais comme la production d'un écrivain et d'un historien purement humain. Nous voici donc devant un livre qui nous est présenté par un peuple ignorant et barbare, écrit à une époque où il était encore plus barbare, et très probablement longtemps après les faits relatés ; sans aucun témoignage concordant pour l'appuyer ; et ayant toutes les apparences de ces récits fabuleux que toutes les nations donnent de leur origine. Parcourons maintenant ce livre : nous le trouvons plein de prodiges et de miracles. Il nous décrit un état du monde et de la nature humaine entièrement différent de celui que nous connaissons à présent ; notre chute de cet état ; l'âge de l'homme approchant de mille ans ; la destruction du monde par un déluge ; le choix arbitraire d'un peuple qui devient le favori du ciel – et ce peuple, ce sont les concitoyens de l'auteur ; leur délivrance de l'esclavage grâce aux prodiges les plus étonnants qu'on puisse imaginer. Que chacun mette la main sur son cœur et déclare, après un examen sérieux, s'il pense que la fausseté d'un tel livre, soutenu d'un tel témoignage, serait une chose plus miraculeuse et plus extraordinaire que ne le sont tous les miracles qu'il relate ; il ne faudrait pourtant pas moins pour le faire recevoir, selon les mesures de probabilité qu'on a établi plus haut.

41. Ce que nous avons dit des miracles peut s'appliquer sans changement aux prophéties. Toutes les prophéties sont en vérité de vrais miracles ; et c'est à ce titre seul qu'on peut les admettre comme les preuves d'une révélation. Si la prédiction d'événements futurs ne surpassait pas les forces de la nature humaine, il serait absurde d'employer les prophéties comme la preuve d'une mission divine ou d'une autorité céleste. Ainsi, pour nous résumer, nous pouvons conclure que

the *Christian Religion* not only was at first attended with miracles, but even at this day cannot be believed by any reasonable person without one. Mere reason is insufficient to convince us of its veracity ; and whoever is moved by *Faith* to assent to it, is conscious of a continued miracle in his own person, which subverts all the principles of his understanding, and gives him a determination to believe what is most contrary to custom and experience.

la religion chrétienne non seulement s'accompagna de miracles dans ses commencements, mais qu'à ce jour encore aucune personne raisonnable ne saurait la croire sans l'appui d'un miracle. La simple raison est insuffisante pour nous convaincre de sa vérité; et quiconque est porté par la *foi* à la recevoir, a le sentiment d'un miracle continuel dans sa propre personne, un miracle qui renverse tous les principes de son entendement et le détermine à croire ce qu'il y a de plus contraire à l'habitude et à l'expérience.

OF A PARTICULAR PROVIDENCE
AND OF A FUTURE STATE

1. I was lately engaged in conversation with a friend who loves sceptical paradoxes; where, though he advanced many principles, of which I can by no means approve, yet as they seem to be curious, and to bear some relation to the chain of reasoning carried on throughout this enquiry, I shall here copy them from my memory as accurately as I can, in order to submit them to the judgement of the reader.

2. Our conversation began with my admiring the singular good fortune of philosophy, which, as it requires entire liberty above all other privileges, and chiefly flourishes from the free opposition of sentiments and argumentation, received its first birth in an age and country of freedom and toleration, and was never cramped, even in its most extravagant principles, by any creeds, concessions, or penal statutes. For, except the banishment of Protagoras, and the death of Socrates, which last event proceeded partly from other motives, there are scarcely any instances to be met with, in ancient history, of this bigotted jealousy, with which the present age is so much infested. Epicurus lived at Athens to an

D'UNE PROVIDENCE PARTICULIÈRE
ET D'UN ÉTAT FUTUR *

1. J'étais récemment dans une conversation avec l'un de mes amis qui adore les paradoxes sceptiques. Je n'approuve nullement plusieurs des principes qu'il avança; toutefois, comme ils paraissent curieux et qu'il ne sont pas sans rapport avec le raisonnement que je tiens depuis le début de cette enquête, je vais les coucher ici de mémoire, aussi précisément que je peux, afin de les soumettre au jugement du lecteur.

2. Voici comment la conversation commença. J'admirais la singulière bonne fortune de la philosophie : elle qui exige, plus qu'aucun autre privilège, une totale liberté et qui fleurit surtout dans la libre opposition des opinions et des arguments, elle connut ses premiers commencements à une époque et dans un pays de liberté et de tolérance, sans être jamais entravée, même dans ses principes les plus extravagants, par des credo, des professions de foi ou des lois pénales. Car, si l'on excepte le bannissement de Protagoras et la mort de Socrate, et ce dernier événement eut en partie d'autres raisons, on ne trouve guère d'exemples dans l'histoire ancienne de cette jalousie bigote dont notre siècle est si infesté. Épicure vécut à Athènes jusqu'à

advanced age, in peace and tranquillity: Epicureans[a] were even admitted to receive the sacerdotal character, and to officiate at the altar, in the most sacred rites of the established religion: And the public encouragement[b] of pensions and salaries was afforded equally, by the wisest of all the Roman emperors[c], to the professors of every sect of philosophy. How requisite such kind of treatment was to philosophy, in her early youth, will easily be conceived, if we reflect, that, even at present, when she may be supposed more hardy and robust, she bears with much difficulty the inclemency of the seasons, and those harsh winds of calumny and persecution, which blow upon her.

3. You admire, says my friend, as the singular good fortune of philosophy, what seems to result from the natural course of things, and to be unavoidable in every age and nation. This pertinacious bigotry, of which you complain, as so fatal to philosophy, is really her offspring, who, after allying with superstition, separates himself entirely from the interest of his parent, and becomes her most inveterate enemy and persecutor. Speculative dogmas of religion, the present occasions of such furious dispute, could not possibly be conceived or admitted in the early ages of the world; when mankind, being wholly illiterate, formed an idea of religion more suitable to their weak apprehension, and composed their sacred tenets of such tales chiefly as were the objects of traditional belief, more than of argument or disputation. After the first alarm, therefore, was over, which arose from the

a. Lucian, συμπ ἢ Λαπίθαι.
b. Lucian, εὐνοῦχος.
c. *Id.* & Dio.

un âge avancé en toute paix et tranquillité; les Épicuriens[a] étaient même admis à la dignité sacerdotale, ils pouvaient officier à l'autel, selon les rites les plus sacrés de la religion établie; et, par des pensions et des appointements, un encouragement public[b] fut également réservé par le plus sage des empereurs romains[c] aux professeurs de toutes les sectes de philosophie. Combien un tel traitement était indispensable à la philosophie dans sa première jeunesse, on le concevra aisément si l'on songe avec quelle difficulté, même aujourd'hui, où on peut la supposer plus endurcie et plus robuste, elle supporte l'inclémence des saisons et ces âpres vents de la calomnie et de la superstition qui soufflent sur elle.

3. Vous admirez, me dit mon ami, comme une singulière bonne fortune de la philosophie, ce qui semble le résultat du cours naturel des choses, et un résultat inévitable en tout temps et en toute nation. Cette bigoterie opiniâtre dont vous vous plaignez et que vous jugez si fatale à la philosophie, est en réalité sa fille qui, après s'être alliée à la superstition, abandonne entièrement les intérêts de sa mère et se fait son ennemie et sa persécutrice la plus acharnée. Ces dogmes spéculatifs de la religion qui prêtent aujourd'hui à de si furieuses disputes, n'auraient pu se concevoir ni être admis dans les premiers temps du monde, alors que les hommes, totalement illettrés, se formaient une idée de la religion plus conforme à leurs faibles appréhensions et composaient le principal de leurs doctrines sacrées avec des contes qui étaient davantage l'objet d'une croyance traditionnelle que matière à argument ou à dispute. Et ainsi, une fois passée la première alarme, causée par les

a. Lucien, *Le banquet des philosophes ou les Lapithes*, 9.

b. Lucien, *L'eunuque*, 3, 8.

c. Lucien, *L'eunuque*, 3; Dion Cassius, *Histoire romaine*, LXXII, 31, 3. Il s'agit de Marc Aurèle.

new paradoxes and principles of the philosophers; these teachers seem ever after, during the ages of antiquity, to have lived in great harmony with the established superstition, and to have made a fair partition of mankind between them; the former claiming all the learned and wise, the latter possessing all the vulgar and illiterate.

4. It seems then, say I, that you leave politics entirely out of the question, and never suppose, that a wise magistrate can justly be jealous of certain tenets of philosophy, such as those of Epicurus, which, denying a divine existence, and consequently a providence and a future state, seem to loosen, in a great measure, the ties of morality, and may be supposed, for that reason, pernicious to the peace of civil society.

5. I know, replied he, that in fact these persecutions never, in any age, proceeded from calm reason, or from experience of the pernicious consequences of philosophy; but arose entirely from passion and prejudice. But what if I should advance farther, and assert, that if Epicurus had been accused before the people, by any of the *sycophants* or informers of those days, he could easily have defended his cause, and proved his principles of philosophy to be as salutary as those of his adversaries, who endeavoured, with such zeal, to expose him to the public hatred and jealousy?

6. I wish, said I, you would try your eloquence upon so extraordinary a topic, and make a speech for Epicurus, which might satisfy, not the mob of Athens, if you will allow that ancient and polite city to have contained any mob, but the more philosophical part of his audience, such as might be supposed capable of comprehending his arguments.

7. The matter would not be difficult, upon such conditions, replied he : And if you please, I shall suppose myself Epicurus

paradoxes et les principes nouveaux des philosophes, il semble que ces maîtres aient vécu, toute l'antiquité durant, en grande harmonie avec la superstition établie, ayant fait avec elle un partage à l'amiable : ils se réservaient parmi les hommes tous les sages et les savants et lui laissaient tout le vulgaire et les ignorants.

4. Vous me semblez, repris-je, laisser entièrement de côté la politique et ne point supposer qu'un sage magistrat puisse légitimement concevoir de l'ombrage de certaines doctrines philosophiques ; à l'instar de ces doctrines d'Épicure qui, niant l'existence divine et par là la providence et un état futur, semblent relâcher assez les liens de la moralité pour qu'on les juge néfastes au repos de la société civile.

5. Ce que je sais, répondit-il, c'est que, dans les faits, à aucune époque, ces persécutions ne vinrent jamais de la calme raison ni d'une expérience des conséquences néfastes de la philosophie, mais qu'elles furent toujours le fruit des passions et des préjugés. Mais que diriez-vous si j'allais plus loin ; si je soutenais que, quand Épicure eût été accusé devant le peuple par l'un de ces *sycophantes* ou de ces dénonciateurs que l'on connaissait alors, il lui eût été facile de défendre sa cause et de prouver que ses principes de philosophie étaient aussi salutaires que ceux de ses adversaires, qui essayaient avec tant de zèle de l'exposer à la haine et à la jalousie du public.

6. J'aimerais, dis-je, que vous essayiez votre éloquence sur un sujet aussi extraordinaire et que vous fassiez un discours pour Épicure, un discours qui contente, non pas la canaille d'Athènes, si tant est qu'il y eut de la canaille dans cette cité ancienne et polie, mais la partie la plus philosophe de son auditoire, celle qu'on pourrait supposer apte à comprendre ses arguments.

7. La chose ne sera pas difficile à ces conditions, répondit-il, et, si vous le voulez bien, je me supposerai Épicure pour un

for a moment, and make you stand for the Athenian people, and shall deliver you such an harangue as will fill all the urn with white beans, and leave not a black one to gratify the malice of my adversaries.

8. Very well : Pray proceed upon these suppositions.

9. I come hither, O ye Athenians, to justify in your assembly what I maintained in my school, and I find myself impeached by furious antagonists, instead of reasoning with calm and dispassionate enquirers. Your deliberations, which of right should be directed to questions of public good, and the interest of the commonwealth, are diverted to the disquisitions of speculative philosophy ; and these magnificent, but perhaps fruitless enquiries, take place of your more familiar but more useful occupations. But so far as in me lies, I will prevent this abuse. We shall not here dispute concerning the origin and government of worlds. We shall only enquire how far such questions concern the public interest. And if I can persuade you, that they are entirely indifferent to the peace of society and security of government, I hope that you will presently send us back to our schools, there to examine, at leisure, the question the most sublime, but at the same time, the most speculative of all philosophy.

10. The religious philosophers, not satisfied with the tradition of your forefathers, and doctrine of your priests (in which I willingly acquiesce), indulge a rash curiosity, in trying how far they can establish religion upon the principles of reason ; and they thereby excite, instead of satisfying, the doubts, which naturally arise from a diligent and scrutinous enquiry. They paint, in the most magnificent colours, the order, beauty, and wise arrangement of the universe; and then ask, if such a glorious display of intelligence could proceed from the fortui-

moment et vous-même vous ferez le peuple athénien ; et je vais vous tenir une harangue qui remplira l'urne de fèves blanches, sans qu'il en reste une seule noire pour servir la malice de mes adversaires.

8. Très bien ! Faites, je vous prie, selon ces suppositions.

9. Je parais ici, ô Athéniens, pour justifier devant votre assemblée ce que j'ai soutenu dans mon école ; et, bien loin de raisonner, dans le calme des passions, avec des gens d'étude, je me trouve en butte aux accusations d'adversaires furieux. Vos délibérations qui devraient légitimement rouler sur les questions du bien général et l'intérêt de la chose publique, sont détournées vers des recherches de philosophie spéculative ; et ces magnifiques mais peut-être stériles études prennent la place de vos occupations plus communes, mais bien plus utiles. Mais je préviendrai cet abus, autant qu'il dépendra de moi. Nous ne débattrons pas ici de l'origine ni du gouvernement des mondes. Nous examinerons seulement jusqu'où de telles questions concernent l'intérêt public. Et si je puis vous convaincre qu'elles sont entièrement indifférentes au repos de la société et à la sécurité du gouvernement, j'espère que vous nous renverrez tout à l'heure dans nos écoles, pour y étudier à loisir la question la plus sublime, mais aussi la plus spéculative de toute la philosophie.

10. Les philosophes religieux, peu satisfaits de la tradition de vos pères et de la doctrine de vos prêtres (auxquelles j'acquiesce volontiers) cèdent à une téméraire curiosité : ils essayent jusqu'où ils pourraient établir la religion sur les principes de la raison ; et, ce faisant, ils excitent plus qu'ils ne satisfont les doutes qui naissent naturellement d'une recherche diligente et scrupuleuse. Ils peignent avec les plus magnifiques couleurs l'ordre, la beauté et le sage arrangement de l'univers ; et ils demandent ensuite si une si glorieuse manifestation d'intelligence pourrait être le résultat du concours fortuit

tous concourse of atoms, or if chance could produce what the greatest genius can never sufficiently admire. I shall not examine the justness of this argument. I shall allow it to be as solid as my antagonists and accusers can desire. It is sufficient, if I can prove, from this very reasoning, that the question is entirely speculative, and that, when, in my philosophical disquisitions, I deny a providence and a future state, I undermine not the foundations of society, but advance principles, which they themselves, upon their own topics, if they argue consistently, must allow to be solid and satisfactory.

11. You then, who are my accusers, have acknowledged, that the chief or sole argument for a divine existence (which I never questioned) is derived from the order of nature; where there appear such marks of intelligence and design, that you think it extravagant to assign for its cause, either chance, or the blind and unguided force of matter. You allow, that this is an argument drawn from effects to causes. From the order of the work, you infer, that there must have been project and forethought in the workman. If you cannot make out this point, you allow, that your conclusion fails; and you pretend not to establish the conclusion in a greater latitude than the phenomena of nature will justify. These are your concessions. I desire you to mark the consequences.

12. When we infer any particular cause from an effect, we must proportion the one to the other, and can never be allowed to ascribe to the cause any qualities, but what are exactly sufficient to produce the effect. A body of ten ounces raised in any scale may serve as a proof, that the counterbalancing weight exceeds ten ounces; but can never afford a reason that it exceeds a hundred. If the cause, assigned for any effect, be not sufficient to produce it, we must either reject that cause, or

des atomes ou si le hasard pourrait produire ce que le plus grand génie n'admirera jamais assez. Je n'examinerai pas la justesse de cet argument. Je lui accorderai toute la solidité que mes adversaires et mes accusateurs peuvent désirer. Il me suffira de prouver, en partant de ce raisonnement lui-même, que la question est entièrement spéculative et que dans mes études philosophiques, quand je nie l'existence d'une providence et d'un état futur, je ne sape pas les fondements de la société, mais que j'avance des principes qu'ils doivent eux-mêmes, sur leurs propres bases, reconnaître pour solides et satisfaisants, s'ils veulent raisonner d'une manière conséquente.

11. Vous donc, qui êtes mes accusateurs, vous avez admis que le principal ou le seul argument en faveur de l'existence divine (que je n'ai jamais mise en doute) se tire de l'ordre de la nature, où vous trouvez de telles marques d'intelligence et de dessein que vous jugez totalement extravagant d'en attribuer la cause au hasard ou à la force aveugle et sans guide de la matière. Vous convenez que c'est un argument qui va des effets aux causes. De l'ordre qui se trouve dans l'ouvrage, vous inférez qu'il doit y avoir eu du dessein et de la prévoyance de la part de l'ouvrier. Au cas où vous ne pourriez établir ce point, vous admettez que votre conclusion ne vaudra pas; et vous prétendez ne pas lui donner une plus grande étendue que celle que les phénomènes de la nature justifient. Telles sont vos concessions. Je désire que vous en marquiez les conséquences.

12. Quand nous inférons une cause particulière d'un effet, nous devons les proportionner entre eux et nous interdire toujours d'attribuer à la cause plus de qualités qu'il n'en faut exactement pour produire l'effet. Un corps de dix onces s'élève dans une balance : cela peut prouver que son contrepoids est supérieur à dix onces, cela ne donnera jamais une raison de croire qu'il est supérieur à cent onces. Si la cause assignée à un effet ne suffit pas à le produire, il faut ou la rejeter ou bien y

add to it such qualities as will give it a just proportion to the effect. But if we ascribe to it farther qualities, or affirm it capable of producing other effects, we can only indulge the licence of conjecture, and arbitrarily suppose the existence of qualities and energies, without reason or authority.

13. The same rule holds, whether the cause assigned be brute unconscious matter, or a rational intelligent being. If the cause be known only by the effect, we never ought to ascribe to it any qualities, beyond what are precisely requisite to produce the effect. Nor can we, by any rules of just reasoning, return back from the cause, and infer other effects from it, beyond those by which alone it is known to us. No one, merely from the sight of one of Zeuxis's pictures, could know, that he was also a statuary or architect, and was an artist no less skilful in stone and marble than in colours. The talents and taste, displayed in the particular work before us; these we may safely conclude the workman to be possessed of. The cause must be proportioned to the effect; and if we exactly and precisely proportion it, we shall never find in it any qualities that point farther, or afford an inference concerning any other design or performance. Such qualities must be somewhat beyond what is merely requisite for producing the effect, which we examine.

14. Allowing, therefore, the gods to be the authors of the existence or order of the universe; it follows, that they possess that precise degree of power, intelligence, and benevolence, which appears in their workmanship; but nothing farther can ever be proved, except we call in the assistance of exaggeration and flattery to supply the defects of argument and reasoning. So far as the traces of any attributes, at present, appear,

ajouter des qualités nouvelles qui lui donnent la proportion qui convient. Mais lui attribuer des qualités supplémentaires ou l'affirmer capable de produire d'autres effets, c'est se donner la liberté de faire des conjectures et supposer arbitrairement l'existence de qualités et d'énergies, et cela sans raison ni autorité.

13. La même règle vaut, que la cause assignée soit la matière brute et inconsciente ou un être intelligent et rationnel. Si la cause n'est connue que par l'effet, nous ne devons jamais lui attribuer d'autres qualités que celles qui sont exactement requises pour produire un tel effet; et aucune des règles du juste raisonnement ne nous autorise à redescendre de la cause, pour en inférer d'autres effets que ceux-là seulement par lesquels elle nous est connue. Personne, à la seule vue d'un des tableaux de Zeuxis, ne pourrait savoir qu'il fut aussi un sculpteur ou un architecte, et un artiste qui n'était pas moins habile dans la pierre et le marbre que dans les couleurs. Les talents et le goût que nous voyons briller dans l'ouvrage particulier qui est devant nous, nous pouvons conclure sûrement que l'ouvrier les possède. La cause doit être proportionnée à l'effet; et, si nous la proportionnons avec exactitude et précision, jamais nous ne trouverons en elle de qualités qui aillent au-delà ou qui permettent une nouvelle inférence concernant quelque autre dessein ou production. De telles qualités ne manqueraient pas d'être quelque chose de plus que ce qui est simplement requis pour produire l'effet que nous étudions.

14. En admettant donc que les dieux soient les auteurs de l'existence ou de l'ordre de l'univers, il faut qu'ils possèdent ce degré précis de pouvoir, d'intelligence et de bienveillance qui éclate dans leur ouvrage; mais rien de plus ne saurait être prouvé, à moins de se jeter dans l'exagération et la flatterie, pour suppléer les défauts de l'argumentation et du raisonnement. Les traces de certains attributs se présentent à nos yeux;

so far may we conclude these attributes to exist. The supposition of farther attributes is mere hypothesis; much more the supposition, that, in distant regions of space or periods of time, there has been, or will be, a more magnificent display of these attributes, and a scheme of administration more suitable to such imaginary virtues. We can never be allowed to mount up from the universe, the effect, to Jupiter, the cause; and then descend downwards, to infer any new effect from that cause; as if the present effects alone were not entirely worthy of the glorious attributes, which we ascribe to that deity. The knowledge of the cause being derived solely from the effect, they must be exactly adjusted to each other; and the one can never refer to anything farther, or be the foundation of any new inference and conclusion.

15. You find certain phenomena in nature. You seek a cause or author. You imagine that you have found him. You afterwards become so enamoured of this offspring of your brain, that you imagine it impossible, but he must produce something greater and more perfect than the present scene of things, which is so full of ill and disorder. You forget, that this superlative intelligence and benevolence are entirely imaginary, or, at least, without any foundation in reason; and that you have no ground to ascribe to him any qualities, but what you see he has actually exerted and displayed in his productions. Let your gods, therefore, O philosophers, be suited to the present appearances of nature ; and presume not to alter these appearances by arbitrary suppositions, in order to suit them to the attributes, which you so fondly ascribe to your deities.

16. When priests and poets, supported by your authority, O Athenians, talk of a golden or silver age, which

jusque là nous sommes en droit de conclure à l'existence de ces attributs. La supposition d'autres attributs est une pure hypothèse ; à plus forte raison la supposition qu'en des lieux et des temps lointains, ces attributs ont brillé ou brilleront avec plus de magnificence, et qu'il y eut ou qu'il y aura un plan d'administration plus conforme à de telles vertus imaginaires. Il ne peut nous être permis de nous élever de l'univers, l'effet, jusqu'à Jupiter, la cause, et de redescendre ensuite pour inférer de cette cause un nouvel effet, comme si les présents effets n'étaient pas à eux seuls entièrement dignes des glorieux attributs que nous accordons à cette Divinité. La connaissance de la cause n'étant dérivée que de l'effet, ils doivent être ajustés exactement l'un à l'autre ; et l'un d'eux ne peut jamais renvoyer à quelque chose de plus ni servir de fondement à une nouvelle inférence ou conclusion.

15. Vous découvrez certains phénomènes dans la nature. Vous cherchez une cause ou un auteur. Vous imaginez que vous l'avez trouvé. Vous devenez ensuite si épris de cette créature de votre cerveau que vous vous figurez qu'il serait impossible qu'elle ne produisît pas quelque chose de plus grand et de plus parfait que le présent théâtre du monde, qui est si plein de maux et de désordres. Vous oubliez que cette intelligence et cette bienveillance superlatives sont entièrement imaginaires ou, du moins, sans aucun fondement dans la raison, et que vous n'avez nul motif légitime d'attribuer à la Divinité des qualités dont vous ne voyez pas qu'elle les ait effectivement employées et rendues manifestes dans ses productions. Accommodez donc vos dieux, ô philosophes, aux présentes apparences de la nature et ne prenez pas la liberté de modifier ces apparences par des suppositions arbitraires afin de les accommoder aux attributs que vous vous plaisez à conférer à vos divinités.

16. Quand les prêtres et les poètes, appuyés de votre autorité, ô Athéniens, parlent d'un âge d'or ou d'argent qui a

preceded the present state of vice and misery, I hear them with attention and with reverence. But when philosophers, who pretend to neglect authority, and to cultivate reason, hold the same discourse, I pay them not, I own, the same obsequious submission and pious deference. I ask: who carried them into the celestial regions, who admitted them into the councils of the gods, who opened to them the book of fate, that they thus rashly affirm, that their deities have executed, or will execute, any purpose beyond what has actually appeared? If they tell me, that they have mounted on the steps or by the gradual ascent of reason, and by drawing inferences from effects to causes, I still insist that they have aided the ascent of reason by the wings of imagination; otherwise they could not thus change their manner of inference, and argue from causes to effects; presuming, that a more perfect production than the present world would be more suitable to such perfect beings as the gods, and forgetting that they have no reason to ascribe to these celestial beings any perfection or any attribute, but what can be found in the present world.

17. Hence all the fruitless industry to account for the ill appearances of nature, and save the honour of the gods; while we must acknowledge the reality of that evil and disorder, with which the world so much abounds. The obstinate and intractable qualities of matter, we are told, or the observance of general laws, or some such reason, is the sole cause, which controlled the power and benevolence of Jupiter, and obliged him to create mankind and every sensible creature so imperfect and so unhappy. These attributes then, are, it seems, beforehand, taken for granted, in their greatest latitude. And upon that supposition, I own that such conjectures may, perhaps, be admitted as plausible solutions of the ill phenomena. But still I ask; Why take these

précédé le présent état de vice et de malheur, je les écoute avec attention et respect. Mais quand des philosophes qui prétendent négliger l'autorité et cultiver la raison, tiennent le même discours, je ne suis pas prêt, je l'avoue, à me soumettre aussi docilement ni à leur marquer la même pieuse déférence. Qui donc, je le demande, les a transportés dans les régions célestes ? Qui les a introduits dans les conseils des dieux ? Qui leur a ouvert le livre du destin, pour qu'ils osent ainsi affirmer que leurs divinités ont exécuté ou exécuteront un plan qui va au-delà de ce que nous apercevons actuellement ? S'ils me disent qu'ils sont montés de degré en degré, par un progrès continu du raisonnement et par des inférences allant des effets aux causes, je maintiendrai que dans cette ascension ils ont prêté à la raison les ailes de l'imagination ; sans quoi ils ne pourraient ainsi changer leur méthode d'inférence pour raisonner des causes aux effets, présumant qu'une production plus parfaite que le monde présent conviendrait mieux à des êtres aussi parfaits que les dieux, et oubliant qu'ils n'ont aucune raison d'attribuer à ces êtres célestes ni perfection ni attribut qui ne se trouve dans le présent monde.

17. De là, tous ces efforts stériles pour rendre raison des apparences négatives de la nature et pour sauver l'honneur des dieux, lors même que nous sommes forcés d'admettre la réalité de ces maux et de ces désordres dont le monde abonde tant. Les qualités rebelles et intraitables de la matière, l'application des lois générales ou quelque autre raison de même sorte, telle est, nous dit-on, l'unique cause qui a limité la puissance et la bienveillance de Jupiter et l'a obligé à créer les hommes et tous les êtres sensibles si imparfaits et si malheureux. Ces attributs sont donc pris d'avance, semble-t-il, dans leur plus grande extension. Je conviens que, dans cette supposition, de telles conjectures peuvent fournir une solution vraisemblable aux phénomènes du mal. Mais j'insiste : pourquoi prendre ces

attributes for granted, or why ascribe to the cause any qualities but what actually appear in the effect? Why torture your brain to justify the course of nature upon suppositions, which, for aught you know, may be entirely imaginary, and of which there are to be found no traces in the course of nature?

18. The religious hypothesis, therefore, must be considered only as a particular method of accounting for the visible phænomena of the universe: but no just reasoner will ever presume to infer from it any single fact, and alter or add to the phænomena, in any single particular. If you think that the appearances of things prove such causes, it is allowable for you to draw an inference concerning the existence of these causes. In such complicated and sublime subjects, every one should be indulged in the liberty of conjecture and argument. But here you ought to rest. If you come backward, and arguing from your inferred causes, conclude that any other fact has existed, or will exist, in the course of nature, which may serve as a fuller display of particular attributes; I must admonish you, that you have departed from the method of reasoning, attached to the present subject, and have certainly added something to the attributes of the cause, beyond what appears in the effect; otherwise you could never, with tolerable sense or propriety, add anything to the effect, in order to render it more worthy of the cause.

19. Where, then, is the odiousness of that doctrine, which I teach in my school, or rather, which I examine in my gardens? Or what do you find in this whole question, wherein the security of good morals, or the peace and order of society, is in the least concerned?

20. I deny a providence, you say, and supreme governor of the world, who guides the course of events, and punishes the vicious with infamy and disappointment,

attributs pour accordés? Pourquoi attribuer à la cause des qualités qui n'apparaissent pas réellement dans l'effet? Pourquoi mettre votre cerveau à la torture pour justifier le cours de la nature par des hypothèses qui, autant que vous le sachiez, sont peut-être entièrement imaginaires et qui n'ont pas de trace visible dans le cours de la nature?

18. Ainsi l'hypothèse religieuse ne doit être regardée que comme une méthode particulière d'expliquer les phénomènes visibles de l'univers; mais quiconque veut raisonner juste n'osera jamais en inférer un seul fait; il n'osera ni rien changer ni rien ajouter aux phénomènes. Si vous pensez que les apparences des choses prouvent de telles causes, vous avez le droit d'inférer l'existence de ces causes. Dans des sujets aussi compliqués et aussi sublimes, chacun devrait se voir accorder la liberté de ses conjectures et de ses arguments. Mais tenez-vous en là. Si vous rebroussez chemin, si, tirant argument des causes inférées, vous concluez à l'existence passée ou future de quelque autre fait dans le cours de la nature qui doive servir à manifester plus complètement certains attributs, je dois vous avertir que vous vous êtes départis de la méthode de raisonner qui est exigée par le sujet : il est certain que vous avez fait quelque addition aux attributs de la cause, en plus de ce qui apparaît dans l'effet; sinon vous ne pourriez jamais, avec sens et propriété, ajouter à l'effet de quoi le rendre plus digne de la cause.

19. Où est donc l'odieux de la doctrine que j'enseigne dans mon école, ou plutôt que j'examine dans mes jardins? Que trouvez-vous dans toute cette question qui intéresse le moins du monde la sûreté des bonnes mœurs ou la paix et l'ordre de la société?

20. Je nie, dites-vous, une providence ; je nie un gouverneur suprême du monde, guidant le cours des événements et, dans toutes les entreprises humaines, punissant le vice par l'infamie

and rewards the virtuous with honour and success, in all their undertakings. But surely, I deny not the course itself of events, which lies open to every one's inquiry and examination. I acknowledge that, in the present order of things, virtue is attended with more peace of mind than vice, and meets with a more favourable reception from the world. I am sensible that, according to the past experience of mankind, friendship is the chief joy of human life, and moderation the only source of tranquillity and happiness. I never balance between the virtuous and the vicious course of life; but am sensible, that, to a well-disposed mind, every advantage is on the side of the former. And what can you say more, allowing all your suppositions and reasonings? You tell me, indeed, that this disposition of things proceeds from intelligence and design. But whatever it proceeds from, the disposition itself, on which depends our happiness or misery, and consequently our conduct and deportment in life is still the same. It is still open for me, as well as you, to regulate my behaviour, by my experience of past events. And if you affirm that, while a divine providence is allowed, and a supreme distributive justice in the universe, I ought to expect some more particular reward of the good, and punishment of the bad, beyond the ordinary course of events; I here find the same fallacy, which I have before endeavoured to detect. You persist in imagining that, if we grant that divine existence, for which you so earnestly contend, you may safely infer consequences from it, and add something to the experienced order of nature, by arguing from the attributes which you ascribe to your gods. You seem not to remember that all your reasonings on this subject can only be drawn from effects to causes; and that every argument, deducted from causes to effects, must of necessity be a gross sophism; since it is impossible for you

ou l'échec, récompensant la vertu par la gloire ou le succès. Mais assurément je ne nie pas le cours même des événements, lequel reste ouvert à l'étude et à l'examen de tous. Je conviens que dans l'ordre présent des choses la vertu s'accompagne d'une plus grande paix de l'esprit que le vice et qu'elle est plus favorablement accueillie dans le monde. Je vois, par toute l'expérience passée des hommes, que l'amitié fait la joie principale de la vie humaine et que la modération est la seule source de la tranquillité et du bonheur. Je ne balance jamais entre une existence vertueuse et une existence criminelle, mais je vois que pour une âme bien disposée tout l'avantage est du côté de la première. Et que pouvez-vous me dire de plus, avec toutes vos suppositions et tous vos raisonnements? Vous me dites, il est vrai, que cet agencement des choses procède d'une intelligence et d'un dessein. Mais d'où qu'elle procède, la disposition d'où notre bonheur et notre malheur dépendent, et donc notre conduite et notre manière de vivre restent les mêmes. Il m'est toujours loisible, aussi bien qu'à vous, de régler mon comportement sur mon expérience des événements passés. Et si vous soutenez qu'une providence divine étant admise, ainsi qu'une justice distributive suprême dans l'univers, je dois m'attendre à une récompense plus particulière du bien, à un châtiment plus particulier du mal, s'ajoutant au cours ordinaire des événements; je trouve là la même erreur que j'avais essayé de dénoncer précédemment. Vous persistez à imaginer que, si nous accordons cette existence divine pour laquelle vous plaidez si ardemment, il vous sera permis d'en inférer des conséquences et d'ajouter quelque chose à l'ordre connu de la nature, en argumentant d'après ces attributs que vous prêtez à vos dieux. Vous semblez oublier que tous vos raisonnements sur ce sujet ne peuvent aller que des effets aux causes et que tout argument procédant des causes aux effets doit être inévitablement un grossier sophisme, puisqu'il vous

to know anything of the cause, but what you have antecedently, not inferred, but discovered to the full, in the effect.

21. But what must a philosopher think of those vain reasoners, who, instead of regarding the present scene of things as the sole object of their contemplation, so far reverse the whole course of nature, as to render this life merely a passage to something farther; a porch, which leads to a greater, and vastly different building; a prologue, which serves only to introduce the piece, and give it more grace and propriety? Whence, do you think, can such philosophers derive their idea of the gods? From their own conceit and imagination surely. For if they derived it from the present phænomena, it would never point to anything farther, but must be exactly adjusted to them. That the divinity may *possibly* be endowed with attributes, which we have never seen exerted; may be governed by principles of action, which we cannot discover to be satisfied: all this will freely be allowed. But still this is mere *possibility* and hypothesis. We never can have reason to *infer* any attributes, or any principles of action in him, but so far as we know them to have been exerted and satisfied.

22. *Are there any marks of a distributive justice in the world?* If you answer in the affirmative, I conclude that, since justice here exerts itself, it is satisfied. If you reply in the negative, I conclude that you have then no reason to ascribe justice, in our sense of it, to the gods. If you hold a medium between affirmation and negation, by saying that the justice of the gods, at present, exerts itself in part, but not in its full extent; I answer that you have no reason to give it any particular extent, but only so far as you see it, *at present*, exert itself.

est impossible de rien connaître de la cause que ce que vous avez auparavant, non pas inféré, mais pleinement découvert dans l'effet.

21. Mais que doit penser un philosophe de ces vains raisonneurs qui, au lieu de regarder le présent théâtre des choses comme le seul objet de leur contemplation, renversent tout le cours de la nature jusqu'à ne faire de cette vie que le passage vers quelque chose d'autre, une sorte de portique qui mène à un édifice plus vaste et tout à fait différent, un prologue qui sert seulement à introduire la pièce et à lui donner plus de grâce et de convenance ? D'où pensez-vous que ces philosophes prennent leur idée des dieux ? À n'en point douter, de leur propre suffisance et de leur imagination. Car, s'ils la tiraient des présents phénomènes, elle ne renverrait à rien de plus, mais devrait y être exactement ajustée. Que la Divinité *puisse* posséder des attributs que nous n'avons jamais vus à l'emploi, qu'elle *puisse* être gouvernée par des principes d'action que nous n'avons jamais vu satisfaits, voilà ce qu'on accordera volontiers. Mais tout ceci n'est que *possibilité* et hypothèse. Nous n'avons jamais raison d'*inférer* d'attributs ou de principes d'action à son sujet qu'autant que nous savons qu'ils ont été employés et satisfaits.

22. *Y a-t-il des marques d'une justice distributive en ce monde ?* Si vous répondez par l'affirmative, je conclus que, puisque la justice s'applique ici-bas, elle est satisfaite ici-bas. Si vous répliquez par la négative, je conclus que c'est sans raison que vous attribuez aux dieux la justice, au sens où nous la prenons. Si vous tenez le milieu entre l'affirmative et la négative et dites que la justice des dieux s'exerce actuellement en partie, mais non dans toute son étendue, je réponds que vous n'avez aucune raison de pousser son étendue au-delà de ce que vous lui voyez faire *actuellement*.

23. Thus I bring the dispute, O Athenians, to a short issue with my antagonists. The course of nature lies open to my contemplation as well as to theirs. The experienced train of events is the great standard, by which we all regulate our conduct. Nothing else can be appealed to in the field, or in the senate. Nothing else ought ever to be heard of in the school, or in the closet. In vain would our limited understanding break through those boundaries, which are too narrow for our fond imagination. While we argue from the course of nature, and infer a particular intelligent cause, which first bestowed, and still preserves order in the universe, we embrace a principle, which is both uncertain and useless. It is uncertain; because the subject lies entirely beyond the reach of human experience. It is useless; because our knowledge of this cause being derived entirely from the course of nature, we can never, according to the rules of just reasoning, return back from the cause with any new inference, or making additions to the common and experienced course of nature, establish any new principles of conduct and behaviour.

24. I observe (said I, finding he had finished his harangue) that you neglect not the artifice of the demagogues of old; and as you were pleased to make me stand for the people, you insinuate yourself into my favour by embracing those principles, to which, you know, I have always expressed a particular attachment. But allowing you to make experience (as indeed I think you ought) the only standard of our judgement concerning this, and all other questions of fact; I doubt not but, from the very same experience, to which you appeal, it may be possible to refute this reasoning, which you have put into the mouth of Epicurus. If you saw,

23. Ainsi, ô Athéniens, je ramène toute la querelle qui m'oppose à mes adversaires à un point fort bref. Le cours de la nature s'offre à ma contemplation aussi bien qu'à la leur. Le train des événements dont nous faisons l'expérience est la grande règle sur laquelle nous réglons toute notre conduite. Il n'est possible de s'en rapporter à rien d'autre, à la guerre comme au sénat. Il ne faudrait jamais entendre autre chose, à l'école ou à l'étude. En vain notre faible entendement voudrait-il forcer ces limites qui sont trop étroites pour notre folle imagination. Raisonner à partir du cours de la nature pour inférer l'existence d'une cause intelligente particulière qui aurait d'abord instauré et qui conserve encore l'ordre de l'univers, c'est embrasser un principe incertain et inutile. Il est incertain, car un tel sujet est entièrement hors de la portée de l'expérience humaine. Il est inutile puisque, la connaissance que nous avons de cette cause étant entièrement dérivée du cours de la nature, nous ne pouvons, selon toutes les règles du juste raisonnement, repartir de la cause pour former de nouvelles inférences ou faire des additions au cours ordinaire et expérimenté de la nature, dans la vue d'établir de nouveaux principes de conduite et d'action.

24. Voyant que mon ami avait fini sa harangue : J'observe, lui dis-je, que vous ne dédaignez pas d'employer l'artifice des anciens démagogues ; et comme il vous a plu de me faire tenir la place du peuple, vous vous insinuez dans mes faveurs en embrassant ces principes auxquels, vous le savez, j'ai toujours montré un attachement particulier. Mais si j'accepte que vous fassiez de l'expérience (comme je crois en effet que vous devez le faire) la seule règle de nos jugements sur cette question de fait, comme sur toutes les autres, je ne doute pas que, en partant de cette même expérience à laquelle vous faites appel, il ne soit possible de réfuter le raisonnement que vous avez mis dans la bouche d'Épicure. Si vous voyiez,

for instance, a half-finished building, surrounded with heaps of brick and stone and mortar, and all the instruments of masonry; could you not *infer* from the effect, that it was a work of design and contrivance? And could you not return again, from this inferred cause, to infer new additions to the effect, and conclude that the building would soon be finished, and receive all the further improvements, which art could bestow upon it? If you saw upon the sea-shore the print of one human foot, you would conclude that a man had passed that way, and that he had also left the traces of the other foot, though effaced by the rolling of the sands or inundation of the waters. Why then do you refuse to admit the same method of reasoning with regard to the order of nature? Consider the world and the present life only as an imperfect building, from which you can infer a superior intelligence; and arguing from that superior intelligence, which can leave nothing imperfect; why may you not infer a more finished scheme or plan, which will receive its completion in some distant point of space or time? Are not these methods of reasoning exactly similar? And under what pretence can you embrace the one, while you reject the other?

25. The infinite difference of the subjects, replied he, is a sufficient foundation for this difference in my conclusions. In works of *human* art and contrivance, it is allowable to advance from the effect to the cause, and returning back from the cause, to form new inferences concerning the effect, and examine the alterations, which it has probably undergone, or may still undergo. But what is the foundation of this method of reasoning? Plainly this; that man is a being, whom we know by experience, whose motives and designs we are acquainted with, and whose projects and inclinations have a certain

par exemple, un bâtiment à moitié fini, entouré de tas de briques, de pierres et de mortier, ainsi que de tous les instruments de la maçonnerie, ne pourriez-vous *inférer* de l'effet que c'est là l'ouvrage d'un dessein et d'une disposition réfléchie? Et ne pourriez-vous ensuite, en partant de cette cause inférée, inférer de nouvelles additions à joindre à l'effet et conclure que le bâtiment sera bientôt fini et qu'il recevra toutes les autres perfections que l'art pourra y mettre? Si vous voyiez sur le rivage de la mer l'empreinte d'un pied humain, vous concluriez qu'un homme est passé par là et qu'il a aussi laissé la trace de son autre pied, quoiqu'elle ait été effacée par l'écoulement du sable ou par la montée de l'eau. Pourquoi donc vous refuser à admettre la même méthode de raisonnement en ce qui touche l'ordre de la nature? Vous n'avez qu'à considérer le monde et la vie présente comme un bâtiment imparfait duquel vous pouvez inférer une intelligence supérieure; et tirant argument de cette intelligence supérieure qui ne saurait rien laisser d'imparfait, qu'est-ce qui vous empêche d'inférer un plan ou un projet plus achevé qui recevra sa pleine exécution en quelque point lointain de l'espace ou du temps? Ces façons de raisonner ne sont-elles pas exactement semblables? Et de quel droit pouvez-vous embrasser l'une tandis que vous rejetez la seconde?

25. L'infinie différence des sujets, répondit-il, suffit à fonder cette différence dans mes conclusions. Dans les œuvres de l'art et de l'invention *humaine*, il est permis d'aller de l'effet à la cause et, en repartant de la cause, de former de nouvelles inférences concernant l'effet, pour examiner les modifications qu'il a probablement subies ou qu'il peut encore subir. Mais quel est le fondement de cette façon de raisonner? À l'évidence, celui-ci : l'homme est un être que nous connaissons par expérience, dont les motifs et les desseins nous sont familiers et dont les projets et les inclinations ont quelque

connexion and coherence, according to the laws which nature has established for the government of such a creature. When, therefore, we find, that any work has proceeded from the skill and industry of man; as we are otherwise acquainted with the nature of the animal, we can draw a hundred inferences concerning what may be expected from him; and these inferences will all be founded in experience and observation. But did we know man only from the single work or production which we examine, it were impossible for us to argue in this manner; because our knowledge of all the qualities, which we ascribe to him, being in that case derived from the production, it is impossible they could point to anything farther, or be the foundation of any new inference. The print of a foot in the sand can only prove, when considered alone, that there was some figure adapted to it, by which it was produced : but the print of a human foot proves likewise, from our other experience, that there was probably another foot, which also left its impression, though effaced by time or other accidents. Here we mount from the effect to the cause; and descending again from the cause, infer alterations in the effect; but this is not a continuation of the same simple chain of reasoning. We comprehend in this case a hundred other experiences and observations, concerning the *usual* figure and members of that species of animal, without which this method of argument must be considered as fallacious and sophistical.

26. The case is not the same with our reasonings from the works of nature. The Deity is known to us only by his productions, and is a single being in the universe, not comprehended under any species or genus, from whose experienced attributes or qualities, we can, by analogy, infer any

liaison et consistance, conformément aux lois que la nature a établies pour le gouvernement d'une telle créature. Quand donc nous trouvons que quelque ouvrage est le fruit de l'habileté et de l'industrie de l'homme, comme par ailleurs nous connaissons bien la nature de cet animal, nous pouvons tirer cent inférences sur ce qu'on peut attendre de lui ; et ces inférences seront toutes fondées sur l'expérience et l'observation. Mais si nous ne connaissions l'homme que par un seul ouvrage, par cette seule production que nous examinons, il nous serait impossible de raisonner de cette manière ; car, notre connaissance de toutes les qualités que nous lui attribuons étant en ce cas tirée de cet unique ouvrage, il serait impossible qu'elles nous mènent plus loin ou servent de fondement à de nouvelles inférences. L'empreinte d'un pied dans le sable, considérée toute seule, peut seulement prouver qu'elle a été produite par une forme correspondante ; mais l'empreinte d'un pied humain prouve semblablement, par le reste de notre expérience, qu'il y avait probablement un autre pied qui laissa également sa trace, celle-ci ayant été effacée par le temps ou par d'autres accidents. Ici nous montons de l'effet à la cause et, redescendant de la cause, nous inférons certaines modifications dans l'effet ; mais ce n'est pas la continuation de la même suite simple de raisonnements. Il entre dans ce cas cent autres expériences et observations touchant la forme *habituelle* et les membres que nous connaissons à cette espèce d'être animé, sans lesquelles cette façon de raisonner devrait être considérée comme étant fallacieuse et sophistique.

26. Il n'en est pas de même des raisonnements que nous tirons des ouvrages de la nature. La Divinité ne nous est connue que par ses productions ; elle est un être unique dans l'univers, que nous ne pouvons ranger sous aucune espèce ni aucun genre dont les attributs et les qualités, connus par expérience, nous permissent, par analogie, d'inférer en elle tel

attribute or quality in him. As the universe shows wisdom and goodness, we infer wisdom and goodness. As it shews a particular degree of these perfections, we infer a particular degree of them, precisely adapted to the effect which we examine. But farther attributes or farther degrees of the same attributes, we can never be authorised to infer or suppose, by any rules of just reasoning. Now, without some such licence of supposition, it is impossible for us to argue from the cause, or infer any alteration in the effect, beyond what has immediately fallen under our observation. Greater good produced by this Being must still prove a greater degree of goodness : a more impartial distribution of rewards and punishments must proceed from a greater regard to justice and equity. Every supposed addition to the works of nature makes an addition to the attributes of the Author of nature; and consequently, being entirely unsupported by any reason or argument, can never be admitted but as mere conjecture and hypothesis [d].

27. The great source of our mistake in this subject, and of the unbounded licence of conjecture, which we indulge, is, that we tacitly consider ourselves, as in the place of the

d. In general, it may, I think, be established as a maxim, that where any cause is known only by its particular effects, it must be impossible to infer any new effects from that cause; since the qualities, which are requisite to produce these new effects along with the former, must either be different, or superior, or of more extensive operation, than those which simply produced the effect, whence alone the cause is supposed to be known to us. We can never, therefore, have any reason to suppose the existence of these qualities. To say that the new effects proceed only from a continuation of the same energy, which is already known from the first effects, will not remove the difficulty. For even granting this to be the case (which can seldom be supposed), the very continuation and exertion of a like energy (for it is impossible it can be absolutely the same), I say, this exertion of a like energy,

attribut ou telle qualité. L'univers manifeste de la sagesse et de la bonté, nous inférons de la sagesse et de la bonté. Il marque un certain degré dans ces perfections, nous inférons un certain degré de ces perfections, exactement mesuré à l'effet que nous examinons. Mais les règles du juste raisonnement ne nous permettent pas d'inférer d'autres attributs ou des degrés supérieurs des mêmes attributs. Or ce n'est qu'en prenant la liberté de telles suppositions que nous pourrions tirer argument de la cause pour inférer des changements dans l'effet, par delà ce qui s'est immédiatement présenté à notre observation. Un plus grand bien est produit par cet Être? Cela doit prouver un plus grand degré de bonté. Récompenses et châtiments sont répartis d'une manière plus impartiale? Cela vient de plus d'attention à la justice et à l'équité. Toute addition supposée aux œuvres de la nature fait une addition aux attributs de l'Auteur de la nature; et donc, n'étant appuyée d'aucune raison ni argument, elle ne peut jamais être admise qu'en qualité de simple conjecture ou d'hypothèse [d].

27. La grande source de nos erreurs sur ce sujet et de cette licence sans borne que nous nous accordons de faire des conjectures, c'est que, nous mettant tacitement à la place de

---

[d]. On peut établir, je crois, comme une maxime générale que là où une cause n'est connue que par ses effets particuliers, il doit être impossible d'inférer de nouveaux effets de cette cause, puisque les qualités qui sont exigées pour produire ces nouveaux effets avec les premiers, doivent être ou différentes ou supérieures ou d'une action plus étendue que celles qui ont servi à produire l'effet d'où seul la cause est supposée nous être connue. Nous n'avons donc aucune raison de supposer l'existence de ces qualités. On n'écartera pas la difficulté en disant que les nouveaux effets procèdent seulement de l'action continuée de la même énergie qui est déjà connue à partir des premiers effets. Car, même si ce cas se présentait (supposition qu'on ne peut faire que rarement), cette continuation et cette action d'une énergie semblable (car il est impossible qu'elle soit exactement la même) – cette action, dis-je, d'une énergie semblable

Supreme Being, and conclude that he will, on every occasion, observe the same conduct, which we ourselves, in his
situation, would have embraced as reasonable and eligible.
But, besides that the ordinary course of nature may convince
us, that almost everything is regulated by principles and
maxims very different from ours; besides this, I say, it must
evidently appear contrary to all rules of analogy to reason,
from the intentions and projects of men, to those of a
Being so different, and so much superior. In human nature,
there is a certain experienced coherence of designs and
inclinations; so that when, from any fact, we have discovered one intention of any man, it may often be reasonable,
from experience, to infer another, and draw a long chain of
conclusions concerning his past or future conduct. But this
method of reasoning can never have place with regard to a
Being, so remote and incomprehensible, who bears much less
analogy to any other being in the universe than the sun to a
waxen taper, and who discovers himself only by some faint
traces or outlines, beyond which we have no authority to
ascribe to him any attribute or perfection. What we imagine
to be a superior perfection, may really be a defect. Or were it
ever so much a perfection, the ascribing of it to the Supreme
Being, where it appears not to have been really exerted, to the
full, in his works, savours more of flattery and panegyric, than
of just reasoning and sound philosophy. All the philosophy,

---

in a different period of space and time, is a very arbitrary supposition, and what
there cannot possibly be any traces of in the effects, from which all our
knowledge of the cause is originally derived. Let the *inferred* cause be exactly
proportioned (as it should be) to the known effect; and it is impossible that it can
possess any qualities, from which new or different effects can be *inferred*.

l'Être Suprême, nous concluons qu'il observera en toute circonstance la même conduite que nous aurions nous-mêmes, dans sa situation, choisie comme la plus raisonnable et la plus désirable. Mais outre que le cours ordinaire de la nature peut nous convaincre que presque toutes les choses sont réglées par des principes et des maximes très différentes des nôtres – outre cela, dis-je, comment ne pas voir qu'il est contraire à toutes les règles de l'analogie de conclure des projets et des intentions des hommes aux projets et aux intentions d'un être aussi différent et si supérieur ? Dans la nature humaine, nous observons une certaine cohérence des desseins et des inclinations, de sorte que, lorsqu'un fait nous instruit de l'intention d'un homme, il peut être souvent raisonnable, par expérience, d'en inférer une autre et de former une longue chaîne de conclusions sur sa conduite passée ou future. Mais cette façon de raisonner ne saurait avoir lieu touchant un Être si éloigné et si incompréhensible ; un Être qui a encore moins d'analogie avec tout autre être dans l'univers que le soleil avec une bougie de cire ; un Être qui ne se découvre que par de vagues traces à peine dessinées, au-delà de quoi nous n'avons droit de lui attribuer d'autre attribut ni perfection. Ce que nous prenons pour une perfection supérieure peut être réellement un défaut ; et quand ce serait une telle perfection, l'attribuer à l'Être Suprême sans en avoir vu réellement le plein effet dans ses œuvres, sent davantage la flatterie et le panégyrique que le juste raisonnement et la saine philosophie. Toute la philo-

en des temps et des espaces différents est une supposition très arbitraire, dont il ne peut y avoir de trace dans les effets d'où provient primitivement toute notre connaissance de la cause. Dès que la cause *inférée* est exactement proportionnée, ainsi qu'elle doit l'être, à l'effet connu, il est impossible qu'elle puisse posséder des qualités à partir desquelles *inférer* des effets différents ou nouveaux.

therefore, in the world, and all the religion, which is nothing but a species of philosophy, will never be able to carry us beyond the usual course of experience, or give us measures of conduct and behaviour different from those which are furnished by reflections on common life. No new fact can ever be inferred from the religious hypothesis; no event foreseen or foretold; no reward or punishment expected or dreaded, beyond what is already known by practice and observation. So that my apology for Epicurus will still appear solid and satisfactory; nor have the political interests of society any connexion with the philosophical disputes concerning metaphysics and religion.

28. There is still one circumstance, replied I, which you seem to have overlooked. Though I should allow your premises, I must deny your conclusion. You conclude that religious doctrines and reasonings *can* have no influence on life, because they *ought* to have no influence; never considering, that men reason not in the same manner you do, but draw many consequences from the belief of a divine Existence, and suppose that the Deity will inflict punishments on vice, and bestow rewards on virtue, beyond what appear in the ordinary course of nature. Whether this reasoning of theirs be just or not, is no matter. Its influence on their life and conduct must still be the same. And, those who attempt to disabuse them of such prejudices, may, for aught I know, be good reasoners, but I cannot allow them to be good citizens and politicians; since they free men from one restraint upon their passions, and make the infringement of the laws of society, in one respect, more easy and secure.

29. After all, I may, perhaps, agree to your general conclusion in favour of liberty, though upon different premises from

sophie du monde et toute la religion, qui n'est rien qu'une espèce de philosophie, sont impuissantes à nous porter au-delà du cours habituel de l'expérience et à nous donner des règles de conduite et de comportement différentes de celles qui nous sont fournies par nos réflexions sur la vie commune. Aucun nouveau fait ne peut être inféré de l'hypothèse religieuse, ni aucun événement prévu ou prédit, ni aucune récompense attendue, aucun châtiment redouté, dont nous ne serions pas déjà instruits par la pratique et l'observation. Ainsi, mon apologie d'Épicure paraîtra toujours solide et satisfaisante; et les intérêts politiques de la société n'ont aucun rapport avec les disputes philosophiques sur la métaphysique et la religion.

28. Il y a encore, répondis-je, une circonstance qui semble vous avoir échappé. Quand je vous accorderais vos prémisses, il faut que je nie votre conclusion. Vous concluez que les doctrines et les raisonnements religieux ne *peuvent* avoir d'influence sur la vie, parce qu'ils ne *doivent* pas en avoir, mais vous oubliez que les hommes ne raisonnent pas de la même manière que vous et qu'ils tirent maintes conséquences de leur croyance en une existence divine, supposant ainsi que la Divinité infligera au vice des peines et accordera à la vertu des récompenses qui ne se voient pas dans le cours ordinaire de la nature. Il importe peu que leur raisonnement soit juste ou non; l'influence qu'il exerce sur leur vie et leur conduite demeure inévitablement la même. Et ceux qui tentent de les désabuser de tels préjugés peuvent être, autant que je sache, de bons raisonneurs, mais je ne saurais leur accorder d'être de bons citoyens et de bons politiques, puisqu'ils affranchissent les hommes d'un des freins mis à leurs passions et rendent l'infraction des lois de la société plus facile et plus sûre à cet égard.

29. Après tout, je pourrais peut-être adopter votre conclusion générale en faveur de la liberté, quoique sur des prémisses

those, on which you endeavour to found it. I think, that the state ought to tolerate every principle of philosophy; nor is there an instance, that any government has suffered in its political interests by such indulgence. There is no enthusiasm among philosophers; their doctrines are not very alluring to the people; and no restraint can be put upon their reasonings, but what must be of dangerous consequence to the sciences, and even to the state, by paving the way for persecution and oppression in points, where the generality of mankind are more deeply interested and concerned.

30. But there occurs to me (continued I) with regard to your main topic, a difficulty, which I shall just propose to you without insisting on it; lest it lead into reasonings of too nice and delicate a nature. In a word, I much doubt whether it be possible for a cause to be known only by its effect (as you have all along supposed) or to be of so singular and particular a nature as to have no parallel and no similarity with any other cause or object, that has ever fallen under our observation. It is only when two *species* of objects are found to be constantly conjoined, that we can infer the one from the other; and were an effect presented, which was entirely singular, and could not be comprehended under any known *species*, I do not see that we could form any conjecture or inference at all concerning its cause. If experience and observation and analogy be, indeed, the only guides which we can reasonably follow in inferences of this nature; both the effect and cause must bear a similarity and resemblance to other effects and causes, which we know, and which we have found, in many instances, to be conjoined with each other. I leave it to your own reflection to pursue the consequences of this principle. I shall just observe that, as the antagonists of Epicurus always suppose the universe,

différentes de celles par où vous tentez de la fonder. Je pense que l'État devrait tolérer tout principe de philosophie; et il n'y a pas d'exemple que les intérêts politiques d'un gouvernement aient souffert d'une pareille indulgence. Il n'y a pas d'enthousiasme chez les philosophes; leurs doctrines n'ont guère d'attrait pour le peuple; et on ne saurait mettre d'entrave à leurs raisonnements qui n'entraîne de dangereuses conséquences pour les sciences et pour l'État même, en frayant leur chemin à la persécution et à l'oppression, en des points qui intéressent ou touchent bien plus profondément les hommes.

30. Mais, continuai-je, il me vient, concernant votre principal argument, une difficulté que je me bornerai à vous proposer sans trop y insister, de peur qu'elle ne nous conduise dans des raisonnements d'une nature trop subtile et trop délicate. Pour le dire en un mot, je doute fort qu'une cause puisse, comme vous l'avez supposé tout du long, n'être connue que par son effet ou jouir d'une nature si singulière et si particulière qu'elle ne souffre aucun parallèle ni aucune ressemblance avec toute autre cause ou tout autre objet qui se soit jamais présenté à notre observation. C'est seulement quand deux *espèces* d'objets se sont trouvées constamment conjointes que nous pouvons passer par inférence des unes aux autres; et s'il se présentait un effet qui fût entièrement singulier et ne pût être compris sous aucune *espèce* connue, je ne vois que nous pussions former aucune conjecture ni aucune inférence au sujet de sa cause. Si l'expérience, l'observation et l'analogie sont en effet les seuls guides qu'il nous soit raisonnablement donné de suivre dans les inférences de cette nature, il faut alors que l'effet et la cause ressemblent à d'autres effets et à d'autres causes que nous connaissons et que nous avons souvent trouvés joints ensemble. Je vous laisse à réfléchir sur les conséquences de ce principe. J'en resterai à l'observation suivante : comme les adversaires d'Épicure supposent toujours que l'univers,

an effect quite singular and unparalleled, to be the proof of a Deity, a cause no less singular and unparalleled; your reasonings, upon that supposition, seem, at least, to merit our attention. There is, I own, some difficulty, how we can ever return from the cause to the effect, and, reasoning from our ideas of the former, infer any alteration on the latter, or any addition to it.

qui est un effet tout à fait singulier et sans rien de parallèle, est la preuve d'une Divinité, qui est une cause non moins singulière et sans rien de parallèle, vos raisonnements sur cette supposition me semblent au moins mériter notre attention. Il y a de la difficulté, je l'avoue, à concevoir comment nous pouvons revenir de la cause à l'effet et, en raisonnant d'après notre idée de la première, inférer des changements ou des additions dans le second.

Section XII

OF THE ACADEMICAL OR SCEPTICAL
PHILOSOPHY

Part I

1. There is not a greater number of philosophical reasonings, displayed upon any subject, than those which prove the existence of a Deity, and refute the fallacies of *Atheists*; and yet the most religious philosophers still dispute whether any man can be so blinded as to be a speculative atheist. How shall we reconcile these contradictions? The knights-errant, who wandered about to clear the world of dragons and giants, never entertained the least doubt with regard to the existence of these monsters.

2. The *Sceptic* is another enemy of religion, who naturally provokes the indignation of all divines and graver philosophers; though it is certain, that no man ever met with any such absurd creature, or conversed with a man, who had no opinion or principle concerning any subject, either of action or speculation. This begets a very natural question: what is meant by a sceptic? And how far it is possible to push these philosophical principles of doubt and uncertainty?

DE LA PHILOSOPHIE
ACADÉMIQUE OU SCEPTIQUE

Première partie

1. Il n'y a point de sujet où l'on ait employé plus de raisonnements philosophiques que pour prouver l'existence d'une Divinité et réfuter les sophismes des *Athées*; toutefois, les philosophes les plus religieux disputent encore pour savoir si un homme peut s'aveugler assez pour être un athée spéculatif. Comment résoudre ces contradictions? Les chevaliers errants qui coururent le monde pour le délivrer des dragons et des géants, n'eurent jamais le moindre doute concernant l'existence de ces monstres.

2. Un autre ennemi de la religion qui provoque naturellement l'indignation de tous les théologiens et de nos plus graves philosophes, c'est le *Sceptique*; quoique assurément personne n'ait jamais rencontré un être aussi absurde ni conversé avec un homme qui n'aurait ni opinion ni principe sur aucun sujet, soit de pratique soit de spéculation. Ce qui soulève une question fort naturelle: qu'entend-on par *Sceptique*? Et jusqu'où peut-on pousser ces principes philosophiques du doute et de l'incertitude?

3. There is a species of scepticism, *antecedent* to all study and philosophy, which is much inculcated by Des Cartes and others, as a sovereign preservative against error and precipitate judgement. It recommends an universal doubt, not only of all our former opinions and principles, but also of our very faculties; of whose veracity, say they, we must assure ourselves, by a chain of reasoning, deduced from some original principle, which cannot possibly be fallacious or deceitful. But neither is there any such original principle, which has a prerogative above others, that are self-evident and convincing: or if there were, could we advance a step beyond it, but by the use of those very faculties, of which we are supposed to be already diffident. The Cartesian doubt, therefore, were it ever possible to be attained by any human creature (as it plainly is not) would be entirely incurable; and no reasoning could ever bring us to a state of assurance and conviction upon any subject.

4. It must, however, be confessed, that this species of scepticism, when more moderate, may be understood in a very reasonable sense, and is a necessary preparative to the study of philosophy, by preserving a proper impartiality in our judgements, and weaning our mind from all those prejudices, which we may have imbibed from education or rash opinion. To begin with clear and self-evident principles, to advance by timorous and sure steps, to review frequently our conclusions, and examine accurately all their consequences, though by these means we shall make both a slow and a short progress in our systems, are the only methods, by which we can ever hope to reach truth, and attain a proper stability and certainty in our determinations.

3. Il y a une espèce de scepticisme, *antérieur* à l'étude et à la philosophie, qui a été fort recommandé par Descartes et d'autres philosophes, comme un préservatif souverain contre l'erreur et la précipitation de jugement. Il prône un doute universel, appliqué non seulement à toutes nos opinions et tous nos principes antérieurs, mais aussi à nos facultés mêmes : nous devons, disent-ils, nous assurer de leur véracité par une chaîne de raisonnements, déduite d'un principe premier qui ne puisse être ni fallacieux ni trompeur. Mais, d'une part, il n'y a pas de principe premier qui aurait une telle prérogative sur les autres principes qui sont immédiatement évidents et convaincants ; d'autre part, quand un tel principe existerait, nous ne pourrions avancer d'un pas sinon par l'usage de ces facultés dont nous sommes censés nous défier entièrement. Le doute cartésien, si quelque être humain pouvait y parvenir (ce qui manifestement n'est pas le cas), serait donc entièrement incurable ; et aucun raisonnement ne pourrait nous ramener à un état d'assurance et de conviction sur aucun sujet.

4. Il faut avouer toutefois que cette espèce de scepticisme, pris d'une manière plus modérée, peut se comprendre dans un sens très raisonnable, comme un préparatif nécessaire à l'étude de la philosophie, en ce qu'il conserve une juste impartialité dans nos jugements et qu'il désaccoutume notre esprit de tous les préjugés dont l'éducation ou des opinions peu réfléchies peuvent l'avoir imbu. Commencer par des principes clairs et évidents par eux-mêmes, faire des pas timides mais assurés, revoir souvent ses conclusions, en examiner avec précision toutes les conséquences : par ce moyen, il est vrai, nous n'avancerons que peu et lentement dans nos systèmes ; mais il n'est pas d'autre méthode pour espérer d'atteindre au vrai ou donner à nos décisions la fermeté et la certitude qui conviennent.

5. There is another species of scepticism, *consequent* to science and enquiry, when men are supposed to have discovered, either the absolute fallaciousness of their mental faculties, or their unfitness to reach any fixed determination in all those curious subjects of speculation, about which they are commonly employed. Even our very senses are brought into dispute, by a certain species of philosophers; and the maxims of common life are subjected to the same doubt as the most profound principles or conclusions of metaphysics and theology. As these paradoxical tenets (if they may be called tenets) are to be met with in some philosophers, and the refutation of them in several, they naturally excite our curiosity, and make us enquire into the arguments, on which they may be founded.

6. I need not insist upon the more trite topics, employed by the sceptics in all ages, against the evidence of *sense*; such as those which are derived from the imperfection and fallaciousness of our organs, on numberless occasions; the crooked appearance of an oar in water; the various aspects of objects, according to their different distances; the double images which arise from the pressing one eye; with many other appearances of a like nature. These sceptical topics, indeed, are only sufficient to prove, that the senses alone are not implicitly to be depended on; but that we must correct their evidence by reason, and by considerations, derived from the nature of the medium, the distance of the object, and the disposition of the organ, in order to render them, within their sphere, the proper *criteria* of truth and falsehood. There are other more profound arguments against the senses, which admit not of so easy a solution.

7. It seems evident, that men are carried, by a natural instinct or prepossession, to repose faith in their senses; and that, without any reasoning, or even almost before the use

5. Il y a une autre espèce de scepticisme qui est *consécutif* à la science et à la recherche : quand les hommes sont censés avoir découvert l'absolue fausseté de leurs facultés mentales ou leur impuissance à rien atteindre de fixe et de déterminé, dans toutes les spéculations curieuses où elles sont communément employées. Mêmes nos sens sont mis en question par une certaine sorte de philosophes ; et les maximes de la vie ordinaire sont enveloppées du même doute que les principes ou les conclusions les plus profondes de la métaphysique et de la théologie. Comme ces doctrines paradoxales (si on peut les appeler des doctrines) se rencontrent chez quelques philosophes, ainsi que leur réfutation chez plusieurs autres, il est naturel qu'elles excitent notre curiosité et nous fassent chercher les arguments sur lesquels elles pourraient être fondées.

6. Je n'ai pas besoin d'insister sur les lieux communs les plus rebattus contre l'évidence des *sens*, qui ont été employés par les sceptiques de tous les temps ; je veux dire, ceux qui sont tirés de l'imperfection de nos organes et des illusions qu'ils créent en d'innombrables occasions : la rame qui apparaît tordue dans l'eau, l'objet qui change d'aspect selon sa distance, la double image qui se forme quand on presse son œil, et bien d'autres phénomènes de même nature. Ces arguments sceptiques, à la vérité, ne prouvent rien que ceci : on ne peut se fier aveuglément aux sens seuls et il faut corriger leur témoignage par la raison, en considérant la nature du milieu, la distance de l'objet et la disposition de l'organe, avant de les prendre, dans leur sphère, comme le juste *critère* du vrai et du faux. Il y a contre les sens d'autres arguments qui sont plus profonds et qui n'admettent pas une solution aussi aisée.

7. Il semble évident que les hommes sont portés par un instinct ou par un préjugé naturel à avoir foi dans leurs sens. Sans aucun raisonnement, et même peut-être avant tout usage

of reason, we always suppose an external universe, which depends not on our perception, but would exist, though we and every sensible creature were absent or annihilated. Even the animal creation are governed by a like opinion, and preserve this belief of external objects, in all their thoughts, designs, and actions.

8. It seems also evident, that, when men follow this blind and powerful instinct of nature, they always suppose the very images, presented by the senses, to be the external objects, and never entertain any suspicion, that the one are nothing but representations of the other. This very table, which we see white, and which we feel hard, is believed to exist, independent of our perception, and to be something external to our mind, which perceives it. Our presence bestows not being on it : our absence does not annihilate it. It preserves its existence uniform and entire, independent of the situation of intelligent beings, who perceive or contemplate it.

9. But this universal and primary opinion of all men is soon destroyed by the slightest philosophy, which teaches us, that nothing can ever be present to the mind but an image or perception, and that the senses are only the inlets, through which these images are conveyed, without being able to produce any immediate intercourse between the mind and the object. The table, which we see, seems to diminish, as we remove farther from it ; but the real table, which exists independent of us, suffers no alteration : it was, therefore, nothing but its image, which was present to the mind. These are the obvious dictates of reason ; and no man, who reflects, ever doubted, that the existences, which we consider, when we say, *this house* and *that tree*, are nothing but perceptions in

de la raison, nous supposons à tout instant un monde extérieur qui ne dépend pas de notre perception et qui existerait encore, quand nous serions absents ou anéantis avec toutes les créatures sensibles. Même les créatures animales se gouvernent d'après une pareille opinion et gardent cette croyance à des objets extérieurs, dans toutes leurs pensées, leurs desseins et leurs actions.

8. Il semble également évident qu'en suivant cet instinct naturel, aveugle mais puissant, les hommes supposent toujours que les images mêmes qui leur sont présentées par les sens, sont les objets extérieurs ; et ils n'ont garde de soupçonner que les unes sont les représentations des autres. Cette table même dont nous voyons la blancheur, dont nous éprouvons la dureté, nous croyons qu'elle existe indépendamment de notre perception et qu'elle est quelque chose d'extérieur à notre esprit, qui la perçoit. Notre présence ne l'amène pas à l'être ; notre absence ne l'anéantit point. Elle conserve son existence, une existence entière et uniforme, indépendante de la situation des êtres intelligents qui la perçoivent ou la considèrent.

9. Mais cette opinion de tous les hommes, si universelle et primitive qu'elle soit, est bientôt détruite par la moindre réflexion philosophique, laquelle nous enseigne que rien ne peut jamais être présent à l'esprit qu'une image ou une perception et que les sens ne sont que les canaux par lesquels passent ces images, sans pouvoir produire un commerce immédiat entre l'esprit et l'objet. La table que nous voyons semble diminuer à mesure que nous nous en éloignons ; mais la table réelle, qui existe indépendamment de nous, ne souffre aucun changement ; ce n'était donc que son image qui était présente à l'esprit. Tel est l'enseignement évident de la raison, auquel on ne saurait se dérober ; et personne qui réfléchit n'a jamais douté que les existences que nous considérons, lorsque nous disons *cette maison*, *cet arbre*, ne sont rien que des perceptions dans

the mind, and fleeting copies or representations of other existences, which remain uniform and independent.

10. So far, then, are we necessitated by reasoning to contradict or depart from the primary instincts of nature, and to embrace a new system with regard to the evidence of our senses. But here philosophy finds herself extremely embarrassed, when she would justify this new system, and obviate the cavils and objections of the sceptics. She can no longer plead the infallible and irresistible instinct of nature : for that led us to a quite different system, which is acknowledged fallible and even erroneous. And to justify this pretended philosophical system, by a chain of clear and convincing argument, or even any appearance of argument, exceeds the power of all human capacity.

11. By what argument can it be proved, that the perceptions of the mind must be caused by external objects, entirely different from them, though resembling them (if that be possible) and could not arise either from the energy of the mind itself, or from the suggestion of some invisible and unknown spirit, or from some other cause still more unknown to us? It is acknowledged that, in fact, many of these perceptions arise not from anything external, as in dreams, madness, and other diseases. And nothing can be more inexplicable than the manner, in which body should so operate upon mind as ever to convey an image of itself to a substance, supposed of so different, and even contrary a nature.

12. It is a question of fact, whether the perceptions of the senses be produced by external objects, resembling them : how shall this question be determined? By experience surely; as all other questions of a like nature. But here

l'esprit et des copies ou des représentations fugitives d'autres existences qui demeurent uniformes et indépendantes.

10. Jusque là, donc, le raisonnement nous force de contredire ou de nous éloigner des premiers instincts de la nature, pour embrasser un nouveau système touchant l'évidence de nos sens. Mais voici que la philosophie se trouve elle-même extrêmement embarrassée, lorsqu'elle veut justifier ce nouveau système et prévenir les arguties et les objections des sceptiques. Elle ne peut plus invoquer l'irrésistible et l'infaillible instinct de la nature, puisqu'il nous menait à un système tout différent dont on a reconnu qu'il était faillible et même source d'erreur. Et justifier ce prétendu système philosophique par une chaîne d'arguments clairs et convaincants ou même par un semblant de raisonnement, cela demande un pouvoir qui excède toute capacité humaine.

11. Par quel argument, en effet, prouvera-t-on que les perceptions de l'esprit doivent être causées par des objets extérieurs qui en diffèrent entièrement tout en leur ressemblant (si la chose est possible), et qu'elles ne sauraient naître par une force propre à l'esprit ou par la suggestion de quelque puissance spirituelle invisible et inconnue ou par toute autre cause encore plus inconnue ? Déjà l'on admet que beaucoup de ces perceptions ne naissent de rien d'extérieur, comme dans les rêves, dans la folie ou d'autres maladies. Et rien n'apparaît plus inexplicable que la manière dont les corps devraient agir sur l'esprit pour transmettre une image d'eux-mêmes à une substance qu'on suppose d'une nature si différente et même contraire.

12. Les perceptions des sens sont-elles produites par des objets extérieurs qui leur ressemblent ? C'est une question de fait. Mais comment en décider ? Par l'expérience, assurément, comme toutes les autres questions de cette nature. Mais ici

experience is, and must be entirely silent. The mind has never anything present to it but the perceptions, and cannot possibly reach any experience of their connexion with objects. The supposition of such a connexion is, therefore, without any foundation in reasoning.

13. To have recourse to the veracity of the supreme Being, in order to prove the veracity of our senses, is surely making a very unexpected circuit. If his veracity were at all concerned in this matter, our senses would be entirely infallible; because it is not possible that he can ever deceive. Not to mention that, if the external world be once called in question, we shall be at a loss to find arguments, by which we may prove the existence of that Being or any of his attributes.

14. This is a topic, therefore, in which the profounder and more philosophical sceptics will always triumph, when they endeavour to introduce an universal doubt into all subjects of human knowledge and enquiry. Do you follow the instincts and propensities of nature, may they say, in assenting to the veracity of sense? But these lead you to believe that the very perception or sensible image is the external object. Do you disclaim this principle, in order to embrace a more rational opinion, that the perceptions are only representations of something external? You here depart from your natural propensities and more obvious sentiments; and yet are not able to satisfy your reason, which can never find any convincing argument from experience to prove, that the perceptions are connected with any external objects.

15. There is another sceptical topic of a like nature, derived from the most profound philosophy; which might merit our attention, were it requisite to dive so deep, in order to discover arguments and reasonings, which can so little serve to any serious purpose. It is universally allowed

l'expérience se tait; et il faut qu'elle soit entièrement silen-
cieuse. Rien n'est jamais présent à l'esprit que les perceptions;
et il est impossible qu'il fasse l'expérience de leur liaison avec
les objets. C'est donc sans aucun fondement raisonnable qu'on
suppose une telle liaison.

13. Avoir recours à la véracité de l'Être Suprême afin de
prouver la véracité de nos sens, c'est sûrement faire un détour
très inattendu. Si la véracité divine était intéressée dans cette
affaire, nos sens seraient totalement infaillibles, puisqu'il ne
serait pas possible que Dieu nous trompât. Sans compter que,
une fois le monde extérieur révoqué en doute, nous serions
bien en peine de trouver des arguments par lesquels prouver
l'existence de cet Être ou de l'un de ses attributs.

14. C'est donc un sujet où triompheront toujours les
sceptiques les plus profonds et les plus philosophiques, chaque
fois qu'ils entreprendront d'introduire un doute universel dans
tous les objets qui s'offrent à la connaissance et à l'examen des
hommes. Suivez-vous, diront-ils, les instincts et les penchants
de la nature, en vous reposant sur la vérité des sens? Mais ils
vous portent à croire que la perception elle-même ou l'image
sensible est l'objet extérieur. Rejetez-vous ce principe afin
d'embrasser une opinion plus rationnelle, selon laquelle les
perceptions ne sont que des représentations de quelque chose
d'extérieur? Vous vous écartez alors de vos penchants naturels
et de vos sentiments les plus évidents, sans pour autant satisfaire votre raison qui reste impuissante à trouver quelque argument convaincant, tiré de l'expérience et propre à prouver que
les perceptions sont liées à des objets extérieurs.

15. Il y a un autre thème sceptique de même nature, qui se
tire de la philosophie la plus profonde et qui pourrait mériter
notre attention, s'il était besoin d'aller jusqu'à cette profondeur pour découvrir des arguments et des raisonnements si peu
profitables à des fins sérieuses. Il est universellement admis

by modern enquirers, that all the sensible qualities of objects, such as hard, soft, hot, cold, white, black, &c. are merely secondary, and exist not in the objects themselves, but are perceptions of the mind, without any external archetype or model, which they represent. If this be allowed, with regard to secondary qualities, it must also follow, with regard to the supposed primary qualities of extension and solidity; nor can the latter be any more entitled to that denomination than the former. The idea of extension is entirely acquired from the senses of sight and feeling; and if all the qualities, perceived by the senses, be in the mind, not in the object, the same conclusion must reach the idea of extension, which is wholly dependent on the sensible ideas or the ideas of secondary qualities. Nothing can save us from this conclusion, but the asserting, that the ideas of those primary qualities are attained by *abstraction*, an opinion, which, if we examine it accurately, we shall find to be unintelligible, and even absurd. An extension, that is neither tangible nor visible, cannot possibly be conceived: and a tangible or visible extension, which is neither hard nor soft, black nor white, is equally beyond the reach of human conception. Let any man try to conceive a triangle in general, which is neither *Isosceles* nor *Scalenum*, nor has any particular length or proportion of sides; and he will soon perceive the absurdity of all the scholastic notions with regard to abstraction and general ideas [a].

a. This argument is drawn from Dr. Berkeley; and indeed most of the writings of that very ingenious author form the best lessons of scepticism, which are to be found either among the ancient or modern philosopher, Bayle not excepted. He professes, however, in his title-page (and undoubtedly with great truth) to have composed his book against the sceptics as well as against the atheists and free-thinkers. But that all his arguments, though

dans la spéculation des modernes que toutes les qualités sensibles des objets, telles que le dur, le mou, le chaud, le froid, le blanc, le noir etc., ne sont que des qualités secondes qui n'existent pas dans les objets eux-mêmes, mais qui sont des perceptions de l'esprit, sans archétype ni modèle qu'elles auraient charge de représenter. Or, si cela vaut pour les qualités secondes, cela doit valoir aussi pour l'étendue et la solidité qu'on prétend être des qualités premières ; elles ne sauraient mériter davantage ce titre que celles-là. L'idée d'étendue ne nous vient que par les sens de la vue et du toucher ; et si toutes les qualités perçues par les sens sont dans l'esprit et non dans l'objet, la même conclusion doit s'appliquer à l'idée d'étendue qui dépend entièrement des idées sensibles ou des idées des qualités secondes. Rien ne peut nous épargner cette conclusion, à moins d'affirmer que les idées de ces qualités premières sont obtenues par *abstraction* ; mais c'est une opinion qui nous paraîtra inintelligible et même absurde, si nous l'examinons de près. On ne saurait concevoir une étendue qui ne soit ni tangible ni visible ; et une étendue tangible ou visible qui ne serait pas dure ou molle, noire ou blanche, dépasse également toute conception humaine. Qu'on essaie de concevoir un triangle en général qui ne soit ni *isocèle* ni *scalène*, qui n'ait ni longueur ni proportion particulière des côtés ; on percevra vite l'absurdité de toutes les notions scolastiques relatives à l'abstraction et aux idées générales [a].

a. Cet argument est tiré du Dr. Berkeley ; et en effet la plupart des écrits de ce très ingénieux auteur offrent les meilleurs leçons de scepticisme que l'on puisse trouver chez les philosophes anciens ou les philosophes modernes, sans en excepter Bayle. Il déclare cependant sur la page de titre, et sans doute avec beaucoup de vérité, qu'il a composé son livre contre les sceptiques aussi bien que contre les athées et les libres penseurs. Mais que tous ses arguments, malgré leur intention, soient en réalité purement sceptiques, on le voit à ceci *qu'ils*

16. Thus the first philosophical objection to the evidence of sense or to the opinion of external existence consists in this, that such an opinion, if rested on natural instinct, is contrary to reason, and if referred to reason, is contrary to natural instinct, and at the same time carries no rational evidence with it, to convince an impartial enquirer. The second objection goes farther, and represents this opinion as contrary to reason; at least, if it be a principle of reason, that all sensible qualities are in the mind, not in the object. Bereave matter of all its intelligible qualities, both primary and secondary, you in a manner annihilate it, and leave only a certain unknown, inexplicable *something*, as the cause of our perceptions; a notion so imperfect, that no sceptic will think it worth while to contend against it.

Part II

17. It may seem a very extravagant attempt of the sceptics to destroy *reason* by argument and ratiocination; yet is this the grand scope of all their enquiries and disputes. They endeavour to find objections, both to our abstract reasonings, and to those which regard matter of fact and existence.

otherwise intended, are, in reality, merely sceptical, appears from this, *that they admit of no answer and produce no conviction*. Their only effect is to cause that momentary amazement and irresolution and confusion, which is the result of scepticism.

16. Ainsi la première objection philosophique contre l'évidence des sens, ou l'opinion de l'existence extérieure des choses, se résume à ceci : ou une telle opinion s'appuie sur un instinct naturel, et elle est contraire à la raison ; ou elle est rapportée à la raison, et elle est contraire à l'instinct naturel, sans apporter pour autant d'évidence rationnelle propre à satisfaire une recherche impartiale. La seconde objection va plus loin : elle représente cette opinion comme contraire à la raison, si c'est du moins un principe de la raison que toutes les qualités sensibles sont dans l'esprit et non dans l'objet. Privez la matière de toutes ses qualités intelligibles, à la fois premières et secondes ; vous l'anéantissez en quelque sorte et vous ne laissez, à titre de cause de nos perceptions, qu'un certain *quelque chose* qui est inconnu et inexplicable : une notion si imparfaite qu'aucun sceptique ne jugera utile de la combattre *.

Deuxième partie

17. Vouloir détruire la *raison*, comme s'y essaient les sceptiques, par des arguments et des raisonnements, peut paraître une entreprise fort extravagante ; c'est pourtant la grande ambition de toutes leurs recherches et de toutes leurs controverses. Ils tâchent de trouver des objections tant à nos raisonnements abstraits qu'à ceux qui se rapportent à des choses de fait et d'existence.

n'admettent point de réplique et cependant ne produisent pas de conviction. Leur seul effet est de causer cet étonnement passager, cette irrésolution et cette confusion que suscite le scepticisme [Le titre complet des *Principes de la connaissance humaine* de Berkeley est : Un traité concernant les Principes de la connaissance humaine, dans lequel on s'interroge sur les principales causes d'erreur et de difficulté dans les sciences, ainsi que sur les fondements du scepticisme, de l'athéisme et de l'irréligion. Pour la critique du triangle de Locke, voir Intro. § 16].

18. The chief objection against all *abstract* reasonings is derived from the ideas of space and time; ideas, which, in common life and to a careless view, are very clear and intelligible, but when they pass through the scrutiny of the profound sciences (and they are the chief object of these sciences) afford principles, which seem full of absurdity and contradiction. No priestly *dogmas*, invented on purpose to tame and subdue the rebellious reason of mankind, ever shocked common sense more than the doctrine of the infinitive divisibility of extension, with its consequences; as they are pompously displayed by all geometricians and metaphysicians, with a kind of triumph and exultation. A real quantity, infinitely less than any finite quantity, containing quantities infinitely less than itself, and so on *in infinitum*; this is an edifice so bold and prodigious, that it is too weighty for any pretended demonstration to support, because it shocks the clearest and most natural principles of human reason[b]. But what renders the matter more extraordinary, is, that these seemingly absurd opinions are supported by a chain of reasoning, the clearest and most natural; nor is it possible for us to allow the premises without admitting the consequences. Nothing can be more convincing and satisfactory than all the conclusions concerning

b. Whatever disputes there may be about mathematical points, we must allow that there are physical points; that is, parts of extension, which cannot be divided or lessened, either by the eye or imagination. These images, then, which are present to the fancy or senses, are absolutely indivisible, and consequently must be allowed by mathematicians to be infinitely less than any real part of extension; and yet nothing appears more certain to reason, than that an infinite number of them composes an infinite extension. How much more an infinite number of those infinitely small parts of extension, which are still supposed infinitely divisible.

18. La principale objection contre tous les raisonnements *abstraits* se tire des idées de l'espace et du temps, idées qui dans la vie commune et pour un regard négligent sont très claires et très intelligibles, mais qui soumises à l'examen des sciences profondes (sciences dont elles sont le principal objet) donnent lieu à des principes qui semblent pleins d'absurdité et de contradiction. Jamais *dogme* inventé par les prêtres, à dessein de dompter et de soumettre la rebelle raison des hommes, ne choqua davantage le sens commun que l'infinie divisibilité de l'étendue, avec toutes ses conséquences, si pompeusement exposées par tous les géomètres et les métaphysiciens, avec une sorte de triomphe et d'exultation. Une quantité réelle, infiniment moindre qu'aucune quantité finie, contenant des quantités infiniment moindres qu'elle-même, et ainsi *à l'infini* : c'est là un édifice si hardi et si prodigieux qu'aucune démonstration prétendue ne peut en supporter la charge, tant il heurte les principes les plus clairs et les plus naturels de la raison humaine[b]. Mais le plus extraordinaire est que ces opinions apparemment absurdes sont soutenues par la plus claire et la plus naturelle des chaînes de raisonnement ; et il ne nous est pas possible d'accorder les prémisses sans admettre les conséquences. Rien ne peut être plus convaincant ni plus satisfaisant que toutes les conclusions qui concernent

b. Quelque dispute qu'il puisse y avoir au sujet des points mathématiques, il nous faut admettre qu'il y a des points physiques, c'est-à-dire des parties d'étendue qui ne peuvent être divisées ou diminuées, ni par les yeux ni par l'imagination. Ces images qui se présentent à l'imagination ou aux sens sont donc absolument indivisibles ; et par conséquent les mathématiciens doivent convenir qu'elles sont infiniment moindres qu'aucune partie réelle d'étendue ; et cependant si quelque chose paraît certain à la raison, c'est qu'un nombre infini de ces images compose une étendue infinie. A bien plus forte raison un nombre infini de ces parties d'étendue infiniment petites que l'on suppose encore divisibles à l'infini !

the properties of circles and triangles; and yet, when these are once received, how can we deny, that the angle of contact between a circle and its tangent is infinitely less than any rectilineal angle, that as you may increase the diameter of the circle *in infinitum*, this angle of contact becomes still less, even *in infinitum*, and that the angle of contact between other curves and their tangents may be infinitely less than those between any circle and its tangent, and so on, *in infinitum*? The demonstration of these principles seems as unexceptionable as that which proves the three angles of a triangle to be equal to two right ones, though the latter opinion be natural and easy, and the former big with contradiction and absurdity. Reason here seems to be thrown into a kind of amazement and suspence, which, without the suggestions of any sceptic, gives her a diffidence of herself, and of the ground on which she treads. She sees a full light, which illuminates certain places; but that light borders upon the most profound darkness. And between these she is so dazzled and confounded, that she scarcely can pronounce with certainty and assurance concerning any one object.

19. The absurdity of these bold determinations of the abstract sciences seems to become, if possible, still more palpable with regard to time than extension. An infinite number of real parts of time, passing in succession, and exhausted one after another, appears so evident a contradiction, that no man, one should think, whose judgement is not corrupted, instead of being improved, by the sciences, would ever be able to admit of it.

20. Yet still reason must remain restless, and unquiet, even with regard to that scepticism, to which she is driven by these seeming absurdities and contradictions. How any clear, distinct idea can contain circumstances, contradictory to itself, or to

les propriétés des cercles et des triangles; et cependant, si on les reçoit, comment ensuite nier que l'angle de contact entre un cercle et sa tangente est infiniment moindre que tout angle rectiligne; que, le diamètre du cercle pouvant être augmenté à *l'infini*, cet angle de contact devient encore moindre, même *à l'infini*; et que l'angle de contact entre d'autres courbes et leurs tangentes peut être infiniment moindre que celui entre le cercle et sa tangente, et ainsi *à l'infini*? La démonstration de ces principes paraît aussi irréprochable que celle qui prouve que les trois angles d'un triangle sont égaux à deux droits, bien que cette dernière opinion soit naturelle et facile, au lieu que la première est grosse de contradiction et d'absurdité. La raison semble ici prise de stupeur et jetée dans une sorte de suspens où – point n'est besoin des suggestions du sceptique – elle se défie d'elle-même et du sol sur lequel elle marche. Elle voit une pleine lumière illuminer certains endroits, mais cette lumière confine aux ténèbres les plus profondes. Et, entre ces extrêmes, elle se trouve si éblouie et si confondue qu'il lui est presque impossible de se prononcer avec certitude et assurance sur quelque objet que ce soit.

19. Et lorsque les sciences abstraites passent de l'étendue au temps, l'absurde témérité de leurs décisions devient plus palpable encore, si c'est possible. Un nombre infini de parties réelles du temps, se succédant et s'épuisant l'une après l'autre, paraît une contradiction si évidente qu'il est inconcevable qu'elle puisse être admise de ceux dont les sciences n'ont pas corrompu le jugement, au lieu de l'améliorer.

20. Pourtant, la raison ne saurait trouver le repos et elle doit rester inquiète, même à l'égard du scepticisme où elle est conduite par ces absurdités et ces contradictions apparentes. Comment une idée claire et distincte peut renfermer des circonstances contradictoires avec elle-même ou qui

any other clear, distinct idea, is absolutely incomprehensible; and is, perhaps, as absurd as any proposition, which can be formed. So that nothing can be more sceptical, or more full of doubt and hesitation, than this scepticism itself, which arises from some of the paradoxical conclusions of geometry or the science of quantity [c].

21. The sceptical objections to *moral* evidence, or to the reasonings concerning matter of fact, are either *popular* or *philosophical*. The popular objections are derived from the natural weakness of human understanding; the contradictory opinions, which have been entertained in different ages and nations; the variations of our judgement in sickness

c. It seems to me not impossible to avoid these absurdities and contradictions, if it be admitted, that there is no such thing as abstract or general ideas, properly speaking; but that all general ideas are, in reality, particular ones, attached to a general term, which recalls, upon occasion, other particular ones, that resemble, in certain circumstances, the idea, present to the mind. Thus when the term *horse* is pronounced, we immediately figure to ourselves the idea of a black or a white animal, of a particular size or figure : But as that term is also usually applied to animals of other colours, figures and sizes, these ideas, though not actually present to the imagination, are easily recalled; and our reasoning and conclusion proceed in the same way, as if they were actually present. If this be admitted (as seems reasonable) it follows that all the ideas of quantity, upon which mathematicians reason, are nothing but particular, and such as are suggested by the senses and imagination, and consequently, cannot be infinitely divisible. It is sufficient to have dropped this hint at present, without prosecuting it any farther. It certainly concerns all lovers of science not to expose themselves to the ridicule and contempt of the ignorant by their conclusions; and this seems the readiest solution of these difficulties.

répugnent à une autre idée claire et distincte, c'est une chose absolument incompréhensible; et c'est peut-être la proposition la plus absurde qu'on puisse former. Rien donc de plus sceptique, rien qui n'emporte plus de doute et d'hésitation que ce scepticisme lui-même qui naît de quelques-unes des conclusions paradoxales de la géométrie ou de la science de la quantité[c].

21. Les objections sceptiques contre l'évidence *morale*, contre les raisonnements relatifs aux choses de fait, sont ou *populaires* ou *philosophiques*. Les objections populaires sont prises de la faiblesse de l'entendement humain : des opinions contradictoires qui ont été défendues en divers lieux et en divers temps; des variations de nos jugements dans la santé

---

[c]. Il ne me paraît pas impossible d'éviter ces absurdités et ces contradictions, si l'on admet que, à proprement parler, il n'y a rien qui ressemble à des idées abstraites ou générales, mais que toutes les idées générales ne sont en réalité que des idées particulières, attachées à un terme général qui rappelle à l'occasion d'autres idées particulières, ressemblant par certaines circonstances à l'idée qui est présente à l'esprit. Ainsi, le terme *cheval* étant prononcé, nous nous représentons immédiatement l'idée d'un animal noir ou blanc, de telle taille ou de telle forme. Mais comme ce terme ne laisse pas d'être appliqué à des animaux d'autres couleurs, formes ou tailles, ces idées, bien qu'elles ne soient pas actuellement présentes à l'imagination, sont aisément rappelées; et nos raisonnements et nos conclusions vont de la même façon que si elles étaient actuellement présentes. Si l'on admet cela (et cela semble raisonnable), il s'ensuit que toutes les idées de quantité sur lesquelles les mathématiciens raisonnent, ne sont autres que particulières, qu'elles nous sont suggérées par les sens et par l'imagination et qu'elles ne peuvent donc être infiniment divisibles. Qu'il me suffise pour le présent d'avoir avancé cette remarque, sans la mener plus loin ! Il importe certainement à tous les amoureux de la science de ne pas s'exposer par leurs conclusions au ridicule et au mépris des ignorants; et c'est là la solution la plus immédiate à ces difficultés**.

and health, youth and old age, prosperity and adversity; the perpetual contradiction of each particular man's opinions and sentiments; with many other topics of that kind. It is needless to insist farther on this head. These objections are but weak. For as, in common life, we reason every moment concerning fact and existence, and cannot possibly subsist, without continually employing this species of argument, any popular objections, derived from thence, must be insufficient to destroy that evidence. The great subverter of *Pyrrhonism* or the excessive principles of scepticism is action, and employment, and the occupations of common life. These principles may flourish and triumph in the schools; where it is, indeed, difficult, if not impossible, to refute them. But as soon as they leave the shade, and by the presence of the real objects, which actuate our passions and sentiments, are put in opposition to the more powerful principles of our nature, they vanish like smoke, and leave the most determined sceptic in the same condition as other mortals.

22. The sceptic, therefore, had better keep within his proper sphere, and display those *philosophical* objections, which arise from more profound researches. Here he seems to have ample matter of triumph; while he justly insists, that all our evidence for any matter of fact, which lies beyond the testimony of sense or memory, is derived entirely from the relation of cause and effect; that we have no other idea of this relation than that of two objects, which have been frequently *conjoined* together; that we have no argument to convince us, that objects, which have, in our experience,

et dans la maladie, dans la jeunesse et la vieillesse, dans la prospérité et l'adversité; de la contradiction perpétuelle qui règne dans les opinions et les sentiments de chacun; et de bien d'autres lieux communs de la même espèce. Il est inutile d'insister davantage là-dessus. Ces objections sont faibles. Car dans la vie ordinaire nous raisonnons à tout moment sur des faits et sur des existences et nous ne saurions survivre sans employer constamment cette sorte d'arguments; c'est pourquoi toutes les objections populaires qu'on invoque ici ne peuvent suffire à ruiner cette évidence. Le grand destructeur du *Pyrrhonisme* ou des principes outrés du scepticisme, c'est l'action, c'est l'ouvrage, ce sont toutes les occupations de la vie ordinaire. Ces principes peuvent fleurir et triompher dans les écoles où il est, à la vérité, difficile, sinon impossible, de les réfuter. Mais dès qu'ils sortent de l'ombre et qu'ils sont opposés aux principes plus puissants de notre nature, par la présence des objets réels qui animent nos passions et nos sentiments, ils s'évanouissent comme une fumée et laissent le sceptique le plus déterminé dans le même état que les autres mortels.

22. Le sceptique ferait donc mieux de se renfermer dans la sphère qui lui est propre et de faire valoir les objections *philosophiques* qui naissent des recherches plus profondes. Il semble qu'il ait ici amplement de quoi triompher : il soulignera avec raison que toute notre évidence, pour toute chose de fait dépassant le témoignage des sens ou de la mémoire, se tire entièrement de la relation de cause à effet; que nous n'avons d'autre idée de cette relation que celle de deux objets qui ont été souvent *joints* ensemble; que nous n'avons pas d'argument pour nous convaincre que les objets qui dans notre expérience

been frequently conjoined, will likewise, in other instances, be conjoined in the same manner; and that nothing leads us to this inference but custom or a certain instinct of our nature; which it is indeed difficult to resist, but which, like other instincts, may be fallacious and deceitful. While the sceptic insists upon these topics, he shows his force, or rather, indeed, his own and our weakness; and seems, for the time at least, to destroy all assurance and conviction. These arguments might be displayed at greater length, if any durable good or benefit to society could ever be expected to result from them.

23. For here is the chief and most confounding objection to *excessive* scepticism, that no durable good can ever result from it; while it remains in its full force and vigour. We need only ask such a sceptic, *What his meaning is? And what he proposes by all these curious researches?* He is immediately at a loss, and knows not what to answer. A Copernican or Ptolemaic, who supports each his different system of astronomy, may hope to produce a conviction, which will remain constant and durable, with his audience. A Stoic or Epicurean displays principles, which may not be durable, but which have an effect on conduct and behaviour. But a Pyrrhonian cannot expect, that his philosophy will have any constant influence on the mind : or if it had, that its influence would be beneficial to society. On the contrary, he must acknowledge, if he will acknowledge anything, that all human life must perish, were his principles universally and steadily to prevail. All discourse, all action would immediately cease ; and men remain in a total lethargy, till the necessities of nature, unsatisfied, put an end to their miserable existence. It is true ; so fatal an event is

se sont trouvés fréquemment joints ensemble, le seront encore de la même manière, dans d'autres cas; et que rien ne nous conduit à cette inférence, sinon la coutume ou un certain instinct de notre nature auquel il est sans doute difficile de résister, mais qui, comme tous les autres instincts, peut être fallacieux et trompeur. Tant que le sceptique insiste sur ces points, il montre sa force ou plutôt sa faiblesse et la nôtre; et, dans l'heure du moins, il semble détruire toute espèce d'assurance et de conviction. Ces arguments pourraient être plus longuement développés, si l'on pouvait en espérer quelque bien ou bénéfice durable pour la société.

23. Car voici l'objection principale, et la plus ruineuse, contre le scepticisme *excessif :* c'est qu'aucun bien durable ne peut en résulter, tant qu'il conserve toute sa force et sa vigueur. Nous n'avons qu'à demander à un pareil sceptique *quelle est son intention et ce qu'il se propose par toutes ces recherches scrupuleuses.* Il est immédiatement pris d'embarras et ne sait que répondre. Celui qui est pour Copernic ou celui qui est pour Ptolémée, chacun défendant son système d'astronomie, peut espérer produire chez ses auditeurs une conviction qui restera durable et constante. Un Stoïcien ou un Épicurien développe des principes qui non seulement peuvent être durables, mais avoir aussi un effet sur la conduite et le comportement. Mais un Pyrrhonien ne peut espérer que sa philosophie ait une influence constante sur l'esprit ou, si elle en avait une, que cette influence fût avantageuse pour la société. Bien au contraire doit-il avouer, si jamais il avoue quelque chose, que toute vie humaine périrait fatalement si ses principes devaient prévaloir d'une manière universelle et constante. Tout discours, toute action cesseraient immédiatement; et les hommes seraient plongés dans une totale léthargie, jusqu'à ce que les nécessités de la nature, qui ne seraient pas satisfaites, missent fin à leur misérable existence. Il est vrai qu'un événement si fatal n'est

very little to be dreaded. Nature is always too strong for principle. And though a Pyrrhonian may throw himself or others into a momentary amazement and confusion by his profound reasonings; the first and most trivial event in life will put to flight all his doubts and scruples, and leave him the same, in every point of action and speculation, with the philosophers of every other sect, or with those who never concerned themselves in any philosophical researches. When he awakes from his dream, he will be the first to join in the laugh against himself, and to confess, that all his objections are mere amusement, and can have no other tendency than to show the whimsical condition of mankind, who must act and reason and believe; though they are not able, by their most diligent enquiry, to satisfy themselves concerning the foundation of these operations, or to remove the objections, which may be raised against them.

Part III

24. There is, indeed, a more *mitigated* scepticism or *academical* philosophy, which may be both durable and useful, and which may, in part, be the result of this Pyrrhonism, or *excessive* scepticism, when its undistinguished doubts are, in some measure, corrected by common sense and reflection. The greater part of mankind are naturally apt to be affirmative and dogmatical in their opinions; and while they see objects only on one side, and have no idea of any counterpoising argument, they throw themselves precipitately into the principles, to which they are inclined; nor have they any indulgence for those who entertain opposite sentiments. To hesitate or balance perplexes their understanding, checks their passion, and suspends their action.

guère à craindre. La nature l'emportera toujours sur les principes. Et, avec ses profonds raisonnements, un Pyrrhonien a beau se jeter lui-même ou les autres dans un étonnement et un égarement de quelques instants, le premier événement de la vie, et le plus trivial, chassera tous ses doutes ou ses scrupules et sur chaque point de pratique ou de théorie le remettra sur le même pied que les philosophes des autres sectes ou que ces gens qui ne se sont jamais embarrassés de recherches philosophiques. Quand il s'éveillera de son rêve, il sera le premier à se joindre au rire dont il est l'objet; il avouera que toutes ses objections sont de purs amusements et qu'elles n'ont d'autre objet que de montrer la condition bizarre des hommes, qui doivent agir, raisonner et croire, quoique, dans leurs recherches les plus assidues, ils ne puissent rien apprendre de satisfaisant sur le fondement de ces opérations ni réduire les objections que l'on peut élever contre elles.

Troisième partie

24. En vérité, il y a un scepticisme plus *mitigé*, une philosophie *académique*, qui peut être plus durable et plus utile; et il peut naître pour une part du Pyrrhonisme, quand les doutes immodérés de ce scepticisme *outré* sont amendés par le sens commun et la réflexion. La plupart des hommes sont naturellement sujets à être affirmatifs et dogmatiques dans leurs opinions; et, tant qu'ils ne voient les objets que par une face et n'ont point d'idée des arguments qui sont du côté opposé, ils se jettent précipitamment dans les principes où ils penchent, sans montrer d'indulgence pour ceux qui nourrissent des sentiments contraires. Hésiter, balancer, voilà qui embarrasse leur entendement, qui réprime leur passion et suspend leur action.

They are, therefore, impatient till they escape from a state, which to them is so uneasy : and they think, that they could never remove themselves far enough from it, by the violence of their affirmations and obstinacy of their belief. But could such dogmatical reasoners become sensible of the strange infirmities of human understanding, even in its most perfect state, and when most accurate and cautious in its determinations; such a reflection would naturally inspire them with more modesty and reserve, and diminish their fond opinion of themselves, and their prejudice against antagonists. The illiterate may reflect on the disposition of the learned, who, amidst all the advantages of study and reflection, are commonly still diffident in their determinations : and if any of the learned be inclined, from their natural temper, to haughtiness and obstinacy, a small tincture of Pyrrhonism might abate their pride, by showing them, that the few advantages, which they may have attained over their fellows, are but inconsiderable, if compared with the universal perplexity and confusion, which is inherent in human nature. In general, there is a degree of doubt, and caution, and modesty, which, in all kinds of scrutiny and decision, ought for ever to accompany a just reasoner.

25. Another species of *mitigated* scepticism which may be of advantage to mankind, and which may be the natural result of the Pyrrhonian doubts and scruples, is the limitation of our enquiries to such subjects as are best adapted to the narrow capacity of human understanding. The *imagination* of man is naturally sublime, delighted with whatever is remote and extraordinary, and running, without control, into the most distant parts of space and time in order to avoid the objects, which custom has rendered too familiar to it. A correct *Judgement* observes a contrary method, and

Ils sont donc impatients d'échapper à un état qui leur est si incommode et ils pensent ne pouvoir jamais s'en éloigner assez par la véhémence de leurs affirmations et l'opiniâtreté de leurs croyances. Mais si ces raisonneurs dogmatiques pouvaient sentir les étranges infirmités de l'entendement humain, même dans son état le plus parfait, quand il se détermine avec le plus d'exactitude et de prudence, nul doute qu'une telle réflexion leur inspirerait naturellement plus de modestie et de réserve et que, perdant de la bonne opinion qu'ils ont d'eux-mêmes, ils auraient moins de préjugé contre leurs adversaires. Les ignorants ont toute latitude de considérer la disposition des savants qui, malgré tous les avantages que leur procurent l'étude et la réflexion, restent ordinairement timides dans leurs décisions; quant aux savants, s'il s'en trouve que leur tempérament naturel incline à l'arrogance et à l'opiniâtreté, une légère teinture de pyrrhonisme ne manquerait pas d'abaisser leur orgueil, en leur montrant que les maigres avantages qu'ils peuvent avoir acquis sur le reste des hommes, sont de peu d'importance, comparés à l'universelle perplexité et confusion qui est inhérente à la nature humaine. D'une manière générale, en toute espèce d'examen et de décision, un juste raisonnement doit toujours s'accompagner d'un certain degré de doute, de circonspection et de modestie.

25. Une autre espèce de scepticisme *mitigé* qui peut être avantageux au genre humain, en étant le fruit naturel des doutes et des scrupules pyrrhoniens, c'est la limitation de nos recherches aux sujets qui sont le mieux proportionnés à l'étroite capacité de l'entendement humain. L'*imagination* des hommes est naturellement sublime, elle se plaît à tout ce qui est lointain et extraordinaire, elle s'élance sans contrôle jusqu'aux parties les plus distantes de l'espace et du temps, afin d'échapper aux objets que l'habitude lui a rendus trop familiers. Mais le *jugement* droit suit la méthode inverse et,

avoiding all distant and high enquiries, confines itself to common life, and to such subjects as fall under daily practice and experience; leaving the more sublime topics to the embellishment of poets and orators, or to the arts of priests and politicians. To bring us to so salutary a determination, nothing can be more serviceable, than to be once thoroughly convinced of the force of the Pyrrhonian doubt, and of the impossibility, that anything, but the strong power of natural instinct, could free us from it. Those who have a propensity to philosophy, will still continue their researches; because they reflect, that, besides the immediate pleasure, attending such an occupation, philosophical decisions are nothing but the reflections of common life, methodized and corrected. But they will never be tempted to go beyond common life, so long as they consider the imperfection of those faculties which they employ, their narrow reach, and their inaccurate operations. While we cannot give a satisfactory reason, why we believe, after a thousand experiments, that a stone will fall, or fire burn; can we ever satisfy ourselves concerning any determination, which we may form, with regard to the origin of worlds, and the situation of nature, from, and to eternity?

26. This narrow limitation, indeed, of our enquiries, is, in every respect, so reasonable, that it suffices to make the slightest examination into the natural powers of the human mind and to compare them with their objects, in order to recommend it to us. We shall then find what are the proper subjects of science and enquiry.

27. It seems to me, that the only objects of the abstract science or of demonstration are quantity and number, and that all attempts to extend this more perfect species of knowledge beyond these bounds are mere sophistry and illusion. As the component parts of quantity and number are entirely similar,

évitant les recherches menant trop loin et trop haut, il se limite à la vie commune et aux questions qui relèvent de la pratique et de l'expérience de tous les jours ; il abandonne les sujets plus sublimes aux ornements des poètes et des orateurs ou à l'art des prêtres et des politiques. Rien ne peut contribuer davantage à nous inspirer une résolution aussi salutaire que de nous être convaincus une fois de la pleine force du doute pyrrhonien et de l'impossibilité de nous en libérer, sinon par la puissante influence de l'instinct naturel. Ceux qui ont du goût pour la philosophie poursuivront leurs études, car ils réfléchissent que, outre le plaisir immédiat qui est attaché à une telle occupation, les décisions philosophiques ne sont rien que les réflexions de la vie commune, rendues méthodiques et corrigées. Mais ils ne seront jamais tentés d'aller au-delà, aussi longtemps qu'ils considèrent l'imperfection des facultés qu'ils emploient, leur peu de portée et l'imprécision de leurs opérations. Nous ne sommes pas capables de donner une seule bonne raison pourquoi nous croyons, après mille expériences, que la pierre tombe et que le feu brûle, et nous prétendrions nous déclarer d'une manière totalement satisfaisante sur l'origine des mondes et sur l'état de la nature, d'éternité en éternité !

26. Cette étroite limitation de nos recherches est en effet une chose si raisonnable à tous égards qu'il suffit du moindre examen des pouvoirs naturels de l'esprit humain, en les comparant à leurs objets, pour nous en faire sentir la nécessité. Nous découvrons alors quels sont les sujets qui conviennent à la science et à l'étude.

27. Il me semble que les seuls objets des sciences abstraites ou démonstratives sont la quantité et le nombre et que tous les essais pour étendre cette espèce de connaissance, la plus parfaite que nous ayons, au-delà de ces limites, relèvent du sophisme et de l'illusion. Comme les parties constituantes de la quantité et du nombre sont entièrement similaires,

their relations become intricate and involved; and nothing can be more curious, as well as useful, than to trace, by a variety of mediums, their equality or inequality, through their different appearances. But as all other ideas are clearly distinct and different from each other, we can never advance farther, by our utmost scrutiny, than to observe this diversity, and, by an obvious reflection, pronounce one thing not to be another. Or if there be any difficulty in these decisions, it proceeds entirely from the undeterminate meaning of words, which is corrected by juster definitions. That *the square of the hypothenuse is equal to the squares of the other two sides*, cannot be known, let the terms be ever so exactly defined, without a train of reasoning and enquiry. But to convince us of this proposition, *that where there is no property, there can be no injustice*, it is only necessary to define the terms, and explain injustice to be a violation of property. This proposition is, indeed, nothing but a more imperfect definition. It is the same case with all those pretended syllogistical reasonings, which may be found in every other branch of learning, except the sciences of quantity and number; and these may safely, I think, be pronounced the only proper objects of knowledge and demonstration.

28. All other enquiries of men regard only matter of fact and existence ; and these are evidently incapable of demonstration. Whatever *is* may *not be*. No negation of a fact can involve a contradiction. The non-existence of any being, without exception, is as clear and distinct an idea as its existence. The proposition, which affirms it not to be, however false, is no less conceivable and intelligible, than that which affirms it to be.

leurs rapports se compliquent et s'enveloppent davantage; et rien ne peut être plus curieux autant qu'utile que d'en rechercher l'égalité ou l'inégalité, sous les différentes formes où elles se présentent, en faisant varier les milieux. Mais comme il est manifeste que toutes nos autres idées sont distinctes et différentes entre elles, nous n'irons jamais plus loin, par l'examen le plus poussé, que d'observer cette diversité et d'affirmer, par une réflexion évidente, qu'une chose n'est pas une autre. Ou s'il y a de la difficulté à décider, cela vient entièrement de l'indétermination du sens des mots, chose que l'on corrige par de plus justes définitions. Que *le carré de l'hypoténuse soit égal aux carrés des deux autres côtés*, ne peut être connu, si exactement que soient définis les termes, sans une chaîne de raisonnements et de spéculations. Mais pour nous convaincre de cette autre proposition que *là où il n'y a pas de propriété, il ne saurait y avoir d'injustice*, il suffit de définir les termes et d'expliquer que l'injustice est une violation de la propriété. Cette proposition n'est en vérité qu'une définition plus imparfaite. Il en va de même avec tous les prétendus raisonnements syllogistiques qui se peuvent trouver en toute branche du savoir, à l'exception des sciences de la quantité et du nombre. Et je crois pouvoir affirmer sûrement que seuls la quantité et le nombre sont les objets propres de la connaissance et de la démonstration.

28. Toutes les autres recherches humaines roulent uniquement sur les choses de fait et d'existence; et il est évident que de telles recherches ne sont pas susceptibles de démonstration. Tout ce qui *est* peut *ne pas être*. La négation d'un fait ne saurait impliquer de contradiction. La non-existence d'un être, quel qu'il soit, est une idée aussi claire et distincte que son existence. La proposition qui affirme qu'il n'est pas, lors même qu'elle est fausse, n'est pas moins concevable et intelligible que celle qui affirme qu'il est.

The case is different with the sciences, properly so called. Every proposition, which is not true, is there confused and unintelligible. That the cube root of 64 is equal to the half of 10, is a false proposition, and can never be distinctly conceived. But that Caesar, or the angel Gabriel, or any being never existed, may be a false proposition, but still is perfectly conceivable, and implies no contradiction.

29. The existence, therefore, of any being can only be proved by arguments from its cause or its effect; and these arguments are founded entirely on experience. If we reason *a priori*, anything may appear able to produce anything. The falling of a pebble may, for aught we know, extinguish the sun; or the wish of a man control the planets in their orbits. It is only experience, which teaches us the nature and bounds of cause and effect, and enables us to infer the existence of one object from that of another[d]. Such is the foundation of moral reasoning, which forms the greater part of human knowledge, and is the source of all human action and behaviour.

30. Moral reasonings are either concerning particular or general facts. All deliberations in life regard the former; as also all disquisitions in history, chronology, geography, and astronomy.

---

d. That impious maxim of the ancient philosophy, *Ex nihilo, nihil fit*, by which the creation of matter was excluded, ceases to be a maxim, according to this philosophy. Not only the will of the supreme Being may create matter; but, for aught we know *a priori*, the will of any other being might create it, or any other cause, that the most whimsical imagination can assign.

Il n'en va pas de même avec les sciences proprement dites. Toute proposition qui n'est pas vraie est alors confuse et inintelligible. Que la racine cubique de 64 soit égale à la moitié de dix est une proposition fausse qu'il ne sera jamais possible de concevoir distinctement. Mais que César ou l'ange Gabriel ou tel être que vous voudrez n'a jamais existé, peut être une proposition fausse, mais qu'on peut concevoir parfaitement sans aucune contradiction.

29. L'existence d'un être ne peut donc se prouver que par des arguments tirés de la cause ou de l'effet de cet être ; et ces arguments sont entièrement fondés sur l'expérience. Si l'on raisonne *a priori*, il apparaîtra que n'importe quoi peut produire n'importe quoi. La chute d'un caillou peut, autant que nous le sachions, éteindre le soleil ou la volonté d'un homme contrôler l'orbite des planètes. C'est l'expérience seule qui nous enseigne la nature des causes et des effets, et leurs limites ; il n'y qu'elle qui nous rende capables d'inférer l'existence d'un objet à partir de celle d'un autre[d]. Tel est l'unique fondement des raisonnements moraux qui forment la plus grande partie de la connaissance humaine et qui sont la source de toute action et conduite humaine.

30. Les raisonnements moraux concernent ou des faits particuliers ou des faits généraux. Des premiers relèvent toutes les délibérations dans la vie, de même que toutes les recherches dans l'histoire, la chronologie, la géographie et l'astronomie.

---

d. La maxime impie de l'ancienne philosophie, *Ex nihilo, nihil fit*, qui excluait la création de la matière, cesse d'être une maxime dans notre philosophie. Non seulement la volonté de l'Être Suprême peut créer la matière, mais, pour autant que nous le sachions *a priori*, la volonté de tout autre être pourrait également la créer, ou toute autre cause que l'imagination la plus fantasque puisse proposer.

31. The sciences, which treat of general facts, are politics, natural philosophy, physic, chemistry, &c. where the qualities, causes and effects of a whole species of objects are enquired into.

32. Divinity or Theology, as it proves the existence of a Deity, and the immortality of souls, is composed partly of reasonings concerning particular, partly concerning general facts. It has a foundation in *reason*, so far as it is supported by experience. But its best and most solid foundation is *faith* and divine revelation.

33. Morals and criticism are not so properly objects of the understanding as of taste and sentiment. Beauty, whether moral or natural, is felt, more properly than perceived. Or if we reason concerning it, and endeavour to fix its standard, we regard a new fact, to wit, the general tastes of mankind, or some such fact, which may be the object of reasoning and enquiry.

34. When we run over libraries, persuaded of these principles, what havoc must we make? If we take in our hand any volume; of divinity or school metaphysics, for instance; let us ask, *Does it contain any abstract reasoning concerning quantity or number?* No. *Does it contain any experimental reasoning concerning matter of fact and existence?* No. Commit it then to the flames: for it can contain nothing but sophistry and illusion.

31. Les sciences qui traitent des faits généraux sont la politique, la philosophie naturelle, la médecine, la chimie, etc., où les qualités, les causes et les effets de toute une espèce d'objets sont étudiés.

32. La science des choses divines ou théologie, en tant qu'elle prouve l'existence d'un Dieu et l'immortalité des âmes, est composée de raisonnements qui concernent pour partie des faits particuliers, pour partie des faits généraux. Elle a son fondement dans la *raison* pour autant qu'elle repose sur l'expérience. Mais son meilleur et son plus solide fondement se trouve dans la *foi* et la révélation divine.

33. La morale et la critique ne sont pas si proprement des objets de l'entendement que du goût et du sentiment. La beauté, morale ou naturelle, est plus proprement sentie que perçue. Ou, si nous raisonnons à son sujet et tentons d'en fixer les règles, nous envisageons un nouveau fait, je veux dire le goût général des hommes ou quelque fait de cette sorte, qui peut devenir un objet de raisonnement et d'étude.

34. Quand, persuadés de ces principes, nous parcourons les bibliothèques, à quelle coupe devons-nous procéder? Si nous prenons en main un volume, par exemple un volume de théologie ou de métaphysique scolastique, nous demanderons : *Contient-il des raisonnements abstraits concernant la qualité ou le nombre ?* Non. *Contient-il des raisonnements expérimentaux concernant les choses de fait et d'existence ?* Non. Alors, jetez-le au feu, car il ne contient que sophisme et illusion.

VARIANTES

Section I

* *Les éditions de 1748 et 1750 ajoutent la note suivante :* Les deux facultés, celle par laquelle nous discernons le vrai du faux et celle par laquelle nous percevons le vice et la vertu, ont été longtemps confondues. On supposait que toute moralité était construite sur des relations éternelles et immuables qui s'imposaient à tout esprit capable d'intelligence, aussi invariablement que les propositions concernant la quantité et le nombre. Mais un récent philosophe [*] nous a enseigné, par les arguments les plus convaincants, que la moralité n'est rien qui soit dans la nature abstraite des choses, mais qu'elle est entièrement relative au sentiment ou au goût mental de chaque être particulier; de la même manière que les distinctions entre le sucré et l'amer, le chaud et le froid, naissent de l'impression particulière à chaque sens ou organe. Les perceptions morales ne doivent donc pas être classées avec les opérations de l'entendement, mais avec les goûts et les sentiments. (*) Monsieur Hutcheson.

L'habitude avait été prise chez les philosophes de diviser toutes les passions en deux classes, les passions égoïstes et les passions bienveillantes, entre lesquelles on supposait une constante opposition ou contrariété; et on n'imaginait pas que les secondes puissent atteindre leur objet propre, sinon aux dépens des premières. Parmi les passions égoïstes, on comptait l'avarice, l'ambition et l'esprit de vengeance; parmi les bienveillantes, l'affection naturelle, l'amitié, l'esprit public. Aujourd'hui [**] les philosophes peuvent voir combien cette division était impropre. Il a été prouvé de manière incontestable que même les passions qu'on dit d'ordinaire égoïstes portent l'esprit au-delà du moi, directement jusqu'à l'objet; que, même si la satisfaction de ces passions nous procure un plaisir, ce ne peut être la perspective de ce plaisir qui est la cause de la passion, mais au contraire la passion qui précède le plaisir, celui-ci ne pouvant jamais exister sans celle-là; qu'il en va exactement de même avec les

passions qu'on appelle bienveillantes et, en conséquence, qu'un homme n'est pas plus intéressé quand il recherche sa propre gloire que lorsque le bonheur de ses amis est l'objet de ses vœux, qu'il n'est pas plus désintéressé quand il sacrifie ses aises et son repos au bien public que lorsqu'il cherche à contenter son avarice et son ambition. Voici donc une importante correction apportée à la délimitation des passions qui avait été obscurcie par les précédents philosophes, soit par négligence, soit par manque d'exactitude. Ces deux exemples suffiront à montrer la nature et l'importance de la philosophie dont nous parlons. (**) Voir les *Sermons* de Butler.

Section III

* *Dans les éditions de 1748 à 1772, cette note était appelée dans le texte ci-dessous* (p.90)*, au paragraphe commençant par* : Il est évident que Homère…, *après le mot* contraste ; *et elle commençait ainsi* : Le contraste, ou la contrariété, …

** *Les éditions de 1748 à 1760 insèrent ici le paragraphe suivant :* Mais bien que cette règle de l'unité d'action soit commune à la poésie dramatique et à la poésie épique, il se présente entre elles une différence qui peut retenir notre attention. Dans les deux espèces de composition, il est exigé que l'action soit unique et simple, afin que l'intérêt se conserve entier et que la sympathie ne soit pas détournée de son cours. Cependant, dans la poésie épique ou narrative, cette règle repose également sur un autre fondement, je veux dire, la nécessité pour l'auteur, avant d'entrer dans son discours ou sa narration, de se former un plan, de se fixer un dessein et de ramener son sujet à un point de vue général, à une perspective unifiée qui soit le constant objet de son attention. Mais cette raison ne se retrouve pas pour la scène : l'auteur est complètement absorbé dans sa composition dramatique et le spectateur s'imagine être réellement présent aux actions qu'on lui représente ; de sorte qu'une conversation ou un dialogue peut être introduit, si, sans choquer la vraisemblance, il aurait pu avoir lieu dans cette portion déterminée d'espace qui est représentée au théâtre. De là vient que dans toutes nos comédies anglaises, même celles de Congreve, l'unité d'action n'est jamais strictement observée, le poète jugeant suffisant que ses personnages soient liés ensemble, par le sang ou par leur vie dans une même famille, et les introduisant ensuite dans des scènes à part où ils montrent leur tempérament et déploient leur caractère, sans faire vraiment progresser l'action. Les doubles intrigues de Térence sont des licences de la même espèce, mais dans un moindre degré. Et bien que cette façon de faire ne soit pas parfaitement conforme aux règles, elle n'est pas totalement contraire à la nature de la comédie où les

mouvements et les passions ne s'élèvent pas si haut que dans la tragédie ; outre que la fiction et la représentation théâtrale pallient jusqu'à un certain point de telles licences. Dans un poème narratif, le dessein initial, la première intention, limite l'auteur à un seul sujet ; et toute digression de cette sorte serait instantanément écartée pour son caractère absurde et monstrueux. Ni Boccace ni La Fontaine ni aucun auteur semblable ne se les sont permises, quoique le genre plaisant fût leur objet.

Section IV

Cette note fut ajoutée dans l'édition de 1751.

**Les éditions de 1748 et 1750 disent :* et les raisonnements moraux ou probables qui.

Section VII

Les éditions de 1748 à 1756 disent : De l'idée de force ou de liaison nécessaire.

**Cette note est absente de l'édition de 1748. Dans l'édition de 1750, le second paragraphe est remplacé par ce qui suit :* Une cause diffère d'un signe, en tant qu'elle implique une antériorité et une contiguïté dans le temps et dans le lieu, aussi bien qu'une conjonction constante. Un signe n'est qu'un effet corrélatif provenant d'une même cause.

Section VIII

Ce paragraphe n'apparaît que dans les éditions de 1772 et 1777.

Section IX

Cette note a été ajoutée dans l'édition de 1750.

Section X

Ce paragraphe est ajouté à partir de l'édition de 1756.

**Ce paragraphe manquait de l'édition de 1748.*

***Cette note manquait dans l'édition de 1748. Elle apparaît dans l'édition de 1750 en fin de volume avec la mention suivante :* L'éloignement de l'Auteur est la cause pour laquelle le présent passage n'arriva pas à temps à la presse, pour être inséré à sa place.

**** *Les éditions de 1748 à 1768 renvoyaient ici à la note suivante :* On pourrait ici m'objecter que je tire inconsidérément ma représentation d'Alexandre du portait qu'en a fourni Lucien, son ennemi déclaré. Il serait en effet à souhaiter que quelques-uns des récits donnés par ses sectateurs et ses complices aient survécu. L'opposition et le contraste qu'on obtient dans le caractère et la conduite du même homme, selon qu'on s'en rapporte à un ami ou a un ennemi, sont aussi grands, dans la vie ordinaire, et bien davantage encore en ces matières religieuses, qu'entre deux hommes existant dans le monde, disons entre Alexandre et saint Paul. Voir *la Lettre à Gilbert West*, écuyer, sur la conversion et l'apostolat de Saint Paul [George Lyttelton, *Observations on the Conversion and Apostleship of St. Paul, in a Letter to Gilbert West, Esq.* (1747) ; l'ouvrage fut d'abord publié anonymement.

***** *Cette note était absente dans l'édition de 1748.*

****** Les trois paragraphes qui suivent étaient placés en note dans les éditions de 1748 à 1768. La dernière phrase du dernier paragraphe a été ajoutée dans l'édition de 1756.

******* Ce paragraphe qui n'apparaît pas dans les éditions de 1748 et de 1750, est donné en note dans les éditions de 1756 à 1768. La citation, d'abord donnée en latin, n'est livrée en anglais qu'a partir de l'édition de 1772.

Section XI

* *L'édition de 1748 donnait le titre suivant :* Des conséquences pratiques de la religion naturelle.

Section XII

* Cette dernière phrase n'apparaît que dans l'édition de 1777.

** *Dans les éditions de 1748 et 1750, après* infiniment divisibles, *le texte se poursuivait ainsi :* D'une manière générale, nous pouvons affirmer que les idées de *plus grand*, de *moindre* ou d'*égal*, qui sont les objets principaux de la géométrie, sont loin d'être assez exactes et assez déterminées pour pouvoir fonder des inférences aussi extraordinaires. Demandez à un mathématicien ce qu'il entend en disant que deux quantités sont égales : il est obligé de répondre que l'idée d'*égalité* est une de ces idées qui ne peuvent être définies et qu'il suffit de placer devant soi deux quantités égales pour la faire naître. Or c'est en appeler aux apparences générales que les objets présentent à l'imagination ou aux sens ; c'est donc faire recours à ce qui jamais n'apportera des conclusions aussi contraires à ces facultés. Qu'il me suffise etc.

TABLE DES MATIÈRES

Imprimerie de la Manutention à Mayenne – Juin 2008 – N° 186-08
Dépôt légal : 2ᵉ trimestre 2008

Imprimé en France